MANESSE BIBLIOTHEK DER WELTGESCHICHTE

SIEGEL KAISER LOTHARS III.

tione principum que adesse debebant refutata a se designatione promissa concor-
di et benigne in eligenda quacumque persona principum voluntati ut ille
preberet assensum. Quod humiliter et devote simul cunctique laudabant et quasi in
apostolicis sollicitandi sed de alio quam ipsum eligendi solliciti simul in una sede
consederunt. Sicque inde cum dimissis iam prenominatis principes admonerentur
ut communicato consilio diligentiori ratione personam quererent que secundum deum
et honorem ecclesie regno preficeretur, subito a laicis quam pluribus Lotharius rex
sit clamor exoritur. Lotharium rapiunt, Lotharium humeris imponunt et regis laudibus resonantes ac reclamantes extollunt. Principes vero quam plurimi
maximeque Bawarie provincie episcopi rem tantam insulte et impetuose
factam abhorrentes a se de sedibus suis perturbatos debita cum indigna-
tione contristantes ab aliis irati secedere et prorsus acturi infecto
negotio recedere parabant. Moguntinus vero cum aliis quibusdam principibus hostium ne quis egrederetur vel ingrederetur observari precepit.
Istis regem suum dantibus circumstrepando circumstantibus illis ad laudem
regis quem ignorabant deforis cum summo clamore currentibus.
Tandem cum principum dissensio iam eo usque procederet ut et Lotharius
de sua compressione vehementer iratus vindictam peteret et episcopi pro sua
disturbatione dolentes et rumpere quererent, domnus cardinalis ceterique seniores consilii principes tumultum illum vix tandem voce
manuque sedantes universos ad sedes suas consiliumque redire persuaserant.
Hic dominus cardinalis gratia domini preventus episcopos seorsum conveniens dis-
sensionis culpam in ipsos graviter intorsit et nisi ad pacem et concordiam
et ipsi redirent et alios minus doctos sua informatione redu-
cerent, predas, strages, incendia et quecumque mala per hanc dissen-
sionem suboritura ipsis ascripsit. Data demum opportunita-
te loquendi Salzburgensis archiepiscopus cum episcopo Ratisponensi
pro pace et honore regni honestissime disserentes ad concordiam partes

REINHOLD SCHNEIDER

Kaiser Lothars Krone

LEBEN UND HERRSCHAFT LOTHARS VON SUPPLINBURG

Mit einem einleitenden Essay
von Wilfried Hartmann

MANESSE VERLAG
ZÜRICH

WILFRIED HARTMANN

Lothar III.
Ein Kaiser des Übergangs

Canossa 1077 und König Heinrich IV. als Büßer im Schnee stehend, die Staufer Friedrich Barbarossa und Friedrich II. als Höhepunkte mittelalterlicher Kaiserherrlichkeit: diese Ereignisse und Gestalten gehören wohl auch heute noch zum Bild, das die historisch Interessierten in unserem Land von der Geschichte des deutschen Mittelalters besitzen.

Der Tourist trifft auf seinen Reisen am ehesten auf die Spuren der Staufer, etwa im Südwesten des alten Reiches, aber auch in Unteritalien; in Rom gibt es einige Stellen, die noch an Karl den Großen erinnern, dessen Gegenwart man unverstellter und deutlicher aber auch in seiner Pfalzkapelle in Aachen erleben kann. Schwieriger verhält es sich mit den Ottonen, nachdem das von ihnen zur Bischofsstadt erhobene Magdeburg wie auch ihr Hauskloster Quedlinburg fast unerreichbar in der DDR gelegen sind.

Nach langem Abstand vom Kulturkampf der Bismarckzeit erscheint uns Heinrichs IV. «Kampf gegen

Rom» nicht mehr so heroisch und einmalig; auch ist den heutigen Zeitgenossen – trotz Stauferausstellung – die Bedeutung des Reiches unter den Kaisern dieses schwäbischen Geschlechts noch immer nicht voll ins Bewußtsein gedrungen. Andererseits ist auch die Kritik Friedrich Heers aus den Jahren kurz nach dem Krieg am «reaktionären» Charakter des heiligen Reiches, das Friedrich Barbarossa errichtet hatte, zu Recht wieder in Vergessenheit geraten.

Der Held des vorliegenden Buches jedoch, Kaiser Lothar III. (als Kaiser der zweite dieses Namens nach Lothar I., dem Enkel Karl des Großen) mit dem etwas provinziell anmutenden Beinamen «von Süpplingenburg», gehörte wohl nie ins Geschichtsbild der Nachwelt; und auch die Historiker des 19. Jahrhunderts, von deren Leistungen und Vorurteilen das Bild von der politischen Geschichte des Mittelalters auch heute noch bestimmt ist, haben ihn nicht gemocht. Für sie und ihre – meist nationalliberale – Grundhaltung war dieser Herrscher ein «Pfaffenkönig», also ein Reichsoberhaupt, das, mit Hilfe der geistlichen Wähler erhoben, den Interessen der Kirche dienstbar war. Er war eine eher störende Unterbrechung in der Herrschaftsfolge der bedeutenden Häuser der Salier und der Staufer, deren Angehörige den Forderungen des Papsttums energisch Widerstand geleistet haben und die sich nicht auf den Anspruch der Fürsten auf eine freie Wahl des Königs und auf die Mehrung der fürstlichen Rechte eingelassen hätten.

Diese beiden Probleme, das Verhältnis von Kaisertum und Papsttum einerseits und das Verhältnis zwischen dem deutschen König und den Fürsten andererseits, sind es, die der Regierung Lothars III. eine besondere Bedeutung verleihen, wobei allerdings die Urteile der älteren Forschung nicht durchweg richtig waren. Reinhold Schneider hat diese Fragen in seiner Biographie ausführlich behandelt und ist dabei,um dies vorwegzunehmen, zu einer Einschätzung der Leistung Lothars gelangt, die mit der jüngeren Forschung in vielem übereinstimmt.

Das ist durchaus nicht selbstverständlich. 1937, als Schneiders Buch zuerst erschien, 800 Jahre nach dem Tod Lothars III., war anderes gefragt als das Verständnis für mittelalterliche Gläubigkeit. Was damals eher auf der politischen Linie lag, kann man aus dem ebenfalls 1937 erschienenen Buch Franz Lüdtkes, «Kaiser Lothar der Sachse», ersehen: Dessen «Umwertung» Lothars beruhte im wesentlichen auf den Leistungen, die er für die «Ostkolonisation» erbracht hat.

Die Neueinschätzung der Regierung Lothars III. wird heute durch einen Aufsatz Franz Josef Schmales bestimmt, der 1968 erschienen ist, und in dem er forderte, die Jahre zwischen 1125 und 1137 nicht nur als störendes Intermezzo anzusehen, sondern auch die Absichten Lothars und die durch sie eröffneten Möglichkeiten zu beachten, die dann allerdings durch die staufischen Nachfolger nicht weitergeführt und zum Abschluß gebracht worden seien: ein deutsches Königtum, das auf eine starke, im Norden und im Süden des Reiches verankerte Hausmacht aufgebaut war, und ein Kaisertum, das in Zusammenarbeit und nicht in Konfrontation zum Reformpapsttum italienische Politik betrieb. Die Staufer haben dagegen im wesentlichen wieder die Politik der Salier aufgenommen, durch eine bewußte Wahrnehmung der königlichen Rechte sowie durch eine Sammlung des Reichsguts die Königsherrschaft zu stärken und ohne oder gegen die Päpste ihre Politik in Italien zu betreiben.

Mit seiner positiven Bewertung der Regierung Lothars III. nimmt Schmale die Urteile der Geschichtsschreibung des 12. Jahrhunderts im Reich wieder auf. Damals hatte unter anderen Abt Arnold vom niedersächsischen Kloster Berge, der Verfasser des sogenannten «Annalista Saxo», aber auch der Babenberger Otto von Freising positiv über Lothar geurteilt: «Wenn er nicht durch einen vorzeitigen Tod gehindert worden wäre, wäre durch seine Tüchtigkeit und seine Bemühungen die Krone des Reiches wieder zu ihrer alten Bedeutung gelangt.» Beim Annalista Saxo klingt das Lob – durch stammespatriotischen Stolz beflügelt – noch voller: «Die Zeiten seiner Herrschaft waren angenehm. Denn nicht nur im Reich, sondern auf dem gesamten Erdkreis herrschten gutes Klima, Fruchtbarkeit des Bodens und eine Fülle an allen Dingen. Nach Verdienst wird er von uns und unseren Nachkommen Vater des Vaterlandes genannt, weil er ein vorzüglicher Verteidiger und überaus tapferer Vorkämpfer war, der sein Leben allen Widrigkeiten zum Trotz für die Gerechtigkeit eingesetzt hat. Und um noch Großartigeres von ihm zu sagen: in seinen Tagen waren die Bewohner der Erde nicht von Schrecken erfüllt. Ein jeder hat das Seine in Freiheit und Frieden besessen.»

Diese Bewertung von Lothars Regierung ist sicherlich allzu positiv. Sie wird aber verständlich, wenn wir uns klarmachen, daß sich die Sachsen nach dem Ende der Ottonen, die ja ihr Herzogshaus gewesen waren, durch die aus Franken stammenden Salier einer fremden Herrschaft unterworfen fühlten. Fünfzig Jahre lang haben die Führer und die Bauern besonders des östlichen Sachsen gegen die Könige und Kaiser Heinrich IV. (1056–1106) und Heinrich V. (1106–1125) Krieg geführt. Ausgelöst wurden diese Kämpfe, als Heinrich IV. nach einer langen Vormundschaft, in der die königlichen Rechte kaum wahrgenommen worden war, seit etwa 1070 versuchte, das Reichsgut in Sachsen wieder in Besitz zu nehmen und durch landfremde – meist schwäbische – Ministerialen, die nur dem König verpflichtet waren, verwalten zu lassen. Gegen diese Fremdherrschaft erhoben sich 1075 nicht nur die sächsischen Grafen und Herren, sondern auch die Bauern. Die Kämpfe Heinrichs IV. gegen diese Aufständischen waren wechselvoll, zumal sich der König auch gegen die Feindschaft Papst Gregors VII. und der kirchlichen Reformbewegung sowie gegen die Gegenkönige Rudolf von Rheinfelden (1077–1080) und Hermann von Salm (1080–1088) durchsetzen mußte.

Der Vater Lothars, Graf Gebhard, fiel 1075 in der Schlacht bei Homburg gegen Heinrich IV. Wenige Tage zuvor war Lothar geboren worden. Als er 1106 von Heinrich V. zum Herzog von Sachsen erhoben wurde, war sein Herrschaftsbereich noch nicht sehr bedeutend. Seit 1112 gehörte Lothar jedoch zu den Gegnern Heinrichs V., und er stand an der Spitze des sächsischen Heeres, das 1115 dem Kaiser am Welfesholz (östlich des Harzes) eine schwere Niederlage beibrachte, nach der Heinrich V. für die verbleibenden zehn Jahre seiner Regierung faktisch keine Herrschaft mehr über Sachsen ausüben konnte. Statt dessen hatte Lothar in den Jahren nach 1115, begünstigt durch mehrere glückliche Erbschaften, seine herzogliche Stellung in Sachsen stark ausbauen können. Ohne sich um den Kaiser zu kümmern, vergab Lothar 1123 die Mark Meißen an die Wettiner und die Mark Lausitz an die Grafen von Ballenstedt. In diesen Jahren lassen sich auch Verbindungen Herzog Lothars zu Kreisen der Kirchenreform nachweisen: ein römischer Kardinal weihte das Aegidienkloster in Braunschweig, und Erzbischof Konrad von Salzburg, als strenger Reformer aus seiner Diözese vertrieben, fand im Herzogtum Sachsen Zuflucht.

Die Gegnerschaft zur Bewegung der Kirchenreform hatte Kaiser Heinrich V. von seinem Vater geerbt. In ihren Anfängen waren die Absichten dieser Reform – Befreiung der Kirche von der Adelsherrschaft und Reinigung von unwürdigen Amtsträgern – vom salischen Königtum unterstützt worden. Heinrich III. (1039–1056) hatte das Papsttum aus seiner Verwicklung in die Politik des stadtrömischen Adels zu befreien gesucht, und ein ehemaliger Reichsbischof und Verwandter der Salier, Bischof Bruno von Toul war es, der als Papst Leo IX. (1048–1054) als erster den alten Anspruch des Papsttums sichtbar zu machen versuchte, Oberhaupt der ganzen abendländischen Kirche und nicht nur Bischof von Rom zu sein. Auch in den Anfängen des Papstes Gregors VII. (1073–1085) kam es noch nicht sofort zur Konfrontation mit dem deutschen König. Als Heinrich IV. allerdings die Spannungen, die zwischen dem Papst und dem Episkopat in Deutschland und Oberitalien wegen der Reformforderungen aufgetreten waren, gewaltsam zu lösen versuchte, indem er im Januar 1076 Gregor VII. für abgesetzt erklärte, bannte der

Papst den König und dehnte das Verbot der Investitur, der Einsetzung in geistliche Ämter, auch auf die Investitur der Bischöfe durch den deutschen König aus. Dadurch war der Gegensatz zwischen Papsttum und deutschem König vertieft worden und konnte auch nicht einfach wieder durch die Lösung vom Bann, die Heinrichs Gang nach Canossa im Januar 1077 erzwungen hatte, beendet werden.

Seit der Zeit der sächsischen Kaiser im 10. Jahrhundert hatte sich nämlich die Herrschaft im Reich ganz wesentlich auf die Dienste der Reichskirche für den König gestützt. Die Kirche, und zwar im wesentlichen die Reichsbischöfe und die Reichsäbte, trug die Hauptlast an der Gastung, das heißt der Verpflegung des Königs, wenn dieser mit seinem nicht eben kleinen Gefolge durch das Reich zog, um seine Herrschaftsrechte auszuüben. Und kirchliche Kontingente waren es, die die Hauptmasse des Heeres bildeten, wenn der Kaiser nach Italien zog, um sich dort zum Kaiser krönen zu lassen und die kaiserlichen Rechte, die ja mit bedeutenden finanziellen Einkünften verbunden waren, wahrzunehmen. Im 10. und im 11. Jahrhundert stammten die Bischöfe oft aus der Umgebung des Königs; sie waren in seiner Kanzlei, der Hofkapelle, herangebildet worden, und der König war es, der die Domkapitel der einzelnen Bistümer bestimmte, einen ihm genehmen Kandidaten zu erwählen. Obwohl unter diesen vom

König oder unter dessen Einfluß eingesetzten Bischöfen sehr viele tüchtige und geeignete Persönlichkeiten waren, akzeptierte das veränderte Bewußtsein im Zeichen der Kirchenreform des 11. Jahrhunderts diese Art des königlichen Eingreifens in die Kirche nicht mehr. Stein des Anstoßes war es besonders, daß der König mit den geistlichen Symbolen des Rings und des Hirtenstabes die Einsetzung in das Bischofsamt vornahm. Im »Investiturstreit», der nach den Verboten Gregors VII., daß kein Laie – auch nicht der König – ein geistliches Amt übertragen dürfe, ausbrach, ging es also für den deutschen König darum, seinen Einfluß auf die wichtigsten Stützen seiner Herrschaft zu wahren. Trotz mancher Erfolge ist es Heinrich IV. in den langen Jahren seiner Regierung nicht gelungen, den Streit zu seinen Gunsten zu entscheiden. Vielmehr wurden durch diese Kämpfe, die zu Spaltungen innerhalb der Diözesen, der Domkapitel und der Klöster führten, viele Kriegsschauplätze im ganzen Reich geschaffen und eine geordnete Herrschaftstätigkeit des Königs unmöglich gemacht.

Der Sohn und Nachfolger Heinrichs IV., Heinrich V. (1106–1125), hatte sich schon zu Lebzeiten des Vaters von dessen Gegnern zum König erheben lassen, vielleicht nicht nur aus Ehrgeiz, sondern auch deshalb, um den unseligen Kampf endlich beizulegen. Heinrich V. unternahm auch den gewaltsamen und die Möglichkeiten des deutschen Königtums überziehenden Versuch, das Rad der Entwicklung zurückzudrehen und die Kirche ganz aus der weltlichen Sphäre zu verdrängen. Als sich die Wiederherstellung urkirchlicher Zustände gegen den Widerstand des deutschen Episkopats nicht durchsetzen ließ, nahm Heinrich V. den Papst gefangen und preßte ihm ein Privileg ab (1111), das ihm die uneingeschränkte Investitur wieder zugestand. Aber dieser Gewinn ließ sich nicht verwirklichen, weil die Kirchenreform nicht die Angelegenheit des Papstes oder einer kleinen Gruppe war, sondern eine Bewegung, die das gesamte Abendland und auch das Reich erfaßt hatte. Gegen Ende seiner Regierung ist es Heinrich V. dann allerdings doch noch gelungen, einen für das Reich und das deutsche Königtum tragbaren Kompromiß in der Investiturfrage zu erreichen: Das Wormser Konkordat von 1122 gestand dem deutschen König zu, auf die Wahl der Bischöfe durch seine Anwesenheit bei der Wahlhandlung Einfluß auszuüben und die Durchsetzung dieses Einflusses auch dadurch zu kontrollieren, daß die weltlichen Herrschaftsrechte eines Bischofs, die «Temporalien», erst durch den König übertragen sein mußten, ehe der erwählte Bischof geweiht, das heißt endgültig in sein geistliches Amt eingesetzt werden durfte. Diese Zugeständnisse galten allerdings nur für das *regnum Teutonicum,* das deutsche Reich, nicht für die

Reiche Burgund und Italien; außerdem ließ die Formulierung der päpstlichen Urkunde auch die Interpretation zu, daß die gesamten Zugeständnisse nur Heinrich V. persönlich, nicht aber auch seinen Nachfolgern gemacht worden waren.

Mit dieser Hypothek hatte das deutsche Königtum fertigzuwerden, als Heinrich V. mit 39 Jahren kinderlos starb. Zum erstenmal seit 1024 kam damit dem Wahlrecht der Fürsten wieder eine große Bedeutung zu. Das Herkommen mochte es erfordern, daß dem Blutsverwandten des alten Herrscherhauses ein Vorrecht zustand, wenn ein solcher vorhanden war. Der nächste Verwandte des salischen Kaiserhauses war Herzog Friedrich von Schwaben, über seine Mutter Agnes, einer Tochter Heinrichs IV., ein Neffe des verstorbenen Heinrichs V. Doch ein nicht unerheblicher Teil der Fürsten wollte keinen Verwandten der Salier auf dem Königsthron. Bereits 1077, als die Gegner Heinrichs IV. den schwäbischen Herzog Rudolf von Rheinfelden zum Gegenkönig gewählt hatten, war das Wort von der freien – also durch verwandtschaftliche Vorrechte nicht eingeschränkten – Wahl des deutschen Königs durch die Fürsten geprägt worden. So bot die anstehende Königswahl gerade den Freunden der Kirchenreform, die unter den salischen Kaisern gelitten hatten, wie auch den Sachsen willkommene Gelegenheit, ihrer antisalischen Haltung wirksam Ausdruck zu verleihen. Vor allem durch sein ungeschicktes Auftreten vor der Fürstenversammlung gab Friedrich von Schwaben dem Erzbischof Adalbert von Mainz, einem Todfeind Heinrichs V., die Mittel in die Hand, ein einmütiges Votum zugunsten des sächsischen Herzogs Lothar herbeizuführen.

Die ältere Forschung hat hier nur den Versuch der Fürsten gesehen, das Königtum zu schwächen; in dieser Form läßt sich das Urteil über die Wahl von 1125 jedoch sicher nicht halten. Denn mit Lothar war ein Fürst gewählt worden, dessen eigene Macht die der Staufer sicher übertraf und dessen Tüchtigkeit in den langen Jahren seines Aufstiegs zum mächtigsten Fürsten im Norden des Reiches jedem vor Augen stand. Was allerdings in den Augen solcher Fürsten, die an der Ausübung ihres Wahlrechts interessiert waren, auch für die Wahl Lothars sprechen konnte, waren sein bereits vorgerücktes Alter (nach neuerer Ansicht war er 1125 fünfzig, nicht wie es bei Schneider im Einklang mit der älteren Forschung heißt, sechzig Jahre alt), das keine unabsehbar lange Regierung erwarten ließ, sowie die Tatsache, daß er keinen männlichen Nachkommen, sondern nur eine Tochter besaß. Diesen «Vorzug» versuchte Lothar noch während der Wahlverhandlungen dadurch zu korrigieren, daß er seine einzige Tochter Gertrud dem Sohn des mächtigen Bayernherzogs, dem Welfen Heinrich dem Stolzen, versprach.

Damit hatte Lothar schon vor seiner endgültigen Erhebung gezeigt, daß er gewillt war, das Königtum innerhalb seiner Verwandtschaft weiterzugeben. Seine Entschlossenheit, die ganze von den Saliern in Besitz gehaltene Macht seiner Hausmacht hinzuzufügen, brachte Lothar bald in Konflikt mit den Staufern. Friedrich von Schwaben war von Heinrich V. als sein Privaterbe eingesetzt worden. In den langen Jahrzehnten salischen Königtums waren aber Eigengut der Familie und Reichsgut vielfach unentwirrbar zusammengewachsen. Dies mußte zwangsläufig den Konflikt zwischen Lothar III. und den Staufern provozieren, obwohl Herzog Friedrich nach der Wahl dem König Treue versprochen hatte. Der Hauptträger des Kampfes auf staufischer Seite war Friedrichs Bruder Konrad, der sich 1125 auf einer Kreuzfahrt befunden hatte und sich daher nicht an dieses Treueversprechen gebunden fühlen mußte. Im Dezember 1127 ließ Konrad sich zum König erheben. Dieses Gegenkönigtum dauerte bis 1135, wenn auch der Wirkungskreis des Staufers nach 1130 auf Schwaben beschränkt blieb. Bis 1129/30 war es Lothar nämlich gelungen, die wesentlichen salischen Schwerpunkte im Süden des Reiches, das Mittelrheingebiet um Speyer und Worms und Mittelfranken mit dem Zentrum Nürnberg, den Staufern abzunehmen. Von nun an war Lothar in der Lage, an die Kaiserpolitik seiner Vorgänger anzuknüpfen.

Ein wichtiger Vorwurf der älteren Forschung gegen Lothar war es, die Schwierigkeiten des Papsttums während seiner Regierung nicht besser zugunsten des deutschen Königtums ausgenutzt zu haben. Seit 1130 gab es nämlich in der Kirche zwei Päpste, Anaklet II. und Innozenz II. Anaklet, ein Angehöriger der Familie der Pierleoni, die noch zwei Generationen zuvor dem jüdischen Glauben angehört hatte, besaß den größeren Anhang in Rom selbst; er war auch von einer größeren Anzahl von Kardinälen in sein Amt gewählt worden. Innozenz II., den die Partei der entschlossenen Kirchenreformer sofort nach dem Tod des Vorgängers erhoben hatte, um vollendete Tatsachen zu schaffen, konnte auf einen größeren Anhang im übrigen Abendland rechnen; besonders die neuen Orden der Zisterzienser und Prämonstratenser mit ihren Repräsentanten Bernhard von Clairvaux und Norbert von Xanten setzten sich für Innozenz ein. Unter dem Einfluß der unwiderstehlichen Beredtsamkeit Bernhards von Clairvaux und Norberts, den Lothar 1126 zum Erzbischof von Magdeburg erhoben hatte, wurde schließlich auch Lothar für Innozenz II. gewonnen. 1131 kam es in Lüttich zur Begegnung zwischen Papst und deutschem König, wobei Lothar das Pferd des Papstes führte und ihm beim Absteigen behilflich war. Diese Handlungen waren keine bloße Höflichkeit, sondern galten als symbolische Akte, die den Zeitgenossen zeigten, daß der deutsche König und zukünftige Kaiser als «Strator» und «Marschall» des Papstes dessen Anspruch auf Oberhoheit über die weltlichen Herrscher entgegenzukommen bereit war. Vor Lothar hatte überhaupt nur ein deutscher König, der Sohn Heinrichs IV., Konrad, der 1093 gegen seinen Vater zum König erhoben worden war, für Papst Urban II. diesen Dienst ausgeführt.

Lothar III. mag mit dieser Handlung in Innozenz II. zwar das Oberhaupt der Kirche und den Nachfolger Petri haben ehren wollen; daß er durchaus nicht bereit war, ohne weiteres auf die Rechte des Königtums auf die deutsche Kirche zu verzichten, zeigt jedoch seine Forderung, die er in Lüttich dem Papst vortrug. Er verlangte nämlich – über die Zugeständnisse von Worms 1122 hinaus –, daß dem deutschen König die freie Verfügung über das Reichskirchengut wieder zurückgegeben werden müsse. Erst durch das Eingreifen Bernhards von Clairvaux und Norberts von Magdeburg wurde Lothar bestimmt, diese Forderung vorerst fallen zu lassen.

In Lüttich hatte Lothar dem Papst auch versprochen, ihn nach Rom zu führen und seinen Gegner Anaklet II. von dort zu vertreiben. Als Gegenleistung sollte Lothar zum Kaiser gekrönt werden. Zu diesem Zug nach Italien ist Lothar im Sommer 1132 aufgebrochen, nachdem er das staufische Gegenkönigtum auf das Herzogtum Schwaben eingeengt und vor dem Überschreiten der Alpen mit der Zerstörung der Mauern der schwäbischen Bischofsstadt Augsburg noch einmal seine Entschlossenheit demonstriert hatte, hart mit seinen Feinden ins Gericht zu gehen. Der Italienzug von 1132/33 zeigt Stärken und Schwächen: Lothar konnte nur ein kleines Heer mitnehmen, das vor allem aus Sachsen und Böhmen bestand, da die Bayern seines Schwiegersohns Heinrichs des Stolzen damit beschäftigt waren, die Staufer in Schach zu halten. Tatsächlich erntete Lothar in Oberitalien mit seinem kleinen Heer zunächst auch nur Mißerfolge. Dennoch ist es ihm gelungen, Innozenz II. nach Rom zu führen; die Engelsburg und St. Peter allerdings, die Stützpunkte Anaklets II., vermochte er jedoch nicht in seine Gewalt zu bringen. Daher wurde die Kaiserkrönung auch gegen die Tradition in der Konstantinsbasilika im Lateran und nicht in der Peterskirche vorgenommen.

Im Zusammenhang mit der Krönung stehen nun jene Ereignisse, die später von der päpstlichen Propaganda als Niederlage des deutschen Königs und als Anerkennung der päpstlichen Oberherrschaft ausgelegt wurden. Lothar leistete dem Papst einen Schutzeid, wonach er die Kirche gegen ihre Feinde zu schützen versprach (wie es dem Amt des Kaisers als eines *defensor ecclesiae*, eines Verteidigers der Kirche, angemessen war). Außerdem wurden Lothar von Papst Innozenz durch das Symbol eines Rings jene

Güter übertragen, die aus dem Erbe der Markgräfin Mathilde von Tuszien (1046–1115) stammten. Mathilde hatte ihren reichen Besitz, dem wegen seiner Lage nördlich und südlich des Apennin sowie auch im Gebirge selbst eine große Bedeutung für den Zugang nach Mittelitalien und den Weg nach Rom zukam, zuerst der römischen Kirche hinterlassen, später aber auch Heinrich V. als Erben eingesetzt. Den Streit zwischen Papst und deutschem König um diese Gebiete versuchte Lothar anscheinend jetzt dadurch zu beenden, daß er das Verfügungsrecht des Papstes anerkannte, ohne aber eine regelrechte Lehensnahme zu akzeptieren (zum Lehensmann des Papstes ist Lothar erst von der päpstlichen Propaganda gemacht worden). Die dauernde Übergabe des Mathildischen Erbes an das Reich suchte er dadurch zu sichern, daß er die Güter sofort an Heinrich den Stolzen, seinen Schwiegersohn und präsumptiven Nachfolger, weitergab.

Noch größer schien der Erfolg zu sein, den Lothar bei der Durchsetzung seiner schon in Lüttich vorgetragenen Forderung hatte, das Wormser Konkordat müsse revidiert werden. Innozenz II. hat tatsächlich Lothar ein Privileg ausgestellt, wonach keiner, der zum Amt eines Bischofs oder Abts berufen wurde, die Regalien mit Gewalt an sich reißen dürfe, ehe er sie von Kaiser Lothar erbeten habe. Was auf den ersten Blick – und sicher auch für den diplomatisch unerfahrenen Lothar III. und seine Berater – als großartiges Zugeständnis des Papstes aussieht, entpuppt sich aber bei näherem Zusehen als geschickter Versuch des Papsttums, dem Kaiser nicht einmal mehr jene Rechte zu belassen, die ihm das Wormser Konkordat einräumte. Denn konkrete Einflußmöglichkeiten – wie Anwesenheit bei der Wahl, Übertragung der Temporalien vor der Weihe – werden nicht erwähnt. Immerhin konnte aber Lothar aus seinem Privileg herauslesen, daß ein erwählter Bischof erst nach der Übertragung der Regalien durch den Kaiser über sein Kirchengut verfügen, das heißt de facto sein Amt ausüben konnte. Insofern hatte Lothar doch ein für ihn wichtiges Zugeständnis erhalten: Das Besitzrecht des Königs an den Regalien, den weltlichen Besitztümern und Amtsrechten eines Bischofs, war eindeutig ausgesprochen; eine solche Aussage war im Wormser Konkordat vermieden worden.

Eine Änderung in Lothars Praxis bei der Bischofserhebung ist durch dieses Privileg nicht herbeigeführt worden. Soweit wir das heute noch erkennen können, hat er während seiner gesamten Regierung – auch gegen den Widerstand einzelner Kirchen – versucht, ein Höchstmaß an königlicher Einflußnahme durchzusetzen. Das Privileg von 1133 sollte wohl nur dazu dienen, die Forderungen des Kaisers auch für die Anhänger der Kirchenreform annehmbar zu machen.

Die Italienpolitik Lothars III. war mit seiner Rückkehr von der Kaiserkrönung nicht beendet. Vielmehr hat er 1136/37 einen zweiten Italienzug unternommen, um diesmal mit einem sehr viel stärkeren und schlagkräftigeren Heer sein Versprechen, den Kampf gegen die Feinde des Papstes voranzutragen, zu erfüllen. Doch nicht nur der Erfüllung dieses Versprechens galt sein Unternehmen. Denn relativ lange hielt sich Lothar in Oberitalien auf, wo bereits der staufische Gegenkönig Konrad in den Jahren 1128/29 versucht hatte, durch Wahrnehmung der Reichsrechte seine finanziellen Mittel aufzubessern. Beflügelt durch die Erfolge im Norden, zog Lothar dann gegen die Hauptstütze des Papstes Anaklet II., den Normannen Roger II., der sich 1130 von diesem zum König von Apulien, Kalabrien und Sizilien hatte erheben lassen. Der militärische Erfolg blieb Lothar auch bei seinem Feldzug nach Apulien treu, wo er die starken Küstenfestungen bis hin nach Bari erobern konnte und damit Roger dermaßen in Bedrängnis brachte, daß dieser bereit war, die Oberherrschaft des Kaisers über Apulien anzuerkennen.

Daß Lothar diese Unterwerfung nicht annahm, war sicherlich ein schwerer Fehler. Über die Gründe können wir nur mutmaßen: Ob es der Papst war, der seinen wichtigsten Gegner ganz am Boden sehen wollte, oder ob Lothar, geblendet von seinen Siegen, seine Aussichten überschätzt hat, ist nicht mehr auszumachen. Der Tod Lothars auf dem Rückzug nach Deutschland hat jedenfalls alle Erfolge des italienischen Feldzugs rasch zunichte werden lassen. Umsonst war es gewesen, daß der Kaiser noch einmal auf seinem Recht bestanden hatte, als es um die Belehnung Apuliens ging: Da sich Kaiser und Papst nicht einigen konnten, wem die Oberhoheit zustehe, hatten beide, Innozenz und Lothar, die Fahne angefaßt, mit der das Herzogtum Rainald von Alife, dem langjährigen Gegner Rogers, verliehen wurde. Umsonst war es auch gewesen, daß Lothar die Wahl des Reichsklerikers Wibald von Stablo zum Abt im strategisch und symbolisch so bedeutenden Kloster Montecassino durchgesetzt hatte. Bald nach Lothars Abzug mußte Wibald Montecassino wieder verlassen. Nach dem Tod Lothars (1137) und Anaklets II. (1138) einigten sich Innozenz und Roger II. rasch und nahmen dabei auf die Rechte des Kaisers keine Rücksicht.

Als dann im März 1138 nicht der Schwiegersohn Lothars, der Herzog von Bayern und Erbe des Herzogtums Sachsen, Heinrich der Stolze zum Nachfolger Lothars gewählt wurde, sondern der Staufer Konrad, der als Gegenkönig Lothar so viele Schwierigkeiten bereitet hatte, waren auch die Anstrengungen Lothars, das deutsche Königtum auf eine starke Hausmacht zu gründen, gescheitert. Die Staufer mußten noch einmal damit beginnen – und zwar von einer sehr viel kleineren Machtbasis aus –, dem Königtum seine Besitztümer und Rechte zurückzugewinnen.

Durch den Übergang des Königtums an die Staufer wurde auch die vielleicht wichtigste Anstrengung Lothars vorzeitig beendet: der Versuch, das deutsche Königtum im Osten und Norden stärker zur Geltung zu bringen, ein Versuch, der seit der Katastrophe der ottonischen «Ostpolitik» im Slawenaufstand von 983 kaum mehr Nachfolge gefunden hatte und durch die fast ganz auf den Süden des Reiches beschränkten staufischen Könige und Kaiser auch nicht mehr wiederholt wurde.

Zwar hatte die Ostpolitik Lothars mit einem schweren Mißerfolg begonnen, als er im Winter 1126 mit einem Unternehmen gegen den böhmischen Herzog eine Niederlage bezog, die den Anfang seiner Herrschaft im gesamten Reich erschwerte. Aber bereits die Missionsreise Ottos von Bamberg (Bischof 1102–1139) nach Pommern (1128) fand mit Unterstützung Lothars statt, und in den Jahren nach 1130 errang Lothar auch im Osten und Norden des Reiches bedeutende Erfolge. Anläßlich der Kaiserkrönung stellte Innozenz II. zwei Privilegien zugunsten der Erzbischöfe von Magdeburg und von Bremen aus. Demnach sollten Norbert von Magdeburg und seine Nachfolger die Bischöfe Polens und Pommerns zu ihren Suffraganen rechnen dürfen (damit war die Gründung einer polnischen Kirchenprovinz mit dem Erzbistum Gnesen aus dem Jahre 1000 wieder rückgängig gemacht), und den Erzbischöfen von Bremen sollten alle Bistümer Skandinaviens unterstehen. Die weltliche Ergänzung zu dieser Oberhoheit der sächsischen Metropoliten über die Kirchen des europäischen Ostens und Nordens bilden zwei symbolische Akte: An Ostern 1134 präsentierte sich der dänische König in Halberstadt als Lehensmann des Kaisers, und ein Jahr später, im August 1135, verstand sich auch der Herzog von Polen dazu, die Oberhoheit des Reiches über Polen, Pommern und Rügen anzuerkennen.

Die von Otto von Bamberg begonnene Missionierung der noch heidnischen Slawen an der Ostseeküste zwischen Elbe und Weichsel sollte unter der Führung der Reichskirche vor sich gehen und die Macht des Reiches weitertragen. Die Ausdehnung des deutschen Einflusses nach Osten und Nordosten ist zwar nach dem Tod Lothars nicht abgebrochen worden, da besonders Lothars Enkel Heinrich der Löwe hier weitergewirkt hat. Aber diese Expansion kam nicht mehr dem Königtum, sondern den Fürsten des deutschen Ostens und, vom Ende des 13. Jahrhunderts an, auch den Städten der Hanse zugute.

Für die Ausdehnung des deutschen Einflusses im Osten den Grund gelegt zu haben, gehört sicher zu den historisch dauernden Leistungen Lothars III., auch wenn die hybride Politik des deutschen Reiches in unserem Jahrhundert diese Leistungen endgültig verspielt hat.

Von größerer Dauer als seine Erfolge in Italien waren auch die Erfolge, die Lothar beim Aufbau und Ausbau des sächsischen Herzogtums erzielt hat. Die Schwerpunkte seines Eigenbesitzes, die er im Osten Sachsens, im Raum um Braunschweig und Königslutter, aufgebaut hatte, haben auch den Zusammenbruch der Machtstellung Heinrichs des Löwen 1180 überlebt. Von dieser Basis aus ist noch einmal ein Welfe, Otto IV. (1198/1208–1218), zum deutschen König und zum Kaiser (1209) aufgestiegen, und das Welfenhaus des Spätmittelalters und der Neuzeit ist erst durch die Revolution von 1918 endgültig aus dieser Stellung vertrieben worden.

Die Jahre nach 1115, in denen Lothar fast schon wie ein spätmittelalterlicher Territorialfürst unabhängig vom Kaiser in seinem Herzogtum agierte, wurden das Vorbild für die vom Kaiser weitgehend unabhängige Stellung Heinrichs des Löwen in seinem Herzogtum. Allerdings, moderne Methoden zur Verwaltung seines Landes hatte Lothar noch nicht angewandt; vielmehr beruhte seine Macht auf einer Sammlung von Grafschaftsrechten, Vogteien und Eigengütern, die ihre Wirksamkeit besonders dadurch erhielten, daß sich Lothar über Jahrzehnte hinweg als Vorkämpfer der Sachsen gegen das salische Königtum bewährt hatte.

Hier war Lothar ebenso wie in der Art, in der er später seine Königsherrschaft ausübte, ein direkter Erbe der Ottonen und weniger ein Nachfolger der Salier, die, wenn auch ohne bleibenden Erfolg, versucht hatten, die Königsherrschaft auf die Amtstätigkeit von aus der Ministerialität genommenen Verwaltern zu stützen. Daß Lothar nach 1130 und besonders nach 1135 eine so unangefochtene Stellung im Reich besaß, beruhte auf einer geschickten Ausnutzung seiner verwandtschaftlichen Beziehungen. Denn nicht allein der schon oft genannte Heinrich der Stolze als sein Schwiegersohn war sein naher Verwandter, sondern auch die königliche Herrschaft in Lothringen und am Niederrhein beruhte ganz wesentlich auf der Tatsache, daß Gräfin Petronella von Holland († 1144) als Lothars Halbschwester und Herzog Simon von Oberlothringen († 1141) als sein Halbbruder dem König verbunden waren.

Mit seinen beiden Stützen Hausmacht und fürstliche Verwandtschaft weist Lothars Regierungssystem auf das deutsche Königtum des Spätmittelalters voraus; mit dem Rückgriff auf die ottonische Kirchenpolitik – gutes Einvernehmen mit dem Papsttum bei gleichzeitiger, intensiver Heranziehung des Reichskirchenguts für den Dienst an «Kaiser und

Reich» – weist die Herrschaftsstruktur unter Lothar auf die sächsische Kaiserzeit zurück. Anders als das französische Königtum, das in der ersten Hälfte des 12. Jahrhunderts damit begann, sein Ansehen durch den Aufbau einer Königsideologie und die Ausnützung der Anfänge des Nationalgefühls fester zu verankern, versuchte Lothar mit den Mitteln und Möglichkeiten des überkommenen Herrschertums auszukommen. Dies war auf die Dauer nicht haltbar, da der Investiturstreit auch die Auffassung vom Königtum gewandelt hatte. Daß sich dabei Lothars Regierung im Vergleich zu den Entwicklungen in den fortgeschrittensten Teilen Europas, namentlich in Frankreich und Italien, so provinziell, fast «hinterwäldlerisch» ausnimmt, hat jedoch sicherlich auch etwas mit der wirtschaftlichen Rückständigkeit und der kulturellen Unterentwicklung Sachsens zu tun.

Als unter den Staufern die gegenüber Sachsen weiter entwickelten Gebiete des Reichs, das Rheinland und der Südwesten, wieder in den Vordergrund traten, war es möglich, daß die Berater Barbarossas, etwa Rainald von Dassel, vom Vorbild des französischen Ideologen Suger von St. Denis lernten und versuchten, auch dem deutschen Reich eine neue ideologische Grundlage zu geben. Man knüpfte jetzt bewußt an das römische Kaisertum der Antike an, sprach vom «heiligen» Reich und ließ 1165 Karl den

Großen zum kirchlich anerkannten Heiligen erheben.

Demgegenüber nimmt sich Lothars Kaisertum bieder und «altfränkisch» aus: Seine Unbeholfenheit zeigt sich im Kampf um die Revision des Wormser Konkordats ebenso wie beim Marschalldienst für den Papst, beim Kaisereid oder bei der Übertragung der Mathildischen Güter: die verborgenen Fallstricke haben Lothar und seine Berater anscheinend nicht bemerkt. Diese Unbeholfenheit steht in deutlichem Kontrast zur Aufmerksamkeit Rainalds von Dassel, der 1157 in Besançon hinter dem Wort *beneficium* (d. h. Wohltat, aber auch Lehen) sofort die lehnrechtliche Bedeutung witterte und auf dessen Eingreifen wohl auch die Forderung Barbarossas an den Papst zurückgeht, daß die den deutschen Kaiser herabwürdigende Unterschrift unter dem Gemälde im Lateran, das die Vorgänge bei Lothars Kaiserkrönung darstellte, beseitigt werden müsse.

So ist also die altdeutsche Biederkeit, mit der Reinhold Schneider das Bild Lothars gezeichnet hat, nicht unberechtigt. Und wenn er manche legendenhaften Züge aus den Quellen des 12. Jahrhunderts in sein Buch übernommen hat, so soll das vielleicht bewußt den Abstand deutlich machen, der uns von jener Zeit trennt.

BILDNIS KAISER LOTHARS III.

AUS DEM TRADITIONSBUCH DES KLOSTERS

VORNBACH AM INN, 1139

REINHOLD SCHNEIDER

Kaiser Lothars Krone

Er was wol des rîches hêrre,
Bî im was der vride guot.
Diu erde wol ir wuocher truoch.
Er minnet alle gotelîche lêre
Unt behielt ouch werltlîch êre.

KAISERCHRONIK

EINGANG

Der Dom

Unerschüttert ragt zu Magdeburg über dem Strome die Grabkirche Ottos des Großen empor, der, wie die nun ausgelöschte Grabschrift rühmte, «König und Christ» war und aus dieser doppelten Kraft gründete und baute, bis er seine Ruhe fand in der Burg der himmlischen Magd. Mit der Gewalt eines großen Lebens, das die Nachgeborenen zur Nachfolge zwingt, wirkten des Kaisers Taten durch die Geschichte; und auch der Dom, den er am breiten Grenzstrom vor den weitgedehnten Marken errichtete, war für dieselbe Wirkung bestimmt: sollte er doch die Grenzwächter daran erinnern, daß der nur die Grenzen auf die rechte Weise hütet, der das anstoßende Land mit einer Ordnung beschenkt, und daß diese Ordnung hervorgehen mußte aus der heiligen Mitte des Reiches. Nicht sehr ferne vom östlichsten Kaisergrabe des Nordens, aber schon mitten im alten Sachsenlande erbaute Kaiser Lothar, der Sachse, am Ende eines mühebeladenen Lebens die Mauern seiner irdischen Ruhestätte; solange der Supplinburger die Krone trug, mochte ihn das strahlende Bild des größten Sachsenkaisers nicht verlassen haben; er mochte ihm auf manchem Pfade nachgeritten sein, zwischen Merseburg und Quedlinburg und unter dem Sonnenbrande jenseits der Alpen, und so blieb er auch im Tode dem verehrten Vorgänger nah. Das Dörflein Lutter am Nordhang des Elmwaldes wurde gleichsam gekrönt, als der Sachsenkaiser auf dem Boden seiner Ahnen das Stift gründete und Benediktinermönche berief, die an seinem Grabe dienen und für seine Seele beten sollten. Von nun an durfte das Dorf sich Königslutter nennen, es wurde zu einer kleinen Stadt, aber das Volk nannte es noch lange Lutter wie vor Zeiten. Über der welligen, vom Korn überrauschten Ebene, in deren Talsenkungen sich Baumwipfel zusammenscharen und über die da und dort Waldfetzen verstreut sind, steht der Dom auf der letzten Stufe vor dem Laubwald, gleich der steinernen Krone des Sachsenlandes; die drei Spitzen der gedrungenen Türme auf Westfront und Vierung fangen das sinkende Licht wie Elmsfeuer auf, während die Dächer von Oberlutter und von Lutter darunter in die Linie der Landschaft übergehen.

Das Land ist reich an den wunderbarsten Dingen und Erinnerungen, die in Deutschland allenthalben auf dem Wege – und wieviel mehr noch abseits von diesem – zu finden sind. Zwischen Magdeburg und Königslutter birgt sich das Städtlein Helmstedt im Tale, seine Schätze den Augen der Vorübereilenden entziehend und mit Wall und Türmen umschließend. Dort, in einem versteckten grasbewachsenen Hof, im Eschenschatten, steht die seltsame Doppelkapelle, die mit ihrer barocken Dachhaube Jugend vortäuschen will, während sie in Wahrheit uralt ist. Denn sie ist tief in die Erde gesunken unter der Last der Jahrhunderte; und die ersten Beter mögen in der niedrigen Zelle des Untergeschosses gekniet haben zur Zeit der Karolinger, als das Kreuz erhoben wurde über Deutschland. Nicht ferne davon erinnert der Doppeladler an dem prächtigen Tore des Ludgeri-Klosters daran, daß Name und Größe des Reiches hier noch gefeiert wurden unter dem Zepter Kaiser Karls VI., als Prinz Eugen die Türken schlug. Aber Helmstedts Sache war es nicht, großer Geschichte einen Schauplatz zu bieten. Herzog Julius von Braunschweig schenkte der kleinen Stadt eine Universität, die prächtig war wie ein Schloß, und unter den reichgeschmückten Giebeln, dem schlanken Turm blühte dann lange das wunderlich enge und zugleich weite Leben, dessen letzte Zeugen die an den Häusern verwitternden Namen der Professoren sind. Der Professor Beireis schleppte Wunderdinge in sein Haus an der nach Sankt Ludgeri führenden Straße. Mag er nun der Wahrheit gedient haben als tüchtiger

Lehrer oder auch der Narrheit der Mitmenschen, indem er sich selber zum Narren machte und die Narrheit der andern ernst nahm, so vermochte er doch, was keinem seiner Mitbürger gelungen wäre: den Dichter des «Faust» in seine Zauberküche zu locken und vier Tage festzuhalten. Draußen im Lande, nördlich von Helmstedt, schaltete einst der Prinz von Homburg auf seinem Schlosse Weferlingen, Handwerksleute berufend, bauend und ausschmükkend, als sei er allein zum Grundherrn bestimmt, nicht um seinen Dienst zu tun auf dem Felde von Fehrbellin. Und südlich der Stadt in Sommerschenburg, wo vor Jahrhunderten die Pfalzgrafen von Sachsen und dann die Erzbischöfe von Magdeburg saßen, ruht der Feldmarschall Gneisenau von der Last der Tat und nicht begehrter Ehren aus. Zwischen Helmstedt und Königslutter, hinter dem Dorfe Süpplingen, wo sich die Äcker dem Walde entgegenwellen, scharen sich hohe Bäume über den Feldern zusammen. Hier stand die Süpplingenburg, der Grafensitz, dessen Mauertrümmer langen Jahrhunderten trotzten, um endlich doch hinweggeräumt zu werden von einer Zeit, die solchen Erbes nicht zu bedürfen glaubte. Aber inmitten des Gutshofs ragt die wuchtige Ordenskirche der Tempelritter auf, den Heimatboden des Geschlechtes noch immer auszeichnend, das nach einem abseitigen Dasein in dem stillen Lande mit seinem

DER DOM ZU KÖNIGSLUTTER

DAS LÖWENTOR

letzten und zugleich mächtigsten Sproß nach der höchsten Krone griff. Von hier ritt Graf Gebhard, des Kaisers Vater, in den Kampf gegen Kaiser Heinrich IV. und in den Tod; hier wird sich der Knabe geübt haben, die Sache des Vaters zu verfechten.

Aber der Dom von Königslutter beherrscht das Land. Durch den Ort windet sich die Straße hinauf, an der sich das eine und andere Haus noch hervortut mit fächerförmigem Schnitzwerk und der Urväterweisheit des in bunten Lettern aufgemalten Hausspruchs. Die Lutter, das lautere Wasser, kommt der Straße entgegen, aber Mühlen stellten sich ihr in den Weg, da sie kaum dem Walde entsprungen war, Arbeit von ihr fordernd, die sie schon müde und trübe gemacht hat. Vor den letzten weinumsponnenen Häusern Oberlutters breitet sich der Rasenplatz, den der langgestreckte Kaiserdom abschließt. Unter Lindenzweigen dämmert das Seitenportal, geduckte Löwen tragen die gewundenen Säulen; die ernsten Wände des Seitenschiffs und des Hauptschiffs, in denen die Rundbogenfenster stehen, steigen empor. Der Bogenfries läuft unter den Gesimsen der Schiffe und der Apsis hin; hoch über die Wipfel erheben sich der First und der schwerlastende Vierungsturm, dessen Fenster von Säulen geteilt werden und den kaum mehr kenntliche Figuren umkränzen unter der spitzen, achtseitigen Pyramide seines Helms. Gleich einer drohenden Felswand, in der wenige Fenster wie Höhlen gähnen, überragt der doppeltürmige Westbau ein Tal, das von Tannen und Laubwipfeln ausgefüllt wird. Ein steinerner Wächter steht auf der nördlichsten Zinne, das Moosholzmännchen, das, wie die Sage erzählt, den um ihren Besitz besorgten Mönchen den Wachtdienst abnehmen sollte. Längst ist der steinerne Wachmann seines Amtes ledig, denn die Benediktiner von Königslutter, denen Kaiser Lothar das Moosholz, ein druntenliegendes Wäldchen, schenkte, haben den Klosterberg verlassen. Aber der Wächter steht noch immer auf schwindelnder Höhe wie ein nicht abberufener Posten. Oder wollte er den Ruf der Zeit nicht hören, die ihn wider seinen Willen lossprach vom Dienst? Linden umrauschen den Dom, der sich in ihrem Schatten gerne bergen und verbergen mag. Auf der Südseite deutet der doppelschiffige, zur Hälfte zertrümmerte Kreuzgang noch das Geviert an, das er einst umfaßte. Die Folge edelster Säulen reißt ab wie eine nicht ausgespielte Melodie. Im Garten regt sich die gewaltigste Linde, die Äste sinken zur Erde nieder und steigen dann noch einmal auf; wer unter sie tritt, ist von einem luftigen Hause umgeben, in dem sich Stamm und Äste wie Treppe und Gänge verlieren und in dessen Dämmerraum sich die durch grüne und grüngoldene Scheiben fallenden Lichtbahnen kreuzen.

Der Stifter ruht inmitten des Domes; längst stürzte die flache Decke der Basilika ein, wurden die von Pfeilern getragenen Wände mit einer Wölbung im gotischen Stile beschwert, aber das edle Kreuz des Raumes ist unversehrt. Auch die Platte des kaiserlichen Grabes ward zertrümmert, und wer mag es wissen, ob die drei liegenden Gestalten auf dem längst erneuerten Denkmal den verschollenen ersten Bildwerken gleichen oder ob gar ein Widerschein der Gewesenen an ihnen haftet, die zu ehren sie bestimmt sind! Der gepanzerte Kaiser mit dem kurzen Barte ruht in der Mitte des Monuments, Zepter und Krone tragend, Richenza, seine Gattin, zur Rechten, Heinrich der Stolze, sein Eidam, der Vater des Löwen, zu seiner Linken. Wunderbare Einsamkeit der Toten in ihrem Dom! Der greise Kaiser, der dem stillen Lande an den Hängen des Elmwaldes die höchste Krone brachte, Heinrich der Stolze, der früh verstorbene, dem die Feinde die vorbestimmte Krone neideten, der Tod sie entwand, Richenza, die Kaiserin, die vermittelte, versöhnte, auf unmerkliche Weise leitete und die Taten der Männer stützte durch ihr Gebet: sie alle drei wurden von den Geschichtsschreibern, die allzuoft den Ruhm der Gewesenen höher bewerteten als ihre Absicht, nur wenig bedacht. Selten erinnert sich ihrer das Volk, dem sie dienten, und es geschieht dann, wie der Mensch sich der Traumbilder der verwichenen Nacht erinnert, die nicht mehr recht deutlich werden wollen. Sind auch die Völker von solchen Traumbildern ihres anderen, verborgenen Lebens heimgesucht, die ihnen zu gewissen Zeiten wie Fremdlinge begegnen: Fremdlinge, die doch aus der Heimat dieser Völker stammen, ja aus deren heiligstem Herzen? Oder werden nur Einsame, die ihres Volkes Wegen folgen, zuweilen von solchen Traumbildern angerufen? Wie, wenn die Toten von Königslutter ein Reich vorbereitet hätten, das niemals kam, und das Ausbleiben dieses Reiches hätten büßen müssen mit dem Glanz ihrer Namen? Wieviel Vorbereitetes ruht in den Gräbern unter dem Elmwald und in Braunschweig, Quedlinburg, Bamberg, Worms und Speyer! Wenn aber irgendwo, so lohnt es sich in Deutschland auf die Melodie zu hören, die kein Ende fand; vielleicht ist diese vom Sturm des Schicksals entführte Melodie doch die eigenste Sprache des Volkes gewesen, vielleicht gehören die Melodie und dieses Schicksal zusammen. Denn endlich ist der Mensch doch eins mit dem, was er erlebt, Völker und Reiche sind es nicht minder. Und so hätten auch die Toten von Königslutter und namentlich der kaiserliche Herr, der bedächtig und schweigsam war im Leben und doch nicht ohne die Kraft der Tat, manches Wort zu sagen; oder nicht zu sagen, nur anzudeuten, denn Schicksale dieser Art lassen sich nicht Wort für Wort entziffern. Zu wenig haben Mitwelt und Nachwelt für sie getan. Vielleicht bewegte sich auch die Mitwelt unter einem Gesetz, das die Nachwelt nicht mehr verstand, so daß es fast vergebliche Mühe ist, die Bahn und Taten der Menschen verstehen zu wollen, nachdem die Kraft nicht mehr spürbar ist, die sie bewirkte. Aber alle Geschichte verhüllt sich wieder auf diese Weise; denn kein Geschlecht ist Gott, dem Herrn der Geschichte, so nah oder so fern, wie es die Väter gewesen, die Enkel sein werden. Die Geschlechter streben dieser Nähe zu und gleiten wieder ab. Doch der Standort verändert die Sprache, bestimmt den Blick der Geschlechter; so bleibt vieles für immer verborgen und verloren.

Selten nur sprachen die Menschen jener Zeit von sich selbst, stumm sind die Toten; nur seine Taten zeugen von Kaiser Lothar, und die Pfeilerbasilika zeugt von ihm, mit deren Bau er begonnen und die dann Heinrich der Löwe zu des Kaisers und seines eigenen Vaters Ehre vollenden ließ. Denn als der Kaiser, der sieggekrönt und erschöpft aus Italien zurückkehrte, in einem armen Bauernhause zu Breitenwang in Tirol an der Grenze Bayerns starb, war die Halle wohl kaum gedeckt, der Chor gewiß nicht geschlossen; an einem Wintertage, dem letzten Tage des Jahres 1137, bewegte sich der aus Süddeutschland über Augsburg und durch Ostfranken herangekommene Trauerzug die Höhe von Lutter hinauf, wo der greise Kaiser vor seinem letzten Ausritt sich seine

Ruhestätte gegründet hatte. Das Volk betrauerte und beklagte den Begründer und Wahrer des Friedens; der Dom, in dem er bestattet wurde, war unfertig wie sein Reich.

ERSTES KAPITEL

Der werdende Kaiser

Als im August des Jahres 1125 die Fürsten des Reiches sich vor der Stadt Mainz versammelten, um einen König zu wählen, hielt der Herzog Friedrich von Schwaben sich abseits am rechten Ufer des Rheines, während auf dem gegenüberliegenden Wiesenlande sich das bunte Lager der übrigen Fürsten und Herren, ihrer Vasallen und des um sie gescharten Volkes aufbaute. Nur der Bischof von Basel gesellte sich zu dem Staufer, dessen Bruder Konrad noch das Heilige Land durchziehen mochte; aber welchen Beistandes hätte er auch bedurft? Seine Mutter war Agnes, die Tochter Kaiser Heinrichs IV., er hatte in Utrecht am Sterbebette seines kaiserlichen Oheims Heinrichs V. gestanden, als der früh von der Krankheit und seinem dämonischen Willen verzehrte Herrscher die Insignien der Kaiserin Mathilde übergab, damit sie, die im Reiche nicht heimische Tochter des Königs von England, die heiligen Zeichen auf dem Trifels in Sicherheit bringe; und der Herzog war von dem Sterbenden zum Beschützer der Kaiserin und des ihr anheimfallenden Gutes ernannt worden.

Denn mehr hatte Heinrich V. nicht zu überantworten als die Krone seiner noch jugendlichen Gemahlin, die eine Enkelin Wilhelms des Eroberers war, sein Hausgut und die Sorge um das Reich, an dessen westlicher Grenze er sich im letzten Jahre vergeblich bemüht hatte, die den rebellischen Osten endlich niederzwingende Macht zu sammeln. Es war dem Kaiser bestimmt, der Letzte seines Stammes zu sein und in derselben Stadt zu sterben, wo einst sein Ahne, der glorreiche Kaiser Konrad II., gestorben war. Wie Konrad hatte der Sterbende seinen letzten Ritt getan von Nymwegen nach Utrecht, und der ehrwürdige Dom der Bischofsstadt sollte mit dem Herzen des Vorfahren nun auch das Herz des Urenkels verwahren, damit es an *dem* Orte für immer zur Ruhe komme, wo es nach allzu heftigem Begehren zu schlagen aufgehört hatte. Vielleicht hatte der Bann der Kirche, dessen Blitzstrahl wie ein ihm folgendes Gewitter den Kaiser immer aufs neue traf, nachdem er den Papst Paschalis II. auf tückische Weise im Petersdom gefangengenommen hatte, sein Mark versehrt, wie Volk und Fürsten glaubten. Vielleicht hatte auch der Fluch des unseligen, vom Sohne auf noch schlimmere Art überlisteten und erniedrigten Vaters Heinrichs V. Kraft zerstört: so daß der Kaiser nach fast zwanzigjähriger Herrschaft keinen Leibes-

THRONBILD HEINRICHS V., UM 1106

erben fand für das Reich, dem er alles, seiner Seele Seligkeit und die den Eltern schuldige Ehrfurcht, geopfert hatte.

Das Jahrhundert der Salier war zu Ende; ein Geschlecht hatte, nachdem es mit junger, tatendurstiger Kraft die Höhe der Macht erstürmt, sich für eines Lebens Dauer auf dieser gehalten, dann war es der inneren Gewalten, deren der Herrscher wohl bedarf, die ihn aber nicht beherrschen dürfen, nicht mehr Meister geworden. Frisch, männlich, kühn, gerötet von der schnellen Hitze des Zornes war das Antlitz Konrads II., besonnen im Bewußtsein begründeter Macht, die Christenheit verwaltenden Schlichteramtes das Antlitz des frommen und tätigen Kaisers Heinrich III.; Niedriges und Hohes, die Leidenschaft des Mannes und der große Sinn des Königs, List, erduldete Schmach und königlicher Wille, der Not und aufgärenden Ekel überwindet, bekämpften einander in den Zügen des Büßers von Canossa, bis endlich der Adel ertragenen Schicksals sie verklärte; düsterer, kälter, schärfer, gezeichnet von rechnender, lauernder List, vom rücksichtslosen Verlangen nach Gewalt, aber auch von dem Willen, die Zügel der ihm widerstrebenden Rosse zu meistern, war das Gesicht Kaiser Heinrichs V., in dem die Kraft des Stammes verdorrte. Ein Jahrhundert lang war der Sohn dem Vater gefolgt, bis gleichsam das Lebensgesetz des Geschlechtes erfüllt war und das Reich wiederum einer Geschlechterkette bedurfte, die es mit derselben, ja vielleicht noch beharrlicherer Kraft zusammenzwingen würde, wie es die Salier getan.

Friedrich von Schwaben, ein kriegstüchtiger, noch von Jugend durchglühter Mann, den die Zeitgenossen seines einzigen Gebrechens wegen Einaug nannten, blieb am Wahltag in seinem Lager vor Mainz. Er schützte eine Fehde vor, die er als Waffengenosse des verstorbenen Kaisers mit den Mainzern ausgetragen hatte; sie mochte ihm bei den Bürgern nicht das beste Andenken gesichert haben. Aber vielleicht blieb er nur zurück, weil er nicht daran zweifelte, daß ihn bald die Boten einholen würden unter dem Jubel der Fürsten und des Volkes als König des Reiches, der nach dem doppelten Rechte des Blutes wie der Wahl zu Aachen den Thron besteigen sollte. Indessen versammelten sich die Wähler in der Stadt, die Fürsten und Herren der Bayern, Franken, Schwaben und Sachsen; zwei Legaten des Papstes Honorius II. betraten den Saal; im Auftrage König Ludwigs VI. von Frankreich, der im vergangenen Jahre gegen einen drohenden Angriff des verstorbenen Kaisers die Oriflamme erhoben und mit entflammter Kriegslust des Saliers Absicht vereitelt hatte, erschien der Abt von Saint-Denis.

Erzbischof Adalbert von Mainz, der Kanzler des Reiches, schickte sich an, die Wahl zu leiten. Er hatte zu ihr aufgerufen nach Heinrichs Tod und in seinem

Briefe nicht unterlassen, von dem schweren Joche der Knechtschaft zu sprechen, das bisher die Kirche gedrückt habe, und zugleich deren Hoffnung auf ein künftiges Bestehen unter eigenen Gesetzen kundzumachen; freilich hatte der Kanzler des Verstorbenen mit der geziemenden Ehrfurcht und Demut gedacht. Daß er vergessen oder gar verziehen hätte, was zwischen ihm und dem Salier geschehen: wer wollte es aber glauben? Hatte ihn doch der Kaiser auf winterlichem Ritte nach Erfurt an der Fränkischen Saale, als des Erzbischofs kleine Schar nicht ausweichen konnte, gefangengenommen und als Widersacher in den Kerker geworfen. Drei Jahre mußten vergehen, bis die aufständischen Mainzer Bürger die Freilassung ihres Fürsten erzwangen. Der Erzbischof war damals in seiner Stadt eingezogen mit allen Spuren erlittener Entbehrung, ja schimpflicher Mißhandlung; als ein bis auf die Knochen abgemagerter Mann, aber mit der Glut unbesieglichen Willens in den Augen hatte er die Huldigung der Bürger empfangen, die ihm auf so stürmische Weise sonst niemals zuteil geworden war.

Der Legat bat die Versammelten, das *Veni sancte spiritus* zu singen, und die Hymne erscholl; dann machte der Erzbischof, das bunte Gedränge der Wähler scharf überblickend, den ungewohnten Vorschlag, aus einem jeden Stamme zehn Fürsten und somit im ganzen vierzig zu bestimmen, die, wenn es ihnen möglich wäre, sich auf den Namen des künftigen Gebieters einigen sollten. Wohl mochte mancher Herr erwartet haben, daß die Wahl sofort geschehe und dem vor der Stadt harrenden Staufer die Krone zufalle; wohl mochte der eine oder andere mit einer gewissen Besorgnis daran denken, daß der Kanzler die Insignien des Reiches an sich gebracht, vielleicht indem er deren Verwalterin, die verwitwete Kaiserin Mathilde, beredet hatte, doch wurde der Vorschlag des Kanzlers gebilligt. Die vierzig Wähler kehrten in den Saal zurück, aber statt des einen Namens, auf dessen Verkündung so viele unter den Versammelten noch gehofft, das draußen auf dem Platz gescharte Volk schon ungeduldig gewartet hatte, nannten sie die Namen dreier hochgeachteter Fürsten, die ihnen würdig schienen, die Krone zu tragen: Herzog Friedrich von Schwaben, Markgraf Luitpold von Österreich, Herzog Lothar von Sachsen. Aber der Österreicher, ein greiser Fürst, der als zweiter Gemahl der Kaisertochter Agnes, der Mutter Herzog Friedrichs, mit dem salischen Hause verbunden war, trat nun vor und bat, sein hohes Alter nicht mit der Krone zu beschweren; da er zahlreiche Söhne habe, müsse er auch befürchten, daß nach seinem nicht fernen Tode dem kaum befriedeten Reiche neuer Zwiespalt drohen werde. Ja, der edle Fürst warf sich in erschütternder Demut auf die Knie und flehte die Wähler an, einen Würdigeren und Tüchtigeren zu bestimmen.

Nun stand auch Herzog Lothar, ein rüstiger Sechziger, nicht zurück; ob ihm sein Weib Richenza auch keine Söhne, nur eine Tochter geschenkt, bat auch er auf den Knien und unter Tränen die Fürsten, die Last der höchsten Würde nicht auf seine Schultern zu wälzen. Der vielgefeierte und vielerfahrene Kriegsmann, der sein Leben lang im Reiche, an den Grenzen und im wilden Slawenlande gekämpft, mochte in der Tat kein Verlangen tragen, in seinem sechzigsten Jahre das ruhelose Leben eines deutschen Königs zu beginnen. Aber der Staufer? Vielleicht hätte ihm, wenn er unter den Versammelten gewesen wäre und deren Geist gefühlt hätte, das rechte demütige und doch sichere Wort die Zustimmung der Mehrzahl eingetragen, obgleich er den Erzbischof zum Gegner hatte. War er seiner Sache zu sicher, wollte er nicht Zeuge ihres Sieges sein? War er zu demütig oder zu stolz? Die Versammelten beschlossen, ihn am folgenden Tage zu fragen, ob er die Krone annehmen wolle. Aber vielleicht war es ihnen weniger um eine Antwort zu tun als um den Blick in seine Sinnesart, in sein Herz. Denn der König sollte sich darstellen, ehe er gewählt würde; durch Handlungen und Zeichen sollten Ämter und Würde sichtbar werden, und auch das Innere des Erwählten sollte sichtbar werden in verpflichtender Geste.

Am folgenden Tage erschien der schwäbische Herzog vor den Wählern im Saal, stolz und arglos, als schwebe die Krone schon über seinem Haupte. Die beiden Fürsten, die als Thronanwärter genannt worden waren, hatten auf höchst ehrenvolle Weise verzichtet: War dies nicht im Bewußtsein des an den Staufer vererbten Rechts, vielleicht sogar nach eines Höheren Willen geschehen, der sichtbar die Geschikke des Reiches lenkte? Aber der Staufer, dessen Gemahlin Judith eine Tochter des Herzogs Heinrichs des Schwarzen von Bayern und der Wulfhild Billung aus dem erloschenen Hause der Sachsenherzöge war, mußte zugleich als der mächtigste Mann des Reiches gelten; er hatte zu seinem Herzogtum salisches Hausgut geerbt; er war durch seine Gemahlin Judith mit dem welfischen Bayernherzog verschwägert, der sich zu reichem süddeutschen Besitz kraft seiner Verbindung mit Wulfhild Billung landesherrliche Rechte im Norden, in der Gegend um Lüneburg, erworben hatte. Die Abkunft und der Wille des verstorbenen Kaisers, der in seinen letzten Stunden mit der einem sterbenden König eigenen, geheimnisvollen Kraft seinen Erben ausgezeichnet, Besitzstand und Verwandtschaft konnten, so schien es, nicht übergangen werden: das Recht war sichtbar vor aller Augen. Aber die Wähler mochten Luitpolds und Lothars Bitte vom vergangenen Tage als ein Zeichen königlich demütigen Sinnes, nicht als verpflichtende Ablehnung verstanden haben, ja, die beiden Fürsten hatten sich gerade empfohlen durch ihren Verzicht, wie auch oftmals Päpste und gerade die gewaltigsten unter ihnen gebeten hatten, sie mit dem höchsten Amte der Christenheit zu verschonen, um dann, wenn die Wahl doch für sie entschied, Gottes unerbittlichen Willen in ihr zu erkennen. Denn die Träger der höchsten Ämter sollten sich dieser nicht bemächtigen wie irgendeines irdischen Gutes: sie sollten mit ihnen beschwert werden, um unter der Last zu erstarken und als Verwalter zu dienen.

Als nun der Erzbischof von Mainz die drei Thronanwärter fragte, ob ein jeder bereit sei, dem aus ihnen Gewählten uneingeschränkten Gehorsam zu leisten, da versprach der Sachsenherzog, der unerbittliche Gegner des verstorbenen Kaisers und seines Hauses, auf das feierlichste, sich dem Willen des künftigen Herrn und Gebieters zu fügen, ja, er erneuerte seine Bitte, ihm die Krone nicht zu übertragen. Der Markgraf von Österreich, der sich noch immer bedroht sah von der gefürchteten Bürde, begnügte sich nicht mit dem Versprechen des Gehorsams; er erklärte sich bereit, seinen Verzicht auf die Krone durch einen Eid zu erhärten. Noch hatte der Staufer kein Versprechen geleistet; ihm wendete sich jetzt der Kanzler zu mit der Frage, ob er auf dieselbe Weise wie Lothar und Luitpold durch den Verzicht auf jegliches Vorrecht die völlige Freiheit der Wahl zur Ehre der Kirche wie des Reiches sichern wolle; und wie gelassen der Erzbischof auch diese Frage vorbrachte, als handle es sich um eine überkommene Formel, so mochten doch die Versammelten fühlen, daß der Pfeil mitten in das Recht traf, als dessen Vertreter der Staufer vor den Wählern erschienen war. Gehörte ihm die Krone schon zu, kraft eines Anspruchs, den das salische Haus auf ihn übertragen? Sollten die mächtigsten Geschlechter hoch über den Häuptern der Fürsten die Krone einander zureichen, oder ruhte die Krone unabänderlich in den Händen der Wähler, zu deren freier Verfügung? Der Herzog, der geglaubt haben mochte, daß er als erwählter König unter dem Zuruf der Fürsten, dem Frohlocken des draußen harrenden Volkes den Saal verlassen werde, war gegen die Frage des Kanzlers nicht gewappnet; verneinen konnte er sie nicht, ohne den Unwillen aller Versammelten zu erregen, nachdem die beiden um vieles älteren Fürsten ein so edles Beispiel des Gehorsams gegen die geltende Sinnesart gegeben hatten; bejahte er sie aber, so verneinte er zugleich das Recht, auf das er pochte. Er war ein Krieger, des Schwertes, nicht der feineren Künste gewohnt, deren Meister der Erzbischof war; er glaubte, daß die Entscheidungen auf eine einfache, klare Weise vollzogen werden müßten, des Hinterhaltes versah er sich nicht. So zögerte er, während er doch fühlen mußte, daß seine Unschlüssigkeit Argwohn und Mißfallen erregte; daß ihm das Wohlwollen, das ihm gestern noch gehörte, das ihn heute noch empfangen, von Augenblick zu Augenblick entglitt.

Er müsse, erklärte er endlich, sich mit seinen Freunden, die vor der Stadt im Lager zurückgeblieben seien, beraten, ehe er die Frage des Erzbischofs beantworten könne. Doch die Frage vertrug keinen Aufschub, weil sie Recht und Gesinnung verquickte, ja diese enthüllen sollte; während der Herzog aus dem Saale trat, erkaltete die Zuneigung vieler seiner Anhänger für immer: niemals sollte sich deren Hoffnung wieder auf ihn richten. Niemals sollte Herzog Friedrich von Schwaben die Krone des Reiches erlangen.

Zum dritten Male strömte das Volk am folgenden Tage vor dem Fürstensaale zusammen, den Königsruf zu erwarten. Herzog Heinrich der Schwarze von Bayern, der Schwiegervater des Staufers, schritt an diesem Tage nicht durch die Menge; er und noch der eine oder andere Herr mochten grollen über die vergeblichen Bemühungen der letzten Versammlung, über die Kunst, mit der Erzbischof Adalbert den staufischen Thronanwärter einer verfänglichen Probe unterworfen hatte. Als aber der Kanzler unter Berufung auf das Scheitern der letzten Verhandlungen die Befugnisse der vierzig Wähler wieder zurückgenommen hatte, um die Vorbereitungen zur Wahl noch einmal und von vorn zu beginnen, und der Herzog von Sachsen und der Markgraf von Österreich nebeneinander auf derselben Bank unter den Fürsten saßen, zum deutlichen Zeichen, daß sie sich ihrer Sonderstellung wieder begeben hätten – da, als alles wieder ungewiß war und lange, neue Verhandlungen und vielleicht auch wieder Zwistigkeiten drohten –, erhoben sich plötzlich Stimmen im Saal, die rasch die Ratlosigkeit betäubten, ungestümer und dringlicher wurden und schon den Raum erfüllten und hinausdrangen zu der ungeduldigen Menge: «Herzog Lothar soll König sein! Lothar König! König Lothar!» Es waren vielleicht die Stimmen sächsischer Herren, die selber wie ihre Väter und Großväter gegen die Frankenkaiser gekämpft und ihren Verdruß über die Zurücksetzung ihres Stammes nicht länger bezähmen konnten. Während aber der Leiter der Verhandlung, die Legaten, Bischöfe und erfahrenen, älteren Fürsten sich über diese unziemliche Unterbrechung ergrimmten und Einspruch erhoben, umdrängten die Huldigenden und Rufenden schon den überrascht aufspringenden Herzog; ja, sie beugten sich vor ihm, hoben den heftig Widerstrebenden auf ihre Schultern und trugen ihn unter dem Schall der auf die Schilde schlagenden Schwerter, den fruchtlosen, zornigen Vorstellungen ihrer Gegner und dem leidenschaftlichen Einspruch des immer mehr sich ereifernden Herzogs durch den Raum; draußen das Volk sah den auf die Schulter Gehobenen, verstand nun den Ruf – traten doch auch Übereifrige ans Fenster, um hinunter zu rufen – und antwortete gleich einem dumpfen doppelt und dreifach verstärkenden Echo: «Lothar König! König Lothar!»

Langsam nur ließ sich die Versammlung beschwichtigen. Der Herzog stand unter seinen Anhängern, erbittert, als sei ihm eine schwere Beleidigung zugefügt worden, und Sühne heischend; die bayrischen Bischöfe, ungehalten über die ungesetzliche Thronerhebung, die noch nicht einmal in Gegenwart ihres Herzogs geschehen war, drängten zur Tür, ohne sich von den auf sie einsprechenden Fürsten zurückhalten zu lassen, bis endlich der Legat den geistlichen Herren entgegentrat. Sie würden sich an allem entstehenden Unheil schuldig machen, wenn sie durch ihr Weggehen das Gewicht und die Beschlußkraft der Versammlung verminderten, erklärte der Kardinal Gerhard den Bischöfen von Salzburg und Regensburg; so kehrten diese und ihre Gefolgsleute an die Plätze zurück. Aber um des Ansehens der geheiligten Krone willen verlangten sie Genugtuung; sie wurde ihnen geleistet. Die vorschnellen Freunde des Sachsenherzogs traten vor, baten, ihnen ihr Ungestüm zu verzeihen; die Thronerhebung wurde für nichtig erachtet.

Doch war Unwiderrufliches geschehen. Der Name eines Königs hatte sich an Lothars Namen geheftet, der bisher allen Empörern ein Schlachtruf gewesen; und der Schatten dieses Namens bleibt an den Menschen und Geschlechtern haften, die er einmal

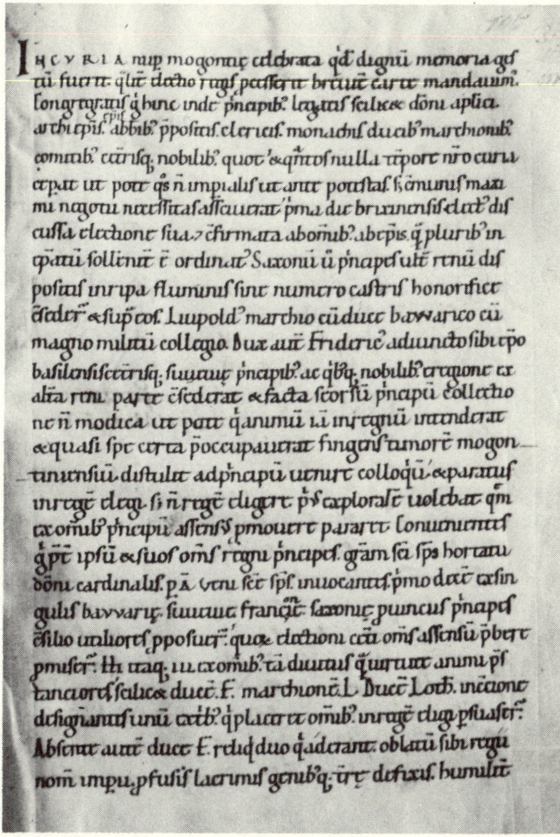

HANDSCHRIFT EINES ZEITGENÖSSISCHEN BERICHTES ÜBER DIE KÖNIGSWAHL IN MAINZ

BEGINN DES BERICHTES ÜBER DIE KÖNIGSWAHL LOTHARS III.

Die denkwürdigen Ereignisse, die neulich auf dem Reichstage zu Mainz geschehen sind, und der Verlauf der Königswahl ist hier in Kürze dem Papier anvertraut.

Von allen Seiten versammelten sich die Fürsten: Legaten des apostolischen Herrn, Erzbischöfe, Bischöfe, Äbte, Pröpste, Kleriker, Mönche, Herzöge, Markgrafen, Grafen und die sonstigen Edlen, und das so zahlreich, wie sich bis zu unserer Zeit noch niemals ein Reichstag versammelt hat. Denn nicht der Befehl des Kaisers hatte sie, wie sonst, herbeigeführt, sondern die gemeinsame Pflicht ihrer höchsten Aufgabe. Und am ersten Tage wurde über die Wahl des Bischofs von Brixen verhandelt, diese Wahl von allen übrigen bestätigt und der Erwählte von einer großen Zahl von Bischöfen für sein Bistum ordiniert. [...]

(Der vollständige Wortlaut des Berichtes ist im Anhang Seite 324–330 abgedruckt.)

gestreift vermöge der ihm einwohnenden, uralten Gewalt; ja, er verfolgt sie, solange sie leben, und verfolgt noch ihr Gedächtnis. Der Herzog war, ob gegen seinen Willen, wie es den Anschein hatte, ob in einer geheimen, nur allzu unbedacht ergriffenen Übereinstimmung mit diesem, in den Bezirk der Krone erhoben worden, als ihn die Seinen auf ihre Schultern nahmen. Er mußte fortan einer höheren Geltung sich bequemen, ja er konnte in seinem Innern und Innersten nicht mehr sein, was er bisher gewesen. Im Augenblick, da der Königsruf an das Ohr der Fürsten oder Königssöhne drang, wurde das Reich noch einmal in ihnen geboren: das Reich, dessen Wesen es war, mittels der Eigengesetzlichkeit der Ämter die Schicksale zu bestimmen und zu formen und die Erwählten in die unverrückbaren Bahnen des Dienstes zu zwingen; ausstrahlend aus geheimnisvoller Mitte, in der die geweihte Krone ruhte, bewegte die Kraft des Reiches die Amtsträger auf übereinander geordneten Bahnen. Wohl gingen in den nächsten Tagen die Boten zwischen dem Palast des Erzbischofs, dem Lager vor den Mauern und zwischen den Zelten der Fürsten hin und her. Der Bayernherzog, der in der letzten Versammlung sich hatte vermissen lassen, entschloß sich, für den staufischen Schwiegersohn auf dem Kaiserthrone seinem Sohne den kaiserlichen Schwiegervater einzutauschen: Heinrich, des Schwarzen Welfen Sohn und

Erbe, sollte sich mit des Sachsenherzogs einziger Tochter Gertrud vermählen, auf diese Weise dem welfischen Hause überreichen Besitz, aber einen noch kostbareren Anspruch sichernd. Denn besser, als mit einem blühenden, bald vielleicht allzu mächtigen Geschlechte verschwägert zu sein, war es, der Erbe eines erlöschenden zu werden; mochte Lothar für ein Altersjahrzehnt das Reich verwalten, so konnte er doch nicht Kaiser sein, ohne nach dem Fortbestand seines Wirkens und Besitzes zu trachten: der Supplinburger schien dazu auserwählt zu sein, Ruhm und Macht des Welfenhauses vorzubereiten. Denn welcher Fürst vermöchte es, für sich selber zu leben? Als die Wähler sich wieder versammelt hatten und der Kanzler, wie es sein Vorrecht war, als erster dem Sachsenherzog seine Stimme erteilte und nach ihm geistliche und weltliche Fürsten, ein jeder nach dem Rechte seines Ranges und Standes, sich erklärten mit den altehrwürdigen Worten: «Ich kiese zu einem Herrn und König, zum Richter und Verteidiger des Reiches Herzog Lothar», da vermehrte eine jede, denselben Namen nennende Stimme Zuruf und Jubel: Herzog Lothar wurde kraft freier Wahl der Fürsten zum König der Deutschen bestimmt. Aber ein höherer Name leuchtete über diesem und sollte dereinst den Gewählten und die Wähler unweigerlich einfordern; der Erzbischof dankte Gott dem Herrn für seinen Beistand und bat zugleich, daß der König dereinst zum Kaiser erhoben werde, und ein jeder der Versammelten fühlte, daß dann erst das soeben Geschehene seinen höchsten Sinn erlangen würde. Nur der Staufer fehlte im Saal; befreundete Fürsten gingen zu dem Grollenden hinaus, dem sein Recht in den Händen zerronnen war und der es doch nicht vermochte, um dieses Rechtes willen zum Empörer zu werden. Er schlug das ihm von Lothar angebotene Lehen aus, betrat aber die von Freudenlärm erfüllte Stadt, huldigte dem Erwählten und versöhnte sich mit diesem vor dem gerührten Volke, freilich ohne das Bewußtsein des Rechtes austilgen zu können, das ihm im Herzen wurzelte. Der Sachsenherzog verkündete mit der schwachen Kraft seines königlichen Namens einen Frieden, der bis zum Weihnachtsfest des folgenden Jahres eingehalten werden sollte. So sollte sein Name sich als eine Friedensbotschaft verbreiten und den Menschen in den trotzigen festverschlossenen Städten des Reiches und auf einsamen, des Überfalls gewärtigen Burgen, aber auch den in steter Furcht ihre Straße ziehenden Kaufleuten besser im Ohre haften.

Der Herbst war dem rüstigen König schon vorausgeeilt und hatte die Hänge und kühnen Höhenzüge des Rheintals, die Dorflinden und engen Gärten vor den Stadtmauern mit buntem Flügel gestreift, als Lothar aufbrach nach der heiligen Stadt Karls des Großen, wo auch Otto die Krone empfangen. In der

Pfalz nahm der Erwählte die Huldigung der Herren entgegen, dann geleiteten ihn zwei Bischöfe in die Kirche hinüber, wo das Volk ihn erwartete. Der Erzbischof von Mainz schritt ihm entgegen, den Bischofsstab in der Rechten haltend, um ihn mit der Linken zum Altar zu führen; alle beteten auf die Bitte des Bischofs für den künftigen König, der, nachdem er den Mantel abgelegt, vor dem Altar kniete; dort schimmerten Krone, Zepter und Schwert, noch in der Hut des höchsten Herrn. Darauf erhob sich Lothar; er gelobte laut, den rechten Glauben zu wahren und zu verteidigen, die Kirchen zu schützen, das ihm von Gott überantwortete Reich nach dem Recht der Väter zu verwalten. Der Kanzler fragte das Volk, ob es dem Fürsten gehorsam sein wolle nach den Worten des Apostels Paulus. Das «So sei es, amen» durchbrauste die Halle; darauf salbte der Erzbischof von Köln den Fürsten, er legte ihm das Schwert in die Hand, breitete den Mantel um seine Schultern, heftete ihm die Armspangen an, reichte ihm Siegelring, Zepter und Stab und setzte ihm endlich die hochaufleuchtende Krone aufs geweihte Haupt. Der Segen der Priester vermählte sich mit der geheimen Kraft der alten Zeichen und feite den Gekrönten auf Lebenszeit. Während der Gesang stärker und freudiger erscholl, führte der Erzbischof König Lothar zum steinernen Stuhle des Reichsgründers; der Purpurumwallte betrat die Stufe,

SIEGEL KÖNIG LOTHARS III.

und der Bischof erlegte ihm nun mit der Kraft des heiligsten Namens die schwerste Verpflichtung auf: Nach vererbtem Recht durch die Weihe der Kirche sei Lothar erhoben, um als Christi Stellvertreter zu herrschen.

Aber auf welches Mannes Haupt funkelte die Krone, das höchste verpflichtende Zeichen rechtlicher, zum Rechttun berufener Gewalt! Er war der Sohn eines Empörers; Graf Gebhard von Supplinburg, ein in der Gegend von Helmstedt nicht sonderlich reich begüterter Herr, der sich entfernter Verwandtschaft mit dem erloschenen sächsischen Kaiserhause rühmen konnte, hatte sich mit seinen sächsischen Stammesgenossen gegen König Heinrich IV. erhoben. Die Aufständischen lagerten an der Unstrut: die Fürsten und Herren auf der Hochfläche über dem Flusse, dort, wo später das Kloster Homburg erstehen, eine Weile dauern und dann wieder so völlig von der Erde verschwinden sollte, daß kein Vorüberwandernder sich der verwehten Beterscharen mehr erinnern mag; drüben bei Thamsbrück lagen die Bauern zwischen den Wagen und mitgeschlepptem Vieh. Sie zechten und schmausten, als Herzog Rudolf von Schwaben mit der Vorhut des königlichen Heeres plötzlich am Rande der Ebene heraufzog; die Überraschten sprangen auf, warfen sich unter Wutschreien auf die Pferde und den Schwaben entgegen, die unter dem Ansturm der Lanzen stehenblieben und wankten. Schon schleuderten die Sachsen die Speere weg und rissen die Schwerter heraus, deren sie zwei und drei am Gürtel trugen, um nun kurze Arbeit zu machen, da dröhnte und klirrte es von heraneilenden Bewaffneten in der Nähe, blitzte es in der Ferne: Herzog Welf von Bayern sprang den bedrängten Schwaben bei. Noch hielt Otto von Nordheim, der Feldherr der Sachsen, die Uferhöhe, bis die Sonne des Julitages sich wieder zu neigen begann, da eilten die Franken auf den Plan, und hinter ihnen, gleichsam um das Schlachtfeld auszukehren, sputeten sich die wilden, beutegierigen Böhmen. Flüchtlinge und Verfolger hetzten die Uferhänge hinab, über den von Männern und Pferden erfüllten Fluß und in das verwirrte Bauernlager, wo ein jeder ergriff, was er noch glaubte schleppen zu können, und unter seiner Last fortkeuchte, um sie endlich doch dem Feinde vor die Füße zu werfen und zu fliehen. Langsam wurde es stiller auf dem Schlachtfeld; dort lag unter den gefallenen süddeutschen Herren und den Knechten der Supplinburger Graf. König Heinrich feierte den Sieg; es war einer seiner wenigen Glückstage, dessen greller Sonnenblitz allzubald erlöschen sollte und den auch des Fürsten ungezähmter Sinn kaum zu nutzen wußte. Bald sollte Herzog Rudolf von Schwaben, der ihm die Schlacht gewonnen, die Hand ausstrekken nach König Heinrichs Krone.

Lothar war vielleicht als Knabe zurückgeblieben auf der väterlichen Burg unter der Hut der Mutter, die dem bayrischen Geschlecht der Grafen von Formbach entstammte; sobald der junge Graf von Supplinburg die Waffen schwingen konnte, erhob er sie gegen den Kaiser, ihm zu schaden und ihn zu kränken, wo er es immer vermochte, unbekümmert um die Krone des Reichs, die der Herr unter aller Not und Schmach nicht aus den Händen ließ. Daß auch das Reich erniedrigt wurde mit dem Kaiser: wie hätte das dem Sohne des Grafen Gebhard den Arm lähmen sollen? Er stritt für seinen Boden und für Sachsen, dessen altes Recht, das Reich zu führen, verletzt wurde, als Konrad, der Salier, sich empörte gegen Kaiser Heinrich II., den letzten Sachsenkaiser; als Konrad nach dessen Tode gewählt wurde unter dem Einfluß des Erzbischofs Aribo von Mainz. Dreizehn Jahre, nachdem Lothars Vater gefallen war bei Homburg, sollte der Sohn sich am Kaiser auf das empfindlichste rächen. Heinrich IV. lag im bittern Winter vor der Burg Gleichen in Thüringen, die dem rebellischen Markgrafen Ekbert von Meißen gehörte. Dieser, der im Verdacht verräterischer Pläne stand, war des Kaisers Vorladung auf den letzten Hoftag nicht gefolgt; so war Heinrich, verbündet mit dem Magdeburger Erzbischof und dem Sachsenherzog Magnus Billung, ausgezogen, des Markgrafen Burgen zu brechen. Doch während die Kaiserlichen unter dem steilen Burgberg frierend in ihren Zelten hockten, zündete sich der Markgraf ein Feuer in den Ländern der Kaisertreuen an, die er plündernd und verwüstend durchschweifte; ja, er wagte es, unter dem Quedlinburger Schloßfelsen sein Heer zusammenzublasen, so daß des Kaisers eigene Schwester, die oben als Äbtissin das ehrwürdige Stift der Sachsenkaiser verwaltete, samt der ihrer Obhut anvertrauten Braut des Kaisers, der schönen, schlimmen Russin Praxedis, in Gefahr kamen, gefangen zu werden. Heinrich sandte den Magdeburger aus, das Schloß zu entsetzen; das Weihnachtsfest kam heran, und so mancher Herr, der in der Nähe seine Burg hatte, wollte lieber am Herdfeuer und hinter wohlverwahrten Fenstern die Christtage feiern als im offenen Zeltlager unter dem Spott der Burgmannen des Markgrafen; so lichtete sich des Kaisers Heer, als Ekbert, der zum Reichsfeind erklärt war und wenigstens nach dem Richterspruch kaisertreuer Fürsten auch seine Güter einbüßen sollte, am Weihnachtsabend über die Ahnungslosen herfiel und niedermachte, was ihm unter die Hände kam. Vergebens deckte der Bischof von Lausanne die Heilige Lanze des Reichs mit seinem Leibe. Er mußte sein Leben für sie lassen; der Markgraf scheute sich nicht, das mit priesterlichem Blute befleckte heilige Beutestück zu entführen. Auch Graf Lothar, der junge Waffengefährte des Reichsfeindes, sollte nicht unbelohnt vom

Schlachtfeld reiten, während der verratene Kaiser in Zorn und Schmerz nach Bayern floh; trabte doch hinter dem Supplinburger der Erzbischof Liemar von Bremen als Gefangener her. Der Graf gab den Kirchenfürsten erst frei, nachdem dieser ihm dreihundert Mark Silbers erstattet und ihn als Vogt im Bistum Bremen anerkannt hatte.

Wer immer des Kaisers Feind war, dessen Freund war Lothar; mochte die Kirche den listigen Büßer von Canossa aufs neue verfolgen und bannen, mochte des Kaisers eigenes Blut sich wider ihn empören und nun erst, am Ende eines beispiellos unglücklichen Lebens, dem Geschlagenen die bitterste Not bereiten. Es ist das Wesen der Macht, sich zu zerspalten und gegen sich selbst zu kehren, gleich einem höllischen Tiere, dessen Teile sich absondern, um übereinander herzufallen und sich zu verschlingen; ja, es scheint, als ob die Rolle des Empörers nicht einen Augenblick unbesetzt sein dürfe, wenn die Geschichte bleiben soll, was sie ist: Prüfung, die immer zwei Entscheidungen zuläßt, aber eine einzige fordert. Kaum war Konrad, des Kaisers älterer Sohn, den die Krone seines Gegenkönigtums früh zerstörte, verlassen und getäuscht in Florenz gestorben, da sprang Heinrich, der sich bisher dem Vater treu und ergeben gezeigt, an seine Stelle. War das Herz des Geschlechtes erkaltet, der Kaisermantel alles geworden, nichts mehr der Mensch, der ihn trug? Der Sohn

KAISER HEINRICH IV. MIT SEINEN SÖHNEN,
DEN KÖNIGEN HEINRICH V. UND KONRAD, UM 1106

ließ den Vater zu seinen Füßen winseln und weinen: einen fremden, verächtlichen Greis, den zu täuschen sich allenfalls lohnte, solange er noch vor der Welt als Kaiser galt. Waffengefährten des entarteten Sohnes waren auch Graf Lothar und seine Sippe. So mußte der Supplinburger steigen mit Heinrich V., dem der sterbende Vater, zum letzten Male um des Reiches Willen sich überwindend, die Krone sandte; und da das Billunger Haus im selben Jahre erlosch, da Heinrich V. die bereits überzahlte Macht erlangte, konnte der junge König seinen Getreuen mit fürstlicher Gabe entlohnen: der Graf wurde Herzog von Sachsen.

Aber der König, der hoffte, einen ebenso unerschrockenen wie tüchtigen, vor Verrat nicht zurückbebenden Mann sich auf diese Weise zu verpflichten, hatte den Grafen damit nur dem kaiserfeindlichen Gesetz untergeordnet. Lange strebte Graf Lothar danach, zum mächtigsten Manne im Sachsenlande zu werden. Als er mit schon fünfunddreißig Jahren sich mit der kaum fünfzehnjährigen Richenza, der Tochter Heinrichs von Nordheim vermählte, tat er den entscheidenden Schritt; kühn hatte er sich in frühesten Jahren in den Kampf geworfen, bedächtig und umsichtig begründete er nun seine Macht. Wie sein Vater im Bunde mit Otto von Nordheim, so hatte er mit des Sachsenführers Söhnen gegen die kaiserliche Partei gestritten; Otto von Nordheims Enkelin sollte ihn noch enger mit den Widersachern des Kaisertums verbinden und zugleich den Besitz vermehren, der den Kampf bestritt. Denn Richenzas Mutter war Gertrud von Braunschweig, die Schwester des Markgrafen Ekbert von Meißen, der Verwandtschaft und Schicksale reiche Ländereien überantwortet hatten. Rasch wurden die Herren der Zeit aus kämpfereichem Leben gerissen: so wurde der Markgraf, Gertruds Bruder, in einer Mühle ermordet, so Heinrich von Nordheim, ihr Gatte, von den Friesen erschlagen, als er ans Meer flüchtete, um sich auf seinem Schiffe zu retten. Scheuten sich doch verfeindete Rittergeschlechter nicht, Kirchen mit Blut zu besudeln, so daß selbst das Gewand des opfernden Priesters den Verfolgten nicht vor tödlichen Stichen schützte; bedrohten doch Mönche ihren Abt mit dem Tod, Kleriker ihren Bischof. Wie sollten, da in der Kaiserpfalz der Sohn den Vater erniedrigte, nicht die Niedern aufbegehren im ganzen Reich? Aber Gertrud mußte dereinst an Richenza die Güter ihres verblühenden Geschlechts vererben, die um Braunschweig und Wolfenbüttel gelegen waren; ja, die Nordheimerin eröffnete ihrem Gatten Aussichten auf den Besitz ihres väterlichen Geschlechtes, die sich später, nach dem frühen Tode ihres einzigen Bruders, in Rechte verwandeln sollten.

Und wenn auch die Töchter des letzten Billunger Herzogs dessen Erbe zur Hälfte den Welfen und zur

Hälfte dem Grafen Otto von Ballenstedt zutrugen, so wurde doch Lothar die ledige Fahne des Herzogtums zuteil; er mochte sie schwerlich gegen die feierliche Versicherung seiner Treue aus kaiserlichen Händen empfangen, ohne den Neid des Ballenstedters zu erregen und damit in einem andern aufstrebenden Geschlechte Ehrsucht und Feindschaft aufzustacheln. Denn wann hätten lebenskräftige Geschlechter die Rechte vergessen, die ihnen einmal zustanden oder erreichbar waren? Aber die nur sollten sich ihrer bemächtigen, die Vergessen vorzutäuschen wußten und sich ihrer immerfort erinnerten; die geduldig waren, ohne zu verzichten, und sich beugten, ohne von ihrem Stolze zu lassen. Auch der Ballenstedter Stunde sollte einmal schlagen. Otto der Reiche von Ballenstedt verjagte die eingefallenen Wenden aus der Stadt Köthen und stürmte den Flüchtlingen nach über die Elbe, sich auf dem rechten Ufer des Stromes Land zu erobern. Er erhob die Burg, deren Namen er trug, zur Abtei und türmte im Tale der Selke unter dem Harz den runden Bergfried seines neuen Sitzes Anhalt auf, damit seinem Geschlecht mit neuen Zielen einen lange dauernden und strahlenden Namen schenkend.

Der Sachsenherzog fühlte sich so wenig durch Eid und Gnade gebunden wie zuvor; mußte er doch mit den Gütern die in ihnen wurzelnde Überlieferung ergreifen, die dem salischen Hause feindlich war. Der

Kaiser rüstete; er zog freigewordene Lehen ein, ungeachtet der Ansprüche der Sippe, suchte die Fürstenmacht zu erdrücken, wann immer er konnte, entriß dem rebellischen Herzog seine Würde, um sie dem Ballenstedter zu verleihen, nahm sie diesem und gab sie dem Supplinburger wieder, bewältigte die neue Verschwörung, deren Treiberin Gertrud von Braunschweig war, eine im Wechsel des Glücks und Schicksals, im Wirrsal der Zeit vielfach erprobte, den Gesetzen ihres Hauses rücksichtslos dienende Frau. Als Heinrich im Dome zu Mainz inmitten prunkvoll gekleideter Fürsten und Vasallen sich mit Mathilda, der Normannenenkelin aus England, vermählte, erschien der Sachsenherzog barfuß im Büßerkleide und warf sich dem Kaiser zu Füßen, Verzeihung erflehend. Wieder wurde sie ihm gewährt, wieder verpflichtete sich Lothar, dem Herrn treue Gefolgschaft zu leisten.

Doch bald sollten Herr und Empörer einander gegenüberstehen im alten Haß. Wohl begleitete der Sachsenherzog den Kaiser auf dem Zuge gegen die Friesen; er hieb die Kölnische Vorhut heraus, die in einen Hinterhalt geraten war; als die Kölner sich auflehnten, umkehrten, sich in ihrer Stadt verschanzten und der Kaiser im hellen Zorn die Städte des Rheintals brandschatzte, um sie entgelten zu lassen, was er Köln nicht antun konnte: da flog der Aufruhr über Westfalen nach Sachsen hinüber, bis das ganze

Land in Flammen stand. In Wallhausen, der alten Burg der Sachsenkaiser, wo im Morgendämmer des Reiches der Vogler Hochzeit gehalten, sammelte der Kaiser sein Heer; der Februarschnee bedeckte den Plan vor dem Welfesholze, wo die Aufrührer standen, und den sächsischen Herren sank der Mut angesichts des kaiserlichen Feldherrn Hoyer von Mansfeld, der, aller Friedensvorschläge ungeachtet, vom Pferde sprang und mit gezogenem Schwert, kaum von seinem besten Gefährten begleitet, seinen Scharen vorauseilte. Da stürmten ihm die beiden Söhne des Ostmarkengrafen Wiprecht von Groitzsch entgegen, eingedenk ihres Vaters, den Hoyer vor zwei Jahren vor Quedlinburg geschlagen und dann, als Verwundeten, in kaiserliche Gefangenschaft auf den Trifels ausgeliefert, wo der Markgraf noch immer in unwürdiger Haft schmachtete; nun zahlten es die Söhne dem Feldherrn heim mit Lanze und Schwert, ihn niederwerfend und den am Boden Liegenden durchbohrend, bevor er sich wieder erheben konnte. Über dem toten Feldherrn tobte die Schlacht bis gegen Abend; sie kostete den Kaiser Ruhm und Heer. Als der Sachsenherzog, der ein Jahr zuvor in Mainz gebüßt, unter den Seinen gewaffnet die Nacht auf dem Siegesfelde durchwachte, umstrahlte ihn hellerer Kriegsruhm, als ihn bisher der Mansfelder genossen.

Aber was gälte die Geschichte des Reichs, das

unruhevolle Leben der Kaiser und das finstere Geschick Heinrichs V., wenn sie sich allein um diese Kämpfe bewegt hätten, die in den Nachbarländern ebenso geschahen, ewig wechselnd, bis endlich die festen, dauernden Gestalten der Völker sich enthüllten! Hier ging es um mehr. Denn die Aufrührer, die einen jeden Verrat für erlaubt hielten, glaubten den unmittelbaren Willen Gottes zu vollstrecken, wenn sie ihren Kaiser schlugen; hatte doch Heinrich V. den Papst Paschalis II. unter Verrat gefangengenommen und mißhandelt, sich an der Kirche vergangen, wurde doch nun der Bannspruch vernommen, den der Legat für Frankreich, ein Deutscher von Geburt, erst im Heiligen Lande, dann in Vienne, dann in Reims und in einer jeden auf der Reise erreichten Stadt über den Salier verhängte. Und was hätte der Papst vermocht, was das ganze Heer der ihm gehorchenden, mit guten und oft mit schlechten Mitteln ihm dienenden, wenn nicht in der Seele des Volkes über den Alpen eine Krone geruht hätte, deren Heiligkeit unversehrbar war! Denn die Krone lebt von den Herzen, die sie verehren und erlischt mit ihnen; sie ist ebensosehr Sinnbild wie Ausdruck und ruht daher nie und nimmer auf der Macht. Eine Krone von solchem Glanze wollte das Volk auf dem Haupt seines Fürsten sehn; die sichtbare Krone verlor ihren bezwingenden Schein, wenn der Bannfluch sie verdunkelte, wenn der höchste Priester der Christenheit sie nicht verliehen hatte, ihren Träger nicht mehr segnete. Vielleicht wäre der Papst unterlegen, hätte dieses Bedürfnis nach Weihe nicht im Volke gelebt; und vielleicht wäre auch der Kaiser der Fürsten Herr und Tyrann geworden, wenn ein solcher sich hätte vertragen können mit dem Bilde des geweihten, milden, hochsinnigen Herrn, den das Volk des Reichs verehren wollte. Wie es aber dem Papst immer wieder mißlang, Gegenkönige durchzusetzen, und im Kampf mit Heinrich IV. auch Rudolf von Schwaben, nachdem er die Schwurhand verloren, und Hermann von Salm vor seiner Burg Cochem ein unrühmliches Ende nahmen, so mußten es die Kaiser ertragen, daß ihre Gegenpäpste, rücklings auf Esel oder Kamel gezwungen und statt der Zügel den Schwanz der Tiere haltend, auf den Straßen Roms durch das johlende Volk gezerrt wurden. Nicht das Schwert steckte die Grenzen der beiden Mächte ab; die Weihe einer jeden Krone hatte sie gezogen, und eben darum waren sie dem Bewußtsein der Menschen unverwischbar eingeprägt. Wohl konnten Papst und Kaiser diese Grenzen überschreiten, wenn aber die eifernden Mönche und sengenden Krieger sich verzogen hatten, so waren die Hoheitslinien wieder sichtbar wie zuvor.

Während der siegreiche Sachsenherzog durch Westfalen ins Rheinland stürmte, die vom Kaiser kaum verstärkte Feste Dortmund brach und auf dem

Rückzug sich vor die Bischofsstadt Münster legte, sollte an Kaiser Heinrich ein höherer Auftrag gelangen. Die Markgräfin Mathilde von Toskana starb; der Augenblick war gekommen, wo der Kaiser sich in den Besitz des viel umstrittenen Toskanischen Landes setzen, zum Herrn Italiens aufs neue sich aufschwingen und kraft solchen Ansehens seine Krone vom Bannfluch reinigen konnte. Er berief die aufständischen Fürsten nach Mainz, Frieden zu machen. Lothar erschien nicht und lieferte dadurch den Kaiser im umdrängten Palast der Willkür der Mainzer Bürger aus. Nun mußte Heinrich den Erzbischof Adalbert, einen abgezehrten Gefangenen, aus der Haft entlassen. Was schien den Sachsenherzog die Würde des Reichs zu kümmern? Er hätte sie nicht tiefer verletzen können als durch seinen Aufstand in diesem Augenblick. Wohl öffneten sich dem Kaiser die Mathildischen Schlösser und selbst das schwere Burgtor Canossas, vor dem sein Vater frierend gestanden, er vertrieb den Papst Paschalis II. und ließ sich, da die Kardinäle sich weigerten, von dem portugiesischen Bischof von Braga zum Ostertage mit der Krone schmücken, wie es Festbrauch war; ja, er erstieg, wie einstmals Karl der Große, den Kapitolinischen Hügel und reichte dem Präfekten der Ewigen Stadt den Adler. Indessen rang in dem brennenden, zerwühlten Reiche Herzog Friedrich von Schwaben mit den Aufrührern in des Kaisers Namen, vergebens die Stadt Mainz berennend. Lothar erstürmte den Schloßberg von Bentheim, und mit dem Flammenschein, den er aus dem stolzen Herrensitze aufschießen ließ, verbreitete sich der neue Schrecken seines Namens im Lande. Im folgenden Jahr starb die männliche Markgräfin Gertrud: so wurde der Sachsenherzog, ihr Eidam, Herr in Braunschweig und Wolfenbüttel.

Dann krachte das schwanke Triumphtor zusammen, das sich Heinrich V. in Italien errichtet: in Cluny ward Papst Kalixt II. gewählt, ein fürstlicher, mit den Königen der Christenheit verschwägerter Mann, der wohl wußte, was Kronen galten und wozu sie bestimmt waren; er war entschlossen, den Bann nicht vom Kaiser zu nehmen, solange dieser den portugiesischen Gegenpapst Gregor VIII. stützte. Doch die sächsischen Fürsten waren nicht mehr ganz eins. Erbstreit, kluge Versprechen der Gegner hatten ihren Bund gelockert; sie sandten Sprecher nach Würzburg, die der Kaiser, um allen Argwohn zu zerstreuen, selbst am Stadttor empfing, stark genug, sich zur Milde, zu einem Lächeln zu zwingen. Sie forderten, daß Heinrich sich dem Papst unterwerfe; dann würden der Herr und die Fürsten bei gutem Willen einander auf halbem Wege begegnen. So mochte der Sachsenherzog nicht recht zufrieden sein, als im folgenden Jahre, an einem Septembertag, das Volk im Schatten der Wormser Türme die Rheinwiesen überflutete und der andächtigen, dann in Jubel ausbrechenden Menge der Friede verkündet ward, den der Kaiser mit dem päpstlichen Legaten, dem Kardinal Lambert von Ostia, geschlossen. Jetzt endlich schien der grauenvolle, die Ehrfurcht der Völker vor ihren Hirten untergrabende Streit beendigt und die Besetzung geistlicher Ämter geregelt zu sein: Bischöfe und Äbte sollten in Gegenwart des Kaisers oder seiner Vertreter gewählt werden; der Kaiser sollte den Gewählten vor der Weihe das Zepter, das Sinnbild ihres fürstlichen Amtes, reichen. In Italien und Burgund durfte erst der Geweihte das weltliche Hoheitszeichen vom Kaiser empfangen. So sollten Kaiser und Papst geteiltes Recht ausüben über die Seelenhirten, die zufolge der unlösbaren Durchdringung irdischen und ewigen Seins auch weltliche Fürsten waren. Nachdem der Legat die feierliche Messe gehalten, umfing er den düsterblickenden Kaiser, ihm vor allem Volke den Friedenskuß zu reichen.

Aber der Friede war Kaiser Heinrich nicht zugelost und auch dem Herzog nicht. Denn als bald darauf Heinrich von Eilenburg, der Markgraf von Meißen und der Ostmark, starb, trat der Sachsenherzog hervor mit dem ganzen Stolze seines in vierzigjährigem Kampfe begründeten Fürstentums. Wieder war er glücklicher Erbe geworden; der Verstorbene, Gertruds Sohn aus ihrer Ehe mit dem Eilenburger

Markgrafen, hinterließ ihm sein Hausgut. Nun führte Lothar, als besitze er königliche Rechte, Konrad von Wettin auf die Meißner Burg; er setzte in Eilenburg Albrecht von Ballenstedt, Ottos des Reichen Sohn, als Markgrafen der Ostmark und der Lausitz ein, unbekümmert darum, daß der Kaiser dem alten Wiprecht von Groitzsch, seinem einstigen Feind, die Ostmark und dem Grafen Hermann von Winzenburg Meißen verliehen hatte. War der kaum Versöhnte doch auch nach Friesland gezogen, um dessen aufrührerisches Volk zu unterstützen, das sich mit seiner Halbschwester, der Gräfin von Holland, gegen den Kaiser verbündet. Heinrich mußte von der belagerten Schulenburg ablassen, als der schnelle Sachsenherzog Deventer bedrohte. Noch warf der Kaiser den holländischen Aufstand nieder. Doch der nach Bamberg geladene Sachsenherzog erschien nicht, so wenig wie die Fürsten seines Landes, und schickte statt dessen einen Gesandten, der sich anmaßte, dem Kaiser zu sagen, was er in den böhmischen Thronwirren zu tun habe. Zorn stieg in des Saliers Gesicht; er vereidigte die Fürsten auf den Reichskrieg gegen den Herzog; auch Lothar rüstete, als sollte jetzt der letzte Entscheidungskampf gewagt werden zwischen der Kaisermacht und dem Fürstentum, Franken und Sachsen, die ja beide nur Träger des tiefzerklüfteten, dennoch unter den Strahlen der Krone fortgrünenden Lebens des Reiches waren. Welche

Niederlage hätte erlitten werden können, die nicht schon erlitten war; welches Gelöbnis geleistet werden, das nicht abgelegt und gebrochen war? Nur die Blässe und Schärfe der Züge, die glühende, fast zerspringende Kraft des Willens konnten verraten, wie es um den Kaiser stand. Wie er einst im Kloster Neuhausen bei Worms in schwerer Krankheit vom Lager sprang, als die Bürger der heiligen Insignien des Reiches sich bemächtigen wollten; wie er sich auf das Pferd schwang, in die Mitte der Aufrührer stob und das Schwert niedersausen ließ, während das Fieber glühte auf seinen Wangen und der Schweiß sein Gesicht überströmte: so kämpfte Kaiser Heinrich auch jetzt, während sorgsam verborgenes Leiden ihn folterte, für die ihm vererbten Zeichen.

Hatte nicht jetzt endlich die größte Stunde seines Hauses geschlagen? Seine Gedanken kreisten um England; würde Mathilda, die englische Königstochter an seiner Seite – sie war ihm fremd und fern schon als Frau –, dem Frankenfürsten die Krone des Inselreiches bringen? Der König von England, der Sohn Wilhelms des Eroberers, war ohne Söhne – so früh welken die Geschlechter der Mächtigen, so bald nach der Tat; er dachte daran, Mathilda und deren Nachkommen zu seinen Erben zu machen. Wenn dies geschähe, wenn Fürsten salischen Bluts über dem Meere herrschten: wäre dann nicht viel Not bezahlt, manches Unrecht abgetragen? Würde dann, was der

HEINRICH V. UND SEINE GEMAHLIN MATHILDA
BEIM HOCHZEITSMAHL IN MAINZ
AM 7. JANUAR 1114

Sohn am Vater gesündigt, am Geschlecht nicht mit unermeßlichem Gewinn vergolten? Aber in dieser Stunde, da das Astwerk des am Rhein wurzelnden Königsstamms sich immer herrlicher verbreiten sollte, diesseits und jenseits der Alpen, diesseits und jenseits des Meeres – dem Normannenstamme gleich, der sich vom Schloßfelsen zu Falaise in der Normandie emporreckte, Frankreich und England überschattete und nun schon hinstarb–, da fiel der Herbst in den Wipfel. Das von Flüchen versehrte Geschlecht, das England erben sollte, brachte keinen Erben mehr hervor. Nur der Wille hielt starr an dem großen Plane fest; das Leben bestätigte ihn nicht, es war längst von ihm gewichen. Kaiser Heinrich, der die Dinge nüchtern sah und in allen Seelen den Bodensatz des Machtverlangens erspähte, rüstete zum Kampf für sein Traumreich. Statt ins Sachsenland zog er über den Rhein, dem englischen König gegen Frankreich beizustehen; doch dieses starrte von Waffen, der Kaiser kam nicht über Metz hinaus, auch nicht über den Rhein zurück. Hart drückte der Winter auf das Land, das Frühjahr überflutete es mit Regengüssen, der Sommer peitschte es mit Stürmen. Jenseits des Rheines grollte das Volk dem Kaiser, der sich in der Ferne verlor und es unbeschützt ließ, triumphierten die feindlichen Fürsten. Der Salier, der im Lande seiner Ahnen nach Nymwegen und von dort nach Utrecht ritt, begleitet von seiner englischen Frau und dem Herzog Friedrich von Schwaben und die streng überwachte Krone mit sich führend – dieses letzte Eigentum der Kaiser, das ihnen doch auch nur geliehen ist –, trug Sorge, begangenes Unrecht wiedergutzumachen, Rechte, auf die er Hand gelegt, zurückzuerstatten. Feierlich verhieß er den Kirchen die Rückgabe geraubten Eigentums; er wollte recht tun fortan, sofern ihm Gott das Leben erhielte, und beschwerte für den Fall, daß es von ihm genommen würde, die Erben seines Hauses mit dieser Pflicht. Wohl verstand der langsam Reisende die furchtbaren Mahnungen der Krankheit, und er sah auch das Ziel: alle Straßen der Erde führten zum Gericht. Herrenlos, in eines Weibes Händen, ließ er die Krone, die ihm einst der verfolgte Vater gesandt; er war ärmer als dieser, der wenigstens einen verfluchten Sohn sein eigen nannte. Der Sterbende, dessen Schicksal es gewesen, mit einem Übermaß von Schuld ein Übermaß von Vergeblichkeit zu bezahlen, empfing in der Pfalz zu Utrecht das Sakrament.

Den Sachsenherzog, den erbittertsten Feind Heinrichs neben dem Erzbischof von Mainz, hatte des Kaisers letzter ehrsüchtiger Plan, dann dessen Tod vor dem angedrohten Strafgericht gerettet; die Stunde wollte ihm wohl, und ob sie auch einen Aufrührer sich erwählte, so war doch dieser nicht ohne Würde. Denn früh schon trat das Gesetz in Erscheinung, das die Herren im Osten zu gleicher Zeit zu Gründern und zu Zerstörern machte, so daß sie das Reich mehrten, gegen das sie tödliche Schläge führten. Wie ein Springer den Boden niedertritt, auf dem er steht, um sich abzustoßen und weit hinauszuschwingen, so hatte auch der Sachsenherzog, gestärkt durch die Siege, die er über den Kaiser erfocht, durch Güter und Rechte, die er ihm abrang oder entriß, fernes östliches Land erreicht. Setzte er doch immer aufs neue, wenn die Waffen im Reiche schwiegen oder der Kaiser nicht zu fürchten war, über den Elbstrom, das Erbe der Billunger zu sichern, indem er die Forderung zu erfüllen suchte, denen sie gedient. Wie er später scharfen Blicks die rechten Grenzwächtergeschlechter bestellte, als er Wettiner und Ballenstedter in die Burgen an der Ostgrenze rief, so hatte er früh schon die Schauenburger über Holstein und Stormarn gesetzt; er selber sah sich als den rechtmäßigen Herrn des Landes nördlich und östlich der Elbe an. Tief drang er vor in die Wälder und frosterstarrten Sümpfe, die erschreckten Heiden vor sich hertreibend, ihre Fürsten unterwerfend; ja, er erreichte mitten im Winter die Küste der Ostsee und wagte sich mit seinen Gewaffneten über das Eis, um auch Rügen zu bezwingen, die Insel, in deren Hainen und auf deren Klippen die Götter der Ranen und ihre zaubergewaltigen Priester noch ungestört herrschten. Aber diesen kam der Wind zu Hilfe, als sollte sich noch einmal ihre dämonische Gewalt erweisen; es wehte lau über die Eisfläche, und der Herzog hastete mit Mann und Roß zurück über die aufwachende Tiefe, um nicht vom Meere gefangen und dem Heidenvolk ausgeliefert zu werden. Reiner als der Ruhm seiner Siege über den Kaiser strahlte der Ruhm des Kreuzritters in die Welt; aus dem ihm verwandten Geschlecht der Querfurter Grafen war einst ein heiliger Märtyrer hervorgegangen, und der Nachfahre zeigte sich auch dieser Überlieferung würdig, indem er die Grenzen der Christenheit erweiterte und beschützte.

So hatte den Sieger in vielen Schlachten und Gefechten, den kühnen, umsichtigen Leiter verwegener Feldzüge, Verdienst schon gekrönt, eh er zu Aachen sein Haupt beugte unter Salböl und Goldreif; der einstige Sachsenherzog und Aufrührer, der, im späten Herbst aus der Krönungsstadt zurückkehrend, rheinaufwärts zog, ritt erst jetzt in das Reich hinein.

In Köln wurde Richenza mit der Krone geschmückt; sie hatte dem Gatten nicht folgen können nach Aachen, der, des drohenden Widerstandes gewärtig, eilig nach der höchsten Bestätigung seines Rechtes durch die Weihe strebte. Nun wurde sie, die vor fünfundzwanzig Jahren als ein fast noch kindhaftes Mädchen seine Gattin geworden war, ihm gleichsam noch einmal anvermählt, indem sie die Krone empfing, die er trug; und wenn es der höchste Sinn des Gelöbnisses ist, das Mann und Weib vor dem Altar ablegen, daß ihre Seelen eine Gemeinschaft eingehen, die sich nicht mehr löst, und sie einander tragen und stützen sollen auf dem Wege in das ewige Leben: um wieviel inniger mußten dann König und Königin vermählt werden durch die gläubig empfangene Krone, die sie gemeinsam dem schwersten Gesetz, dem strengsten Gericht unterwarf! Der König zog weiter, Worms, der Stadt der Salier, entgegen, deren Bürger so oft sich aufgelehnt hatten gegen ihren Herrn; der Stadt auch, in deren Dom, tief im unterirdischen Gewölbe, die ungefügen Steinsärge der frühen salischen Fürsten standen. Lothar war Erbe geworden; rächte sich nun das Amt, gegen dessen Träger er sein Lebtag gestritten, indem es ihn selbst in Pflicht nahm, ihn auf die Wege, in die Pfalzen und Kammern seiner einstigen Gegner zwang und von ihm forderte, was sie einst getan? Sollte er, ein vielerfahrener Mann, den längst schon der Herbst umschauerte, heimgesucht werden vom Kaiserschicksal? Hatte er, wie sein Vater und seine Sippe, dieses Los nicht oft genug bereiten helfen, um es zu kennen? Wie, wenn das alte Verhängnis sich wiederholte, wenn er selbst unter dessen Gesetz erleiden müßte, was er so oft getan? Wie hätte er die Bürger ohne Mißtrauen ansehen können, die sich erdreistet hatten, Kaiser Heinrich die Insignien des Reiches rauben zu wollen! Er hatte noch aus Aachen Boten gesandt an den Papst Honorius II., ihn von der geschehenen Wahl zu unterrichten; aber Entfremdung und Kühle wehten schon zwischen ihm und den Erzbischöfen von Mainz und Köln, die so eifrig an seiner Thronerhebung mitgewirkt: die Befreiung der Kirche, von der Adalbert in seinem Wahlaufruf gesprochen, wie war sie zu verstehen? Sollte sie auf Kosten königlichen Rechtes erfolgen? Und wie sollte der König einmal bestehen in der Geschichte, wenn er Rechte lässig dahingäbe, die seine Vorgänger noch im Tode und unter einem Gewitter von Flüchen umklammert! Aber er vertraute auf Einsicht: zu viel war gekämpft, zu viel zerstört worden; mochte es nun Klugheit an Stelle der Hitze versuchen, einzelnes hingeben, das Ganze bewahren! Mochte das Gebet dazu verhelfen, und mochte einmal, nachdem schäumende Jugendkraft so viel getan, so viel versehen hatte, das Alter seinen treuen Wächterdienst leisten!

Der König trat in die Klöster ein, an denen sein Weg vorüberführte, und betete vor den Gräbern, den Reliquien der Heiligen. Wie lange würde es ihm beschieden, ihm auferlegt sein, das Reich zu verwalten? Ein Jahrzehnt vielleicht, dann mochte seine Kraft verbraucht sein; es würde kein Sohn das Zepter aus seiner Hand empfangen. Aber Not und Last eines Jahrzehnts reichen hin; ein Jahr, ein Tag würde schon genügen, des Menschen Sinnesart zu erproben; denn zur Prüfung werden auch Kronen verliehen, wie eine jede Gabe des Herrn: auf daß der sie Empfangende sie rechtfertige, nicht damit er ausgezeichnet werde. – Im Süden, in Schwaben, saß der Staufer grollend auf seinen Burgen; es hieß, daß er Reichsgut aus Kaiser Heinrichs Hinterlassenschaft nicht herausgeben werde, daß er entschlossen sei, dafür zu kämpfen und für mehr: für Kaiser Heinrichs Nachfolger im Reich. Es galt, sich auf den Kampf um das geweihte, von Gott empfangene Recht vorzubereiten. So ritt Lothar nach Bayern, auf dessen welfischen Herzog und seinen Sohn, den künftigen Eidam, er vertrauen konnte; die in Regensburg versammelten Fürsten grüßten ihn mit den gebührenden Ehren. Er erhob im Namen des Reiches Anspruch auf das von Friedrich von Schwaben und seinem Bruder Konrad zurückgehaltene Gut und fand Zustimmung.

Aber seltsam! Seinen Vorgänger hatte er in dessen letztem Jahr dadurch ergrimmt, daß er ihn durch Gesandte in hochfahrendem Tone auffordern ließ, dem vertriebenen Böhmenherzog Sobeslaw gegen dessen Bruder zu helfen; jetzt erfreute sich Sobeslaw nach des Bruders Tod des Thrones, ohne dem Reich die pflichtige Huldigung zu leisten, und Otto von Mähren, ein Prätendent, der dem gespaltenen Herzogshause entstammte, erschien vor den deutschen Fürsten in Regensburg, klagte gegen den Herzog, der ihm den Thron auf dem Wyschehrad genommen, ja noch sein Stammland gebrandschatzt hatte, erläuterte sein Erbfolgerecht und erklärte sich bereit, dem deutschen König zu huldigen und von ihm sein Reich entgegenzunehmen. Er habe, antwortete der König, von seinen Vorfahren gelernt, daß Böhmen unter der Gewalt des deutschen Kaisers stände; wer sich dieser nicht beuge, sei nicht rechtmäßiger Herzog. Im Zorn und Eifer für seine Sache und um sein Recht zu bekräftigen, behauptete der um Worte nicht verlegene Mähre, es bedürfe nur geringer Heeresmacht – gleichsam nur eines frischen Jagdzugs in die böhmischen Berge –, um ihn auf den Thron des Landes zu setzen, dessen Volk ihn ersehne und dem Reiche zum alten, seit den Tagen der Karolinger besessenen Ansehen wieder zu verhelfen. Wohl lud der König, der alten Rechtsbrauch nicht übergehen wollte, Sobeslaw vor seinen Thron; als dieser nicht erschien und dem Herrscher zwar seine Ergebenheit beteuerte, doch ohne seine Erhebung durch die freie Wahl der Böhmen königlichem Richterspruche zu unterwerfen, wurde auf einem Fürstentage in Sachsen der Zug beschlossen. Denn Sachsen, das Land des Voglers und Ottos des Großen, sollte das Reich wieder tragen und die ersten Hüter seiner Rechte stellen.

Im Sommer sollte der Kampf mit dem Staufer ausgefochten werden, den die Fürsten zum Reichsfeind erklärt hatten; so brach Lothar noch im harten

Winter gegen das Erzgebirge auf. Es dehnte sich unter seiner Schneelast vor dem Ritterheer, dessen kleine Schar in das Tal der Paßstraße eintauchte und sich langsam emporwand; bald türmte sich der Schnee so hoch, daß die Vorhut die Waffen wegwarf, um mit Schaufeln den Weg zu bahnen. Von jenseits des Gebirges kamen die Boten des Herzogs: Dort seien die Wälder von Gewaffneten erfüllt, und noch immer zögen sie aus dem Lande herauf; noch könne der König abstehen von seinem gefährlichen Unternehmen, ihr Herr sei bereit, sich seinen Vasallen zu nennen, doch seien die Böhmen frei zu wählen, wen sie wollten. Aber der Mähre eiferte, der König hatte sich ihm verpflichtet; so ließen sie die Boten ohne Antwort und erstiegen den Kamm. Grenzenlos wellte sich vor ihnen der verschneite Wald und darunter das verhangene Land, und als sie sich dennoch hinabwagten im Tale von Kulm, hatten sie fast noch schwerere Arbeit zu tun als beim Aufstieg. Mit hochemporstarrendem Astwerk sperrten die von den Böhmen gefällten, schneeüberdeckten Fichten den Weg; so machten sich die Männer mit Schaufeln und Beilen über sie her, um die Stämme zu zerhauen und beiseite zu zerren, während Otto von Mähren sie antrieb und ihnen die Reichtümer Böhmens versprach. Da, im engen Tal, klirrte es unter den Stämmen der Berghänge zu beiden Seiten; Gewaffnete warfen sich in wildem Zorn auf die Wehrlosen und hieben sie nieder, daß ringsum der Schnee rot wurde, und ob auch die Ritter des Hauptheeres vorstürmten, so konnten sich doch nur wenige in das Getümmel zwängen: gerade so viel, daß Mann für Mann erschlagen wurde und andere in die Lücke springen konnten, das gleiche Los zu finden. Denn ringsum lebte der Wald vom verborgen gehaltenen, niedereilenden Böhmenherr. Von Feinden auf einer Höhe umzingelt, sah der König die Seinen den Tod erleiden, nicht fähig, sich frei zu machen und in das enge Schlachttal zu dringen; da erschien vor ihm Herzog Sobeslaw, der Sieger, und warf sich dem Besiegten zu Füßen. Der Herzog hatte, eh er den Thron bestiegen, als Verbannter die Fremde durchirrt und Not und Kampf durchlitten; dauernde Ordnung, die Verbindung mit alter geheiligter Form, die sein und seiner Söhne Wirken sicherte, schienen ihm mehr als flüchtiger Triumph. Otto von Mähren, der gefährliche Prätendent, lag unter den Toten; so ergriff Lothar die herzogliche Fahne und reichte sie als Lehnsherr dem vor ihm knienden Böhmen Sobeslaw, den sein Volk in freier Wahl erkoren und den nun der deutsche König in seiner Würde bestätigte.

König und Herzog umarmten einander, einen Bund bekräftigend, der auf der Achtung vor den großen ordnenden Gesetzen beruhte und sich im Kampf um deren Geltung bewähren sollte. Dann führte der Geschlagene sein Heer über den Kamm zurück, einen langen Zug von Toten, der Klagen erweckte und bitteren Haß auf das Volk hinter den Bergen erregte, wo er vorüberkam; die Herren, die tapferen Sinns das Gebirge erstiegen, die Grafen von Ammensleben und Querfurt, die Ritter von Arnstedt, Quenstedt und Achem und der Graf von Holstein, der Sohn des Schauenburgers, wurden stumm hinabgetragen und aus dem verschneiten Walde in ihre Heimaterde gebracht.

Lothar, der sich im Ostland und Sachsen, in Westfalen und Friesland den Ruhm eines unüberwindlichen Feldherrn erworben, war geschlagen. Die sächsischen Geschlechter betrauerten ihre Toten; als der König mit geringer Heeresmacht den Rhein erreichte, ließen geistliche und weltliche Fürsten es ihn deutlich fühlen, daß sie seinem Glück nicht vertrauten und es für besser hielten, nach den Staufern Ausschau zu halten, deren Streitmacht als sich verdichtende Wolke im Südwesten des Reiches stand. Der Erzbischof von Köln zog es vor, den König das Weihnachtsfest allein feiern zu lassen in seiner Stadt und selber in einem Kloster in der Nähe seinen kranken Leib zu pflegen – oder auch nur, sich mit seiner Krankheit zu entschuldigen. Noch war nicht viel mehr als ein Jahr seit der Krönung vergangen; doch die Bürger Aachens rotteten sich vor der Pfalz zusammen, in die der König eingekehrt war, und gaben ihren Unwillen gegen ihren hohen Gast, ja, gegen dessen Herrschaft auf das beleidigendste kund. Er hatte es freilich schon gelernt, den königlichen Namen nicht auf das Spiel zu setzen, dessen Kraft auf der Würde, nicht auf der Macht beruhte; Einsicht stiftete wieder Friede: Was wäre eines Königs Krone wert, wenn ein jeder Haufe ruhlosen Straßenvolks sie herabsetzen könnte? Vergeblich erwartete Lothar die niederlothringischen Herrn, daß sie ihm Huldigung leisteten; doch gehorchte er der ersten, feierlich gelobten Königspflicht, die es ist, das Recht zu wahren, Ordnung zu gründen. Er ließ einen Unruhestifter, der seit langem die Kirche von Utrecht schädigte, greifen und in seiner Gegenwart richten.

Dann reiste der König, dem, wie das Amt es wollte, keine Rast beschieden war, auf den Wegen der Vorgänger nach Goslar und weiter nach Merseburg, die Fürsten versammelnd, den Krieg gegen den Staufer beratend. Auf Sobeslaws, des Böhmen, Wort war zu vertrauen; er erschien zum Hoftag, versprach Heeresfolge und ließ reiche Pelze herbeischleppen, um die sächsischen Herren zu versöhnen, deren Brüder, Söhne und Vettern im Tale von Kulm in den Schnee gesunken waren. Boten aus Bayern erschienen vor dem Thron: dort hatte Heinrich der Schwarze, irdischer Geschäfte müde, Einlaß bei den Mönchen seines Klosters Weingarten begehrt; nachdem er im Frieden der Zelle sich auf das Ende vorbereitet hatte, war der Herzog nach der Ravensburg zurückgekehrt und auf dem alten Stammsitz gestorben; sein Sohn Heinrich trat das Erbe an. Rasch, mit der Herrschbegier seiner Vorfahren, setzte sich der junge Welfe in Besitz seines Erbes; seine Gesandten erbaten vom König die königliche Braut ihres Herrn, ein Mädchen von kaum zwölf Jahren, das dem welfischen Hause einen ungeheuren Anspruch zutrug, als es Abschied nahm von Lothars Pfalz: Bayern und Sachsen, das reiche, durch Schwert und Erbschaft vermehrte Hausgut der Welfen und des Supplinburgers sollten einmal von derselben Hand umklammert werden.

Auf dem Gunzenlee, einem Hügel über dem Lech, hatten sich die bayrischen Großen in buntem Lager um ihren Fürsten versammelt. Dort feierte der junge Heinrich Hochzeit mit der Königstochter Gertrud, während bayrische und sächsische Dienstleute sich im Lager miteinander zu vertragen oder sogar zu verbrüdern suchten, so gut es gehen wollte. Die Traditionen zweier Häuser und Stämme wurden an diesem Tage vermählt, um fortan vereinigt mit ungestümer Kraft die Geschichte zu durchfluten. Heinrich war entschlossen, sich des Erbes und seiner Überlieferung mit allem Sinnen und Trachten zu bemächtigen. Früh war es ihm zugefallen, so hatte er Zeit, es zu vergrößern, zu sichern. Denn wen sollte dereinst die Krone des Reiches schmücken, wenn nicht den Eidam des Königs? Stolz trat der zwanzigjährige Herzog vor den Landtag in Regensburg. Die Herren, die ihm bald im größten Kampfe dienen sollten, mußten ihm Frieden schwören, die Städter Gold und Silber herbeibringen.

Aber dann berannten König und Herzog vergeblich die Burg Nürnberg, die Friedrich und Konrad von Schwaben als salisches Erbe an sich gerissen hatten. Die verbündeten Böhmen leisteten schlechten Dienst; sie schwärmten ins Land hinaus, Feuer und Rauch zeigten an, welche Arbeit sie taten. Das Volk klagte und erbitterte sich über den König und seine Bundesgenossen, bis dieser die Böhmen ziehen lassen mußte; kaum waren sie außer Landes, so fielen die staufischen Brüder über die Belagerer her, trieben sie von der Stadt und weiter durch das Land bis nach Würzburg. Um dem in der Bischofsstadt gefangenen König eine Kurzweil zu verschaffen, hielten die Schwaben ein Sportturnier vor den Mauern; dann ritten sie ab.

Was galt des Königs Name? Im Westen drohte neue Einbuße; der Graf von Burgund war ermordet worden, sein Erbe verweigerte die Huldigung; so reichte Lothar Konrad von Zähringen die Herzogsfahne von Burgund, um sich einen Bundesgenossen gegen die Staufer in deren Rücken zu verpflichten. Aber der Zähringer mußte das empfangene Hoheitszeichen in Stadt und Burg unter dem Schutze des Schwertes mit harter Mühe aufpflanzen; bis zum Jura drang er vor, an der Grenze des Reiches für das Herzogs- und Wächteramt blutend, das ihm der König verliehen hatte, ohne ihm die Amtsgewalt verschaffen zu können. Streit erschütterte die ledig gewordenen Bischofssitze; zähe lehrte der König die Wähler seinen Willen achten, selten ohne Nachsicht üben zu müssen, ohne notgedrungen für das ganze ihm zustehende Recht ein halbes einzutauschen.

Er wäre bereit gewesen, auch mit den Staufern zu verhandeln, sie zum Frieden zu bestimmen, klüger als sein hitziger Eidam, der sich mit Friedrich von Schwaben im Kloster Zwiefalten versprach und den Herzog, seinen leiblichen Schwager, nachts überfallen ließ, um ihn fortzuschleppen, wenn nicht gar zu töten. Freilich wüteten die Knechte vergeblich an der Kammertür; der Staufer war auf den festen Turm des Klosters geflohen und rief von dort oben, als der Morgen über dem rauchenden Hause aufging, die Seinen zu Hilfe. Bald schloß auch Speyer vor Lothar die Tore; er mochte sich vor den Mauern abquälen im Herbstregen und noch ausharren in der Winterkälte; so wenig wie Nürnberg ergab sich ihm die Königsstadt, in der Kaiser Heinrich V., sein einstiger Gegner und Herr, der irdischen Lasten ledig, wohl behütet schlief. Brand, Raub, Krieg zerrissen das Reich; Konrad der Staufer wagte den letzten Schritt, den letzten Frevel: in Nürnberg umjubelten ihn seine Vasallen als König der Deutschen, dann zog er über

SIEGEL KÖNIG KONRADS III.

die Alpen, sich in Mailand als rechtmäßiger König Italiens feiern zu lassen. In Monza salbte und krönte ihn Erzbischof Anselm, der im Streit mit dem Papste um alte Rechte seiner Kirche sich stark genug fühlte, Rom wie dem deutschen König zu trotzen. Noch einmal ließ der Staufer, der des Triumphes nicht genug hatte, sich im Dome zu Mailand den Goldreif aufs Haupt setzen; er dachte daran, Toskana zu gewinnen, gegen Rom zu ziehen.

Was blieb? Aus der Kraft des Sachsenstammes hatte sich einst das Reich am herrlichsten erhoben; alten Stammesrechten hoffte Lothar zu dienen, als die Wahl auf ihn fiel, aber schwer nur und vielleicht sogar nie mehr läßt sich das einmal eingebüßte Amt wieder erwerben. Dennoch glaubte der König an Ottos des Großen Krone: nicht dieselbe Krone, aber doch eine ihr ähnliche hoffte er zu erlangen. Viel hatte seit jenen glänzenden Zeiten das Königtum verloren im Kampf mit dem Papste und den Fürsten, und doch mußte es gelingen, das Reich mit Heiligem zu erfüllen wie einst, da Ottos Bischöfe die stärksten Pfeiler seiner Würde waren und die Dome sich erhoben im Osten; da das Reich selber im Schutze der Heereskraft über geweihtem Grundstein aufstieg wie ein Dom. Die Macht und List Heinrichs des Stolzen fruchteten nichts, doch auch des Staufers leerer Triumph konnte nicht dauern; vielleicht aber würden die Zähigkeit des Alters, Erfahrung und Geduld das kaum Erreichbare erzwingen. Und wenn es dem einstigen Sachsenherzog, der so viel am Reich gefehlt, auch nicht vergönnt sein würde, in Glanz und Sieg dem verehrten Vorgänger zu gleichen, so konnte er ihm dennoch auf seine Weise ähnlich sein: in der Demut, mit der er die Krone trug, und im Gebet.

Wenig berichtet die Geschichte vom Innersten der Menschen, die sich in geschichtlicher Stunde bewährten oder versündigten, nichts vom Gebet, das die Welt umfing und vor Verhängnissen schützte oder aber sich zerstreute und dann die Welt allen Blitzen und Stürmen schutzlos preisgab; so weiß sie auch nichts zu sagen von des Supplinburgers innerster Kraft. Oft weilte der König in Magdeburg, gewiß nicht, ohne an Ottos Grab zu beten. Er war zum Verwalter geworden, nachdem er lange genug besessen und seinen Besitz vermehrt; und nicht durch Siege sollte er in diesen Jahren seiner Kämpfe seine königliche Art bewähren und die eigennützigen Wähler gegen ihren Willen rechtfertigen, sondern durch Beharrlichkeit und den frommen Sinn des Schlichters.

ZWEITES KAPITEL

Otto von Bamberg

Während so der Sturm im Wipfel des alten, von Sachsen- und Frankenkaisern gehegten Stammes wühlte, sollte dieser, der sich bisher am schönsten gen Westen und Süden verzweigt, ostwärts einen Ast treiben. Mancher Zweig war zwar dem Reiche schon abgestorben oder geknickt worden, mit dem es über die östliche Grenze gegriffen; wie aber das Lebendige selten etwas hervorbringt, wenn nur wenig von ihm gefordert wird, und dafür nach allen Seiten sich entfaltet, wenn es um sein Dasein ringt und den Wurzelboden seiner Kraft, so sollte auch nun das Reich sich bewähren, seinen Raum und seine Wirkung erweitern, während der Stamm sich zu spalten drohte. Der Bischof Otto von Bamberg, der, wohlausgerüstet für eine weite gefahrvolle Reise, mit einem Zuge hochbepackter Wagen die Mainstadt verließ, vertraute freilich nicht auf das Schwert, wenn auch einige Kriegsleute neben den Zugpferden ritten. Es war um die heilige Osterzeit, noch hatte der

Bischof am Gründonnerstage das Öl geweiht, er hatte auch dem Sankt Jakobs-Stifte ein Recht verbrieft, einen Vorsteher bestellt; als er die hochaufgebaute Hügelstadt hinter sich ließ, deren Domdach über des heiligen Sachsenkaisers Heinrich Grab von neuen Kupferplatten glänzte, wußte er sie unter der Obhut seines kriegerischen Bruders Friedrich, der es übernommen hatte, das Schwert zu führen, indessen ein anderer Bruder, kaum beachtet als Mönch, auf dem Michaelsberg über Bamberg betend und dienend gelebt hatte, auf diese Weise vielleicht das Werk des kirchenfürstlichen Bruders Otto besser fördernd als so mancher, dessen toten Namen die Geschichte noch durch ein paar Stromwindungen mit sich führte. Bischof Otto zog an dem Kloster Banz vorüber; er hatte diese fromme Stiftung des Nordgaugrafen einst auf einem Ritte im traurigsten Zustand angetroffen: ein einziger Mönch lebte damals in dem verfallenen Hause, in einer steinernen Truhe die Urkunden verwahrend, auf denen des Klosters nicht mehr beachtetes Recht stand. Nun zogen die ernsten Hirsauer Mönche die Glocke auf dem Klosterberge hoch über dem Strome, und Reben umgrünten die neu errichteten Mauern.

Reben sollten auch den Bischof auf seiner weiten Fahrt begleiten, er führte Setzlinge in einer Kufe mit; freilich träumte er nicht davon, in dem rauhen Lande, in das er reiste, Weinberge zu roden und zu bepflanzen, wie sie hier unter der Frühjahrswärme am Mainufer aufschimmerten; dennoch hoffte er, daß unter der Gnade des Herrn im Pommernlande so viel Wein gedeihen würde, wie nötig war, um das Meßopfer darzubringen. Hatte er sich doch mit allem versehen, was der Dienst des Herrn forderte, mit frommen, mutigen Priestern vor allem, die bereit waren, das Wort zu verkünden und für das Wort zu leiden. Der erfahrene Uodalrich zog mit, der junge Sefrid, der die Feder sicher führte, und so mancher, der unter heimlichen Schauern mit Bangen und Sehnsucht die Märtyrerkrone schweben sah über dem greisen Haupt des verehrten Kirchenfürsten und über dem eigenen unwürdigen Haupt. Schweres, edles Meßgerät lag in fest verschlossenen Kästen unter den prächtigen Meßgewändern, den heiligen Büchern und Schmuckstücken, die als Geschenke verteilt werden sollten. Auf dem Michaelsberge hatte ja lange genug der Spanier Bernhard gelebt, der, auf die Weise seines Volkes, in weltverachtender Glaubensglut barfuß im Büßergewand in die reichen Fluß- und Inselstädte der Pommern gedrungen war und auf den Marktplätzen das Volk aufreizte, ihn um Christi Willen zu töten; die Heiden hatten ihn mit Hohn des Landes verwiesen, ohne die Probe auf seine Lehre zu machen und ihn, wie er es begehrte, in einem brennenden Hause einzuschließen, damit er unter Gottes Schutz unversehrt aus diesem hervorgehe. Solcher gefährlicher Versuche, meinten die Pommern, bedurfte es nicht: was war schon von einem Gott zu halten, der solche vom Wahn befallenen Bettler als Prediger aussandte! Ganz sicher waren sie ihrer Sache freilich nicht: wie der Mensch allen Göttern, die er nicht verehrt, wenigstens eine böse Kraft zutraut, so glaubten auch sie an die unheilstiftende Macht des Christengottes. Waren nicht ihre Brüder, die Preußen, nachdem sie den Kreuzesprediger Adalbert erschlagen, von Mißwachs und Unheil jeder Art heimgesucht worden? So schickten die Bürger Julins auf Wollin den Fremden samt seinem Begleiter und dem Dolmetsch auf einem Schifflein heil über das Haff zum Polenherzog zurück.

Die Erfahrung dieses seltsamen Mannes, der vergebens danach gedürstet, sein eigenes heißes Blut für den Erlöser zu verströmen, kam dem Bischof zugute; oft hatte Bernhard dem deutschen Prälaten im Kloster auf dem Michaelsberge das hinter Wäldern verborgene Küstenland und die scheußlichen mißgestalteten Götzenbilder, von denen dort das Volk sich erniedrigte, mit glühenden Worten geschildert. Aber des Spaniers Art war nicht die des Bischofs. Bedächtig war dieser das erste Mal ausgefahren, nachdem ihn der Polenherzog Boleslaw dazu aufgefordert; er hatte sich zuvor der Zustimmung des Papstes versichert, war auf weitem Umweg durch Böhmen und Polen auf den in die Wälder gebrochenen Straßen vorsichtig zur Warthe und darauf weiter durchs Land zur Oder und hinab bis zum Meere gezogen. Des Polenherzogs Ansehen lieh ihm Schutz, doch stützte er sich nur selten und nur in der Bedrängnis auf des Herzogs Schwert. Nicht als Bettler, der um des dürftigsten Unterhalts willen endlich doch auf die Gnade des Landes oder Volkes angewiesen war, hatte er das Kreuz errichtet; um zu geben, war er gekommen, und er meinte, daß der Spender der höchsten Gaben nicht als Bedürftiger vor die Augen dieser armen Menschen treten dürfte, die ja erst lernen sollten, zwischen dem Irdischen und Himmlischen, vergänglichen und ewigen Schätzen zu unterscheiden.

Eilig bewegte sich der Wagenzug über den Thüringer Wald und dann hinab ins Unstruttal, wo der Bischof noch am Ostermontag die Abtei Reinersdorf erreichte, ein von Kaiser Heinrich V. für wertvolle Dienste empfangenes Geschenk. Der als Täufer ausziehende Kirchenfürst weihte am folgenden Tage die Abtei zu Ehren des heiligen Johannes, um des höchsten Täufers Beistand zu erflehen; darauf ritt er auf seine Güter Scheidungen und Mücheln hinüber, Teile des weitverstreuten Bambergischen Besitzes. Eine Woche lang hatte er dort zu tun, die Aufsicht ausübend über die packenden, schleppenden Knechte und alle Bedürfnisse der mit ihm Reisenden vorsorglich bedenkend. Endlich schwankten die mit Korn,

Wein und Gerät beladenen Kähne auf der Saale, langsam stromabwärts gleitend, indes der Bischof zu Lande vorauseilte, nach Merseburg, wo der König Hoftag hielt. Denn nicht als Schützling des Polenherzogs und nicht auf dem Umwege durch dessen Land wollte dieses Mal der Diener Gottes nach Pommern reisen; er wußte sich eins mit dem König, der als Sachsenherzog das Grenzwächteramt im Osten angetreten hatte und noch immer bei aller ihn heimsuchenden Sorge die Augen auf die unruhigen Völker jenseits der Elbe gerichtet hielt. Herzog Sobeslaw von Böhmen, der Sieger von Kulm, weilte in der Pfalz als Gast seines königlichen Lehnsherrn; er hatte sein Söhnlein mitgebracht, damit der König die Patenschaft übernehme, und schritt neben diesem im Kreis der Fürsten in den Dom hinüber, wo Lothar den Knaben aus der Taufe hob. Längst waren die Feinde zu Freunden geworden in der Erkenntnis, daß ihnen das schwere irdische Amt, eine Ordnung zu halten und vorzuleben, gemeinsam war. Der Pommernapostel konnte mit König und Herzog ein gutes Wiedersehen feiern; Sobeslaw war des Bischofs Freund und Schuldner, seit dieser auf der Rückkehr von seiner ersten Missionsreise Frieden im böhmischen Herzogshause gestiftet hatte. Lothar war vor kurzem erst von einem scharfen Ritt in das Land der östlich der Elbe gesessenen Liutizen zurückgekehrt; so war diesen wieder Achtung vor dem Schwerte des deutschen Königs eingeprägt worden, ehe der Bischof, der auf dem kürzesten Wege Pommern erreichen wollte, ihr Gebiet betreten würde. Mit vielen Worten bekräftigte der neben dem Herrscher stehende Fürst Wirikind von Havelberg diese Achtung; er versprach, dem Missionar auf jede Weise mit Dienstleuten und Pferden, aber auch durch Stellung eines Geleites beizustehen, wenn Otto, wie es seine Absicht war, in Havelberg sich ausschiffen würde, um quer durch das Liutizenland an die Peene vorzudringen. Wieder, wie in der Zeit, da der Vogler es gewagt, in Merseburg dem Ansturm des Ostens zu trotzen, hatte sich hier, auf dem Dom- und Schloßhügel, die Kraft des Reiches gesammelt; auf der Krone strahlte das Kreuz, und es sollte seine Strahlen weit hinübersenden in das rauhe Küstenland, das noch vom Gespinst der Götzen und Dämonen verhangen war. König und Bischof verbündeten sich unter dem Zeichen Ottos des Großen als Fortsetzer seines Werks.

So reiste der Bischof weiter unter der Hoheit des Königs und gestärkt durch dessen Schutzbrief und das Vertrauen auf ihn, den er unter den Heiden als irdischen Schirmherrn der frohen Botschaft preisen wollte. In Halle erwarteten ihn die Lastschiffe und die dort zusammengekommenen Gefährten; er suchte die Kaufstände der Tuchhändler auf, die hier an der Grenze zwischen Sachsen und der Ostmark einen reichen Markt unterhielten, und kaufte Geschenke für seine Täuflinge ein: schwere gold- und silberdurchwobene Stoffe, die in den Zimmern der Edlen Wände oder Sitze schmücken sollten, und bestickte Tücher für ihre Frauen. Dann schaukelte die kleine Flotte der Frachtschiffe, auf denen Wagen und Pferde standen, gemächlich stromabwärts; und in diesen Stunden, nachdem getan war, was menschlicher Wille vermocht, und wenigstens für ein paar Tage es keine Eile, kein Zögern mehr gab, weil das sanfte Gesetz des Stromes die Bekehrer zu ihrem Ziele führte, mochte auch der Bischof, der im weißen Haare auf dem Schiffe stand oder sich niedersetzte und die Ufer vorübergleiten sah, sich ein wenig Ruhe und Besinnung gönnen. Gelassen schlängelte der Strom sich dahin, vorüber an den hohen Sitzen, von denen Wettiner und Ballenstedter soeben, in der ihnen zugelosten Stunde, herabgerufen wurden zu Tat und Dienst; vorüber auch an Nienburg, wo in der Pfalz neben dem Kloster die Sachsenkaiser verweilt hatten und noch der fromme Kaiser Heinrich II., der Stifter Bambergs, kurz vor seinem Tode eingekehrt war.

Und wie der Strom in vielen Windungen, zuweilen umbiegend, als gereue ihn der durchmessene Weg, seines Zieles sicher, dahinfloß zwischen den Marksteinen der Geschichte, so war auch des Bischofs Leben verlaufen. Wie der Fluß, so hatte auch er sich gewendet, und vielleicht hatte er an Schmerz und Reue noch zu tragen, hoffte er durch ein gottgefälliges Werk seine Bürde zu erleichtern. Denn er hatte einst Kaiser Heinrich IV. als Kaplan, dann als eifriger Kanzler gedient; ja, er hatte mit seinem Herrn aus demselben Buche die Psalmen gesungen – das Buch, das der von Reue und Not gepeinigte Herrscher mit sich herumtrug, war schadhaft geworden, und Otto bemerkte es, ließ es eilig neu binden und überraschte damit den solcher Liebesdienste nicht gewohnten Kaiser. Im Auftrage seines Herrn baute er am Dome zu Speyer, das Grabmal des salischen Hauses zum Sinnbild des Kaisertums erhebend, und als Kaiser Heinrich ihm dann das Zepter des Bistums Bamberg reichte, Geringes mit Großem vergeltend, wie es im Guten, aber manchmal auch im Schlimmen des Herrn Art war: da scheute sich der Belehnte nicht, sein Amt anzutreten ohne den Segen seines geistlichen Oberherrn. Freilich war er mit nackten Füßen durch den Schnee in die Hügelstadt hinaufgewatet, um ein Beispiel seiner demütigen Gesinnung zu geben, das so manchen Geweihten beschämen mußte; doch er fühlte es wohl, daß es ihm nicht nur am Segen gebrach, sondern auch an der Kraft, die der Segen mitteilt und die in ihm beschlossen ist. Als Heinrichs Sohn sich gegen den kaiserlichen Vater empörte, die Macht sich ihm zuneigte und wieder Unrecht zu werden drohte, was bisher als Recht erschienen, da kehrte sich auch der Bischof vom Kaiser ab, der ihn seinen «allzeit Getreuen» genannt. Wie mochte der Kaiser darauf gewartet haben, daß der Bamberger das bedrängte Nürnberg entsetze! Boten um Boten schickte er vergeblich, und wie bitter mochte der Geschlagene, den das Glück endgültig verließ, aufgeseufzt haben unter dem Abfall des Freundes! Otto von Bamberg ließ ihn im Stich, um Frieden mit der Kirche zu machen und zu seinem Amt auch die heilige Würde zu empfangen, ohne die das Amt vernichtet. Er rufe, schrieb er dem Papst Paschalis II., wie Petrus: «Herr, hilf mir»; er sehne sich, die bischöfliche Weihe zu erlangen. Und als er dann, als Gesandter Heinrichs V., die Ewige Stadt betrat und den Papst nicht antraf, ritt er ihm ungesäumt nach in das steile Volskergebirge und durch die Tore der finstern Bergstadt Anagni; dort legte er dem Nachfolger Petri unter Tränen Ring und Stab in die Hände, um sie wieder zu empfangen mit der Kraft des Segens. Wohl überschritt er später im Gefolge Heinrichs V. noch einmal die Alpen, war er Zeuge unsäglichen Frevels, als der Kaiser die Hand legte an das Oberhaupt der Christenheit; niemals sprach der Bischof von diesem Zuge, längst hatte sich sein Herz von den Händeln der Welt gewendet, denen es niemals ganz gehört. Ein Waffenschmied lud einen Wagen Wurfspeere und Pfeile vor der Pfalz ab als Geschenk für den verehrten bischöflichen

Herrn; und dieser, statt die Waffen in den Rüstkammern zu verwahren, ließ Dachnägel daraus anfertigen für sein geliebtes Kloster Michaelsberg, das der Vollendung entgegenwuchs. Den Klöstern und ihren Mönchen gehörte seine Liebe, aber auch der heiligernsten Zucht, die in den Mauern waltete; und am liebsten wäre er einer jener Unbekannten gewesen, die, wie sein frommer Bruder, aus der Welt schieden ohne Amt. Weit hinaus über seine Bischofsstadt bis in das südliche Bayern und in den Traungau trug er, der lieber ein Sämann als ein Schnitter oder gar ein Krieger war, den keimkräftigen Samen des Klosters Hirsau. Niemals vergaß er den Kaiser, in dessen Dienst er am Dome zu Speyer gebaut; er flehte den Papst an, den Bann von dem Toten zu nehmen, er betete an dessen Grabe, als ihm endlich der Einzug in den Dom der Väter gestattet ward; er stiftete sein Kloster Aura in Unterfranken zum Andenken an den «frommen Kaiser Heinrich IV.»

Aber die Schiffe wurden von der Saale in die Elbe hinübergetragen, die sich breit dahinwälzte zwischen verwilderten Ufern; der Wald lichtete sich, und Ottos des Großen Dom überragte im Mauerkranz der Erzbischofsstadt Magdeburg das Flachland. So war auch des Bambergers Kirchenfürsten Leben einem höheren heiligen Ziele zugeführt worden, nachdem es sich lange genug dahingewunden zwischen den finstern Hochburgen der Geschichte; noch sollte er mit gewisser Sorge der Begegung mit dem Magdeburger Prälaten entgegensehen, danach würde ihn das grenzenlose Land ostwärts der Elbe erwarten.

Erzbischof Norbert von Magdeburg empfing den Bischof, der sich anschickte, durch seine Diözese zu ziehen, ja, eine dem Magdeburgischen Stuhle vorbehaltene Aufgabe zu übernehmen, vielleicht nicht ohne geheimen Kummer und mancherlei Sorgen. Vor zwei Jahren erst hatte ihm König Lothar das Zepter, dann der Legat den Hirtenstab in die demütig abwehrenden Hände gezwungen; unter verzücktem Jubel hatten die Bürger den asketischen, vom Geheimnis der Heiligkeit umwitterten Mann in der Stadt empfangen, als er sie barfüßig betrat. So dürftig war das Gewand des neuen Gebieters, daß ihm der Türsteher den Eintritt in den Bischofspalast verwehren wollte. «Fürchte nichts», hatte der Erzbischof, der sich zu erkennen gegeben, lächelnd erwidert, «du kennst mich besser als jene, die mich Armen in diesen Palast treiben wollen.» Aber mit ihm waren die weißgekleideten Mönche von Prémontré nach Magdeburg gekommen, deren Gemeinschaft Norbert in einer Lichtung des Waldes von Coucy, westlich von Laon begründet; bald hatten Bürger und Suffragane Grund, unter dem herrischen, geistlichen Regiment des Erwählten zu seufzen, der verschleuderten Kirchenbesitz harten Willens wieder eintrieb und die Heiligkeit seiner Kirche und seines Amtes ebenso streng gewahrt wissen wollte wie das reine Weiß des mönchischen Gewandes. Seit ihn, den weltlichen Sohn eines limburgischen Grafen, ein vor ihm niederfahrender Blitzstrahl vom Pferde geworfen; seit ihm der heilige Augustinus erschienen war und ihm befohlen hatte, der augustinischen Regel in ihrer ursprünglichen Strenge eine getreue Gefolgschaft zu erziehen, war sein Eifer nicht mehr erloschen, ja, es war, als brenne jener Blitzstrahl in ihm fort, seine Seele und zugleich seine Umwelt verzehrend. Kaum, daß er dem Bambergischen Gaste zu Gefallen Wein auftragen ließ; doch führte er den Becher an die schmalen Lippen, ohne zu trinken, brach er vom Brote ab, ohne die Schüsseln anzurühren. Schlimm sehe es in Havelberg aus, der Bischofsstadt, die Otto der Große gegründet und Magdeburg unterstellt hatte; das Volk, so wurde berichtet, falle lieber dem Heidentum wieder zu, als daß es sich unter das schwere Joch des neuen Seelenhirten beuge. Griff nicht der Bamberger in die Rechte Magdeburgs ein, dessen Beruf es war, den Glauben im ganzen Osten auszubreiten? Aber warum war es diesem vergönnt, schon den zweiten Zug auszurüsten, während Erzbischof Norbert die Bürger seiner eigenen Stadt und selbst die Geistlichen, die ihn gewählt, murren hörte, ja offen von diesen bedroht wurde?

Bischof Otto dachte freilich anders als der Stifter von Prémontré über den Weg, den der Seelenhirte den ihm Anbefohlenen weisen müsse; und er trug auch nicht dasselbe Verlangen nach den Reichsgeschäften, das in jenem als ein unvertilgbarer Rest seiner hohen Geburt, seines Strebens nach einem glorreichen Namen fortglühte; dies eben mochte der Teil seines Wesens sein, der Norbert zur Überwindung aufgegeben war, an dem er unter der Gnade vielleicht zum Heiligen wurde. Otto vertraute wohl auf den Eifer, aber er räumte der Liebe einen höheren Platz ein als diesem, und er meinte, daß weniger der Haß auf die jenseits der Elbe herrschenden Götzen und ihre Diener als das Erbarmen mit dem unwissenden, von diesen Götzen unterjochten Volke die Kreuzesfahne zum Siege tragen werde. So schied er nach kurzer Rast von dem geistlichen Bruder, von dem ihn Wesensart und Pflichtkreis seit langem geschieden hatten; die Schiffe eilten die Elbe hinab, bogen dann in die Havel und segelten stromauf, bis sie den Domhügel von Havelberg erreichten und Mann und Roß, des langen Stillstehens müde, ans Ufer sprangen.

Aber hier schon, an der Grenze der Nordmark, sollten sich die mancherlei schlimmen Gerüchte bewahrheiten, die aus dem Osten in das Reich gedrungen waren. Denn die Stadt hallte von Festlärm, den zu vernehmen dem Bischof ein Greuel war, und bunte Tücher wehten von den Zinnen; als die Reisenden auf ihre Erkundigung erfuhren, daß Ottos Befürchtung zutraf und das Volk das Fest des Götzen Gerowit feierte, den es als Herrn des Krieges und der Fruchtbarkeit in Furcht und zugleich in wilder Kampfeslust verehrte, weigerte sich der Bischof, die Stadt zu betreten. Wohl trat mit den hineingesandten Boten alsbald der Fürst Wirikind unter das Tor; er hatte von Merseburg aus auf dem Landwege die Missionare überholt, erinnerte sich auch der gegebenen Versprechungen, doch erklärte er unter vielfältigen Beteuerungen seines Bedauerns, sie nicht erfüllen zu können. Es sei ein solcher Haß unter den Liutizen ausgebrochen, daß er befürchten müsse, kein einziger Geleitsmann werde zu ihm zurückkehren. Und als ihm der Bischof die heftigsten Vorwürfe machte, weil er, ein christlicher Fürst, in einer christlichen Stadt den Frevel des heidnischen Festes dulde, berief sich Wirikind auf Erzbischof Norberts übergroße Strenge, die das Volk in die Arme der Götzen treibe. Des Erzbischofs Name gebot auch dem Bamberger Halt; er wollte die Hoheit des Magdeburgischen Stuhles achten, mochte es auch schlimm genug in der Diözese stehen. So erstieg der Bischof einen Stein vor dem Tore und begann dem Volke zu erklären, wie unrecht und gefahrbringend es sei, hier an der Stelle, wo der Heiland so oft schon in der heiligen Messe den Opfertod gestorben, dem Widersacher zu dienen. Nur wenige hatten sich um ihn geschart, als er seine Predigt begonnen, doch während er sprach, kamen mehr und mehr aus dem Tore und sammelten sich um ihn, bis langsam die Stadt hinter ihnen still wurde und auch die Wimpel auf den Zinnen verschwanden; endlich warf sich das Volk auf die Knie und flehte den großen Prediger um die heilige Taufe an. Aber er versicherte, daß ihr geistlicher Vater, Erzbischof Norbert, treu für sie besorgt sei und ihnen bald einen guten Hirten senden werde; dem sollten sie dann gehorsam sein. Nun schoben die Knechte die Wagen von den Kähnen und trugen Säcke und Ballen heraus. Wirikind ließ noch Pferde und Fahrzeuge herbeiführen, und Kriegsknechte und Volk halfen keuchend beim Schleppen und Packen, als könne ein jeder durch solche Hilfeleistung ein Teilchen seiner Sündenlast loswerden oder sich ein geringes Anrecht auf die ewige Seligkeit erwerben, indem er sich in die Speichen der Lastwagen stemmte oder die Pferde anschirrte. Der Bischof, gewohnt auch dort zu schenken, wo er das Erwartete oder Versprochene nicht empfangen, reichte beim Abschied dem Fürsten einen schweren Beutel, der mit vor das Tor gekommenen Fürstin in der Hoffnung auf ihren Beistand – denn wie sollte das Kreuz sich ausbreiten ohne die stille, gläubige Hilfe der Frauen? – ein reichgeziertes Psalmbuch.

Dann verschwand der Wagenzug langsam aus dem Gesichtskreis der Stadt auf der gen Nordosten führenden Straße; er wand sich dem Walde zu und tauchte in diesen ein; über dem trägen, gleichförmigen Knarren der Räder, auf holperndem Sitz, im Halbdämmer des grenzenlosen Waldes, das sich, wie der Himmel im Spätherbst, nur flüchtig lichtete, um sich wieder zusammenzuziehen, spürten die Reisenden die beklemmende Macht der Fremde, in der sie sich verloren. Ein Tag ging hin, sie schoben die Wagen zusammen, rasteten unter den Bäumen und spannten früh die Pferde wieder an, doch das tote Einerlei der kommenden, vorüberwandernden Stämme dauerte an bis zum Abend. Über ihnen flügelten die Reiher mit schreckendem Flügelschlag dahin, Ottern glitten über die dürren Nadeln; sie hörten niemals vernommene Klagestimmen unsichtbarer Vögel, dazwischen wieder ein höhnisches Krächzen, sahen Wild zwischen den Stämmen dahinfliehen und fanden, nach dem Halbschlummer des Tages, nachts nur schwer den Schlaf beim Geheul des Raubzeugs. Das Rot und Grau der Kiefernstämme schimmerte wieder am Morgen auf, als habe sich nichts verändert in den vergangenen Tagen, als fließe Zeit und Weg ewig in sich selbst zurück. Der Bischof kannte das Grauen der nördlichen Wälder wohl von seinem ersten Zuge her, auf dem er im Gebiet der Netze lange Tage den Wald durchwandert in Sorgen um den Empfang, den ihm der Pommernherzog Wratislaw bereiten würde. Aber eine bösere Sorge peinigte ihn dieses Mal; sie galt nicht der eigenen

Sicherheit und der seiner Gefährten, obgleich sie nicht, wie auf dem vorigen Zuge, das bestärkende Waffenklirren und den schweren Schritt sie begleitender polnischer Kriegsknechte vernahmen: Wie mochte es den Christen in Pommern ergangen sein? In Julin auf Wollin, so wurde berichtet, habe das Volk schon bald nach dem Abzug des Bekehrers den Tempel Gerowits umtanzt; freilich sollte dann vom Himmel gefallenes Feuer die reiche Seehandelsstadt verzehrt haben. Und in Stettin, wo Bischof Otto das Greuelbild des dreiköpfigen Triglaw gestürzt und zertrümmert hatte, seien die Menschen von einer sie heimsuchenden Seuche in solchen Schrecken gejagt worden, daß sie unter den Triumphschreien und Drohungen heidnischer Priester die Götzenbilder aus Winkeln und Baumstümpfen wieder hervorgezogen und auf die christlichen Altäre gesetzt hätten.

Am fünften Tage sahen die Reisenden einen Wasserspiegel zwischen den Stämmen schimmern, der sich weit und weiter in das Land hinaus erstreckte, umkränzt von waldigen Ufern; ein Mann saß dort in seinem Kahne und zeigte sich gern bereit, den Fremden einen Korb voll Fische zu überlassen, von denen der See wimmelte. Der Bischof bestand jedoch auf ehrlichem Kauf und hatte nicht geringe Mühe, dem Manne Salz als Entgelt aufzunötigen; weder Geld noch Stoffe wollte er haben. Er sei, erzählte der Fischer durch den Mund des Dolmetschers, vor

OTTO VON BAMBERG
WANDGEMÄLDE IN DER KLOSTERKIRCHE
VON PRÜFENING BEI REGENSBURG

Jahren, als der grausame Polenherzog das Land verheerte, mit Weib und Kind auf eine kleine Insel dieses Sees geflüchtet, wo er seither geborgen lebe. Brot habe er freilich in diesen sieben Jahren nicht mehr zu essen bekommen; er ernähre sich von den Fischen, von frischen im Sommer und von gedörrten im Winter, wenn der See zufriere und keine Nahrung spende. Bald erreichten die Missionare ein Dorf, dessen Häuser mit trocknenden Netzen wie mit Spinnweben umsponnen waren; ehrfürchtig bewunderten die zusammenlaufenden Bewohner die Ankömmlinge. Der Ruf des heiligmäßigen Bischofs, der vor Jahren im Pommernlande gepredigt, war zu ihnen getragen worden; sie baten, daß er sie taufe. Er sah, es war gutartiges Volk, in dem auf eine wunderbare Weise die Bereitschaft für die frohe Botschaft schon keimte – niemals vergaß er ja in seiner Demut, daß der Herr ihm auf allen Wegen voranzog, ja, schon lange vorangezogen war im pommerschen Walde und die Seelen mit einem höheren Verlangen geweckt hatte; daß ihm, dem frommen Diener, kein gutes Werk gelungen wäre diesseits und jenseits der Oder, wenn er nicht ausgezogen wäre zur rechten Erntezeit in der von Gott bestimmten Stunde. Aber auch jetzt brachte er dem Magdeburger, dessen Hoheitsgrenze er noch nicht überschritten, das schmerzende Opfer; das Recht, so dünkte ihm, müsse auch geachtet werden in den höchsten Dingen. Er dürfe nicht bauen auf fremdem Grunde, sagte er dem Volke, auch könne er nicht nach eigenem Willen handeln; der Papst, sein Herr, habe ihn in ferneres Land geschickt, der Pommernherzog ihn dorthin geladen; doch sollten sie sich getrösten mit der Fürsorge ihres Erzbischofs Norbert, dieser werde ihnen bald den rechten Täufer senden.

Die lange Wagenkette knarrte durch rundgebaute Dörfer, deren Hütten sich im Teiche in ihrer Mitte spiegelten und von einer Linde überrauscht wurden; die Weiber quälten sich auf den Schwellen mit kreischenden Handmühlen ab, die Männer schnitzten am Abend Gerät aus Holz oder Knochen, und es brauste und orgelte neben den Häusern in den sorglich gehegten Bienenstöcken, die der Stolz des Volkes zu sein schienen. Im Walde kamen sie an Erdwällen vorüber, die ein weites Rund umfaßten und da und dort noch mit Palisaden besteckt waren; hier, am Zufluchtsorte der Väter, hatte sich das Volk vor seinen Feinden versteckt, und noch bleichten die Knochen Erschlagener im Regen unter den Wällen. Als die Wagen angesichts der Stadt Demmin die Hügel herabrollten, flüchteten die Bewohner hinter die Tore und verrammelten sie; sie waren die Einfälle der Liutizen gewohnt und machten sich auf einen neuen Kampf gefaßt. Die Geistlichen erhoben und schwenkten die Kreuzesfahne, und bald eilten die Menschen heraus, umdrängten und umjubelten den

Bischof, von dessen segensreichem Wirken sie vernommen hatten, und baten, ihn in ihrer Stadt bewirten zu dürfen. Aber er wußte wohl, daß sie heidnischen Göttern dienten, und schlug die Bitte ab; er wollte sich nicht beflecken: wie hätte er Gast des Volkes sein können, ohne auch Gast seiner Götter zu sein? So verbrachte er lieber die Nacht draußen vor den Toren im leichten Zelt, und ein böser Schreck sollte ihn aufwecken: Schreie und Waffenklirren, der Zusammenprall kämpfender Männer scheuchten die Schläfer vom Lager; schon befahlen sich einige dem Herrn an, der sie zum Martyrium erwählt habe, wollten andere fliehen in der Befürchtung, der sehnlich erwartete Pommernherzog sei jenseits des Flusses von den Liutizen überfallen und geschlagen worden. Aber in der Morgendämmerung beugte sich Herzog Wratislaw ehrfürchtig unter der priesterlichen Hand, die ihm vor Jahren die Taufe erteilt hatte; seine eigenen Krieger, deren ein Teil unter frischem Winde die Peene heraufgesegelt war, während der andere zu Pferde Demmin erreicht hatte, waren in der Finsternis aufeinandergetroffen und hatten sich für Feinde gehalten. Ungesäumt sprengte der Herzog, der den Ritt nicht nur um geistlicher Ziele willen getan haben wollte, mit seiner kampflustigen Schar durch den Fluß und ins Liutizenland hinüber; am Abend kamen sie zurück, sie hatten volle Säcke über die Pferde geworfen und trieben eine Herde gefesselter, klagender Männer und Weiber und geraubtes Vieh vor sich her. Doch als sie die Beute durcheinanderwarfen und verteilten und mit den Menschen nicht anders umgingen als mit Vieh und Kleidungsstücken, den Mann vom Weibe, die Kinder von den Eltern trennend, faßte den Bischof das Erbarmen wieder an, das ihn in dieses Land getrieben. Die Tränen liefen ihm über die Wangen, bis der erstaunte Herzog ihn verstand und ein paar Mädchen und ältere Männer und Frauen wieder freiließ; andere kaufte der Bischof mit eigenem Gelde los, sie mit seinem Segen zurückzusenden in ihre Heimat.

Wohl spürten die jungen Geistlichen auf der Weiterreise ein heimliches Grauen vor den kaum gezähmten Pommernkriegern, die sich einen Scherz daraus machten, den Missionaren Furcht einzuflößen, entweder indem sie ihre langen Messer grinsend hervorzogen oder indem sie mit grimmiger Gebärde drohten, die wehrlosen Männer bis an die Tonsur in die Erde einzugraben. Sie setzten endlich auf der Peene, die ihr Gepäck auf den Frachtschiffen Wratislaws getragen, nach Usedom über; dorthin hatten Herzog und Bischof die Edlen des Landes gerufen. Diese waren im besten Schmucke erschienen und sammelten sich im Halbkreis um den ehrwürdigen Priester und ihren gestrengen Fürsten. Der Herzog sprach von den hohen Tugenden des Bischofs, den der Herr ausgezeichnet, von Eifer und Liebe zu dem undankbaren Volke, die den Kirchenfürsten in seinem Greisenalter noch einmal in das abtrünnige Land getrieben, von dem Ansehen, in dem der Bischof stehe; genieße er doch im selben Maße die Gunst des Papstes wie des mächtigen Königs Lothar, der nicht säumen werde, mit gewaltigem Heere heranzuziehen, wenn dem Diener Gottes nur das geringste Leid geschehe. Mit Hohn hätten sie den ersten Prediger des Kreuzes wegen seines Bettlergewandes abgewiesen, niemand aber könne die hohe Art dieses Mannes verkennen noch auch die Macht des deutschen Königs, der ihn beschirme; es sei die Pflicht der Edlen, sich zuerst für das Gute zu entscheiden, um das Volk durch das gegebene Beispiel zu leiten und zu erheben. Die Angeredeten zogen sich zur Beratung zurück unter der Macht dieser Worte und der stillen Gewalt des ehrfurchtgebietenden Mannes, dem sie galten; als sie wieder erschienen, erklärten sie sich einmütig bereit, dem Väterglauben zu entsagen und die Taufe zu empfangen. Ergriffen dankte der Bischof seinem himmlischen Herrn.

Nun hatten Axt und Flamme rasche Arbeit zu tun an den Tempeln Usedoms; vor der Stadt ließ der Bischof Tonnen eingraben und mit Wasser füllen, dann befahl er, die Tonnen mit Pfählen zu umstecken und diese mit Seilen zu verbinden, an denen Tücher befestigt wurden; um den Täufling den Blicken des Taufenden zu entziehen, ließ Otto im Innern des so entstandenen Zeltes ein Leinentuch anbringen, hinter dem der Priester und sein Gehilfe stehen sollten. Das Volk strömte zusammen, und der Bischof verkündete Christi Lehre, aber mehr vielleicht noch als sein einfaches, starkes Wort bewirkte die unmittelbare Kraft des Glaubens, die in ihm wohnte und von den Lauschenden gespürt und empfangen wurde, so daß ihre Herzen sich wendeten unter ihr, ohne daß sie vielleicht die klare Wahrheit sich schon zu eigen machten. Der Bischof träufelte Öl auf die Häupter der Knienden und sonderte Männer und Frauen. Erschauernd betrat der Täufling das luftige Baptisterium, gefolgt von seinen Paten; er streifte das Gewand ab, mit dem die Paten ihre Augen bedeckten, und stieg in das kühle Wasser; nun schob der Priester den ihn bergenden Vorhang beiseite, tauchte das Haupt des Täuflings in die Flut unter den Worten, deren Gewalt sich niemals wieder lösen sollte, im Diesseits und Jenseits nicht, salbte ihn und reichte ihm das weiße Gewand. Bischof Otto taufte nur Männer und Knaben. Bald lernten es auch die jungen Priester, wie ihr Bischof die Getauften von den Ungetauften zu unterscheiden an dem heimlichen Glanz der Stirnen und Augen; es war, als seien die einen zum Leben erwacht, die andern noch im Schlafe befangen, als sei aus dem Gesicht des Getauften ein Antlitz geworden, das von der erweckten Seele erleuchtet wurde.

Doch jetzt regten sich die Götter, deren Schicksal es war, zu Dämonen zu werden. In einem Walde bei Wolgast ward ein Bauer, der im Morgengrauen seinen Pack zum Markte schleppte, von mächtiger Stimme geschreckt; auf einem Hügel stand ein Mann in schimmernden Gewändern, der dem Entsetzten verkündete, daß er sein Gott sei, gewaltig der Felder und ihres Segens, der Bäume und ihrer Früchte. Der Bauer möge den Leuten in der Stadt sagen, daß sie die Boten des fremden Gottes, die auf dem Wege zu ihnen seien, erschlagen sollten; gehorche er nicht, so müßten er und alle ihren Ungehorsam mit Mißwachs, Not und Hunger büßen. Wohl beteuerte der schreckensbleiche Mann auf dem Markte zu Wolgast mit emporgehobenen Händen unter Schwüren die Wahrheit seines Berichts, und das Volk beschloß auch, die Prediger zu töten; aber diese traten dennoch durchs Tor, und schon war ihnen ein Herz bereitet: die reiche Frau des Stadthauptmanns fühlte ihre Not wie eine eigene, verbarg sie im Obergeschosse ihres Hauses und rettete sie. Ja, ein kecker junger Geistlicher wagte es, vor dem Volkshaufen in Gerowits eigenes Heiligtum zu flüchten, den gewaltigen goldbeschlagenen Schild des Gottes zu ergreifen, die Tragriemen umzuschnallen und unter solcher Schutzwehr mitten unter das Volk zu springen, das entsetzt auseinander stob. Waren die Götter tot, daß sie den Feinden ihre Waffen ließen wie gefallene

Helden? So siegte der Bischof in Wolgast wie in Usedom, und er sollte noch oft in das Lachen mit einstimmen, wenn der Schildräuber sein Abenteuer erzählte.

Auch die Bürger Gützkows vertrauten nicht mehr recht auf die Götter, denen sie eben noch einen prächtigen Tempel erbaut; buntes Schnitzwerk spiegelte sich im Wasser, das den Bau umschloß und über das eine Brücke führte; innen, an schön bekleideten Wänden, hingen die schimmernden Beutestücke und Opfergaben. Doch wie an dem Namen des heiligen Märtyrers Adalbert von Riga eine wunderbare Kraft zu haften schien, die noch hundert Jahre nach seinem Tode wirkte und die ihm geweihten Kirchen beschirmte, so auch an dem Namen des Bischofs Otto. Denn als er in Gützkow einzog, umwallt von feierlichem Gewande, im Kreis der singenden Geistlichen, da baten ihn die Bürger nicht um der Götter, sondern nur um der Tempel willen; diese waren ihr Stolz, sie hatten sie errichtet, um den Namen ihrer Stadt weithin berühmt zu machen und über die Namen anderer Städte zu erhöhen. Aber der Bischof wußte, daß in solchen Kammern und Wänden die schlimmen Geister hausten, und bestand auf diesem ersten Opfer an den neuen Glauben. Der Eifer der Tempelbauer verkehrte sich nun in Haß, der Stolz auf den Prunkbau und seine stummen Bewohner in Zerstörungswut; unter dem Wehgeheul und den kraftlosen

Flüchen der heidnischen Priester wurden die grausam mißhandelten riesigen Götterbilder mit abgehauenen Händen und Füßen und durchstochenen Augen aus dem entweihten Heiligtume hervor und über die Brücke gewälzt und den Tempelhügel hinabgestoßen, so daß sie unter dumpfem Ächzen in den aufprasselnden Scheiterhaufen rollten. Bischof Otto begehrte nichts von ihrer Hinterlassenschaft; er entzog den kostbaren Schilden und Waffen ihre böse Macht durch die Kraft des Weihwassers und priesterlichen Segens und achtete darauf, daß das Tempelgut gerecht verteilt wurde; er winkte die Armen heran, damit sie das Holz aufladen möchten. Doch als Axt und Hacke in das Gebälk schmetterten, erhob sich ein Summen und Brausen im Innern, und Fliegen von so befremdlicher Größe, wie sie noch niemand in diesem Lande gesehen, drangen aus den Ritzen hervor und quollen in dicker Wolke aus der Tempeltür; sie umschwirrten die Werkleute und setzten sich auf Augen und Lippen, fielen über das Volk und die Geistlichen her und peinigten sie um so zudringlicher, je grimmiger diese um sich schlugen; sie umbrausten die Stadt, als wollten sie die Sonne verdunkeln, bis endlich die Missionare sich ein Herz faßten, die Kreuzesfahne schwangen und eine Hymne anstimmten; da wehten die eklen Schwärme durch das Stadttor wie abziehender Rauch nordwärts, in das Heidenland.

Der Bischof lehrte und taufte, und wie die Sonne zuerst den Schnee auf den Wipfeln schmilzt und dann den Schnee unter den Zweigen und in den Waldschluchten, so taute der Kreuzesprediger mit der Wärme seines Herzens zuerst die Herzen der Obern auf: er bewog den Fürsten Mizlaw, seine Gefangenen freizugeben, erst die Christen und dann auch die Heiden, damit auf diese Weise des Fürsten Herz eingeweiht würde, ehe der Altar der Kirche geweiht wurde, die sich an Stelle des Tempels, aber in höherer Pracht erheben sollte. Um nicht in den Verdacht der Bedürftigkeit zu kommen, wies der Bekehrer eine jede ihm gebotene Gabe ab, mochten die Edlen kostbare Waffen bieten oder die Armen Kleidungsstücke und Brot. Freilich staunte das Volk, wenn der Täufer Truhen von den Wagen heben ließ, einen Schlüssel hervorzog und die Kästen knarrend aufsperrte; sie kannten weder Schlüssel noch Schloß, die Türen ihrer hölzernen Häuser, ihrer Schreine standen offen, und sie begriffen die Fremden nicht ganz, die auf so ängstliche Weise das Ihre schützten. Wie mochte es mit dem Lande des Königs bestellt sein, aus dem sie kamen? In solchen Augenblicken fühlte der Bischof, wie sich sein Herz zusammenzog; er hätte gewünscht, aus einem christlicheren Lande zu kommen. Dennoch pflanzte er die Sitte ein; er beredete die Edlen, ihre Kebsweiber zu verstoßen, und erhöhte die Gattin, indem er sie durch das Sakrament mit dem Gatten verband. Er machte dem kriegerischen Volke begreiflich, daß auch in den kaum geborenen Mädchen eine Seele schlummere, die dem Herrn gehöre und ihren Weg gehen müsse auf der Erde, und daß sie die Mädchen darum nicht töten dürften; er duldete die Ehe Blutsverwandter nicht und hielt die Mütter an, sobald sie ihres Kindes genesen waren, zum Dankgebete die Heiligtümer des Herrn zu betreten. Unfertig standen diese noch da, aber sie wuchsen rasch; oft mußte sich der Bischof begnügen, einem eilig errichteten Altartisch die Kraft der Weihe und des Opfers mitzuteilen, während seine Gehilfen Zweige abhieben und ringsum in die Erde steckten, um den heiligen Bezirk zu umgrenzen.

Gepanzerte Boten des Markgrafen Albrecht von der Lausitz ritten neben einem Wagenzug her, der den Bischof noch in Gützkow erreichte; sie hatten den Auftrag, nach dem Ergehen des Missionars, dem Fortgang seines Werkes zu fragen. Das Volk entsetzte sich vor ihnen und achtete den Herrn um so höher, der den Dienst solcher Kriegsleute hätte fordern können, ohne es zu tun. Bald warfen Edle des Landes sich ihm flehentlich zu Füßen: Herzog Boleslaw von Polen rückte aufs neue heran, den Abfall vom Christenglauben furchtbar zu ahnden; der Bischof möge ihnen Schutz und Fürsprache leihen. So reiste Otto dem Polen entgegen, erweckte dessen Großmut und hohen Sinn, ungeachtet der grollenden Polenkrieger, und rettete seine Schützlinge und die neu erstehende Kirche Pommerns, der nicht das Schwert, sondern allein das vorgelebte Beispiel christlicher Sinnesart den nötigen Dienst leisten konnte.

Und als er es dann endlich wagte, die Oder hinauf nach dem abtrünnigen Stettin zu segeln, da vertraute er auf dieselbe stille Macht des Glaubens, auf des Herrn Gnade und Beistand. Herzog Wratislaw und die treuesten Gefährten hatten ihn aus Furcht verlassen wollen; als er aber im Morgendämmer, nur einen Sack auf den Schultern, in dem Meßgewänder, Kelch und Meßbuch verpackt waren, das Schiff bestiegen, hatten ihn die Begleiter zu Pferd und Fuß eingeholt; am andern Tage waren sie mitgezogen. Sie betraten die Kirche Petri vor den Mauern; während draußen die erbitterten heidnischen Priester das Volk zusammenriefen und dessen Zorn schürten, erscholl hinter den verschlossenen Kirchentüren der inbrünstige Gesang der Geistlichen, und er drang mit solcher Ruhe und Stärke in die Ohren der scheltenden, schreienden Menge, daß diese von den Türen abließ und in die Stadt zurückkehrte; tags darauf betrat der Bischof, nachdem er die Messe gelesen, im Meßgewand hinter erhobenem Kreuze und geführt von frohlockenden Christen, die Stadt. Er durchschritt sie bis zum Markt; dort erhob er die Stimme; ein Priester stürzte auf ihn zu und schwang die Lanze, und zugleich blitzten da und dort über den Köpfen drohende Lanzenspitzen, doch wagte keiner zu werfen. Unbewegt, mit einem Lächeln der Bereitschaft, stand der Bischof über dem Volke, so daß die Arme der Wütenden erstarrten und dann, unter seinen besänftigenden Worten, langsam niedersanken. Niemand verwehrte ihm fortan Straßen und Häuser; er redete die spielenden Knaben auf der Straße in ihrer Sprache an und beschenkte sie mit seinem Segen, er tröstete und half und erweckte schon durch sein Dasein, durch den ihn verklärenden Widerschein inneren Glückes und Friedens das Verlangen nach dem Reiche, in dem er zu Hause war. So durfte er taufen, und er wußte wohl, daß diese arglosen Menschen mit den geistlichen Gütern auch irdische empfangen wollten, weil sie jener ganzen Wert noch nicht kannten; darum reichte er ihnen blinkende Kreuze oder ein Stück Tuch, und sie priesen mit solchen Geschenken ihr Glück um so lauter und führten ihm andere Täuflinge zu.

Endlich bestieg er den Hügel, wo der Gott Triglaw einst neben dem Herzogsschlosse gewohnt; vergebens führten die letzten Heidenpriester, die dort mit den Edlen versammelt waren, die Sache ihres dreiköpfigen, der drei Reiche des Himmels, der Erde, der Unterwelt gewaltigen Herrn: Triglaws, der weise und schweigsam war und auf seinen drei Häuptern hohe spitze Kopfbedeckungen trug, auf diese Weise seine Augen bedeckend, damit er die Sünden der Menschen nicht sehe. Einst hatten die Götter das Trinkhorn in treuen Händen gehalten und das Volk aufjauchzen lassen, wenn der Priester beim Frühjahrsfeste das Horn noch gefüllt fand, oder aber zu Bitten und Flehen bewegt, wenn etwas vom Weine fehlte; einst hatten sie nachts das Orakelroß neben dem Tempel zu wildem Ritte bestiegen, so daß es morgens schaumüberflogen und kotbespritzt im Stalle stand, noch zitternd vom Grauen der nächtlichen Jagd und dem Schenkeldruck des Gottes. Aber als der Bischof sich erhob, die Stola feierlich umlegte und drohte, alle, die an die alten Götter glaubten, vom ewigen Heile auszuschließen, da jammerten sie und baten um Bedenkzeit; dann sagten sie sich einstimmig von den Göttern los, und wie der Fliegenschwarm von Gützkow stoben die Priester aus der Versammlung den Hügel hinab und in die Wälder, wo sie für eine Weile noch in der Hoffnung auf Rache die Götter der Väter ehrten und mit Bitten bestürmten. Endlich starben sie einsam hin, die geretteten Götterbilder hexenhaften Weibern überlassend, die sie in einem Baumstamm versteckten oder in der Erde vergruben; und nur als Schatten kehrten die Mächte, an die sie einst geglaubt, in das Dasein der Abtrünnigen zurück.

So war es Saatzeit im ganzen Lande: in Wollin, wo des heiligen Adalbert Kirche unversehrt aus Brandruinen emporragte, in der Herzogsstadt Kammin, wo der Bischof mit reichen Ehren empfangen wurde. Freilich hatte den wackern Uodalrich, als er über das Haff schiffen wollte zu den wilden Uckrern, ein Unwetter gewarnt, und er nahm es als ein Zeichen und blieb am Ufer; der Bote, den Otto zum Erzbischof von Lund gesandt, von diesem die Erlaubnis zur Bekehrung der auf Rügen dem Gotte Swantewit dienenden Ranen zu erwirken, brachte als Geschenk wohl einen Kahn voll Butter, aber keine rechte Antwort mit. Es wurde Winter; der väterlich für die Täuflinge bedachte Bischof ließ die Kufen im geheizten Raume aufstellen und das Wasser erwärmen. Immer reicher werdend, je mehr er sich verschenkte, trieb er die bösen Geister der Besessenen durch seinen Glauben aus, stärkte er die Glieder der Lahmen, half er den Sterbenden die zitternde Seele dem Herrn übergeben; ja, er beugte sein weißes Haupt auch zu den Sklaven nieder, Gefangenen, die das kriegerische Volk aus den Nachbarländern oder auf der See geraubt, und machte sie ihren Herren gleich, nicht nach irdischer, wohl aber nach himmlischer Ordnung, in der nur die Seele gilt. Da erreichten ihn die Boten des Königs, der im notvollen Kampf um die Krone seiner Hilfe, seines Rates dringend bedurfte, und er gehorchte. Vom Reiche und in des Reiches Namen war er ausgezogen, das Reich forderte ihn wieder ein. So nahm er Abschied vom Volke, das er zu seiner Bestimmung geleitet und das er zugleich gelehrt, auf Erden hauszuhalten, Ordnung zu wahren und Dämme zu bauen im sumpfigen, wilden Lande; noch bestellte er Sachwalter des heiligen Dienstes, den er eingepflanzt, dann reiste er durch die winterlichen Wälder zurück, im Vertrauen auf die ewige Gnade und für die kommenden Altersjahre den Trost seines geringen Verdienstes als Zehrgeld mit sich führend. Um die Weihnachtszeit gelangte er, durch die westwärts traulicher werdenden Städte in seine Hügelstadt am Maine, deren Bewohner ihn seit langem sehnlich erharrten; sie umjubelten den Heimkehrer, durch dessen Wirken für so viele Seelen in dem fremden Lande hinter Wald und Sumpf der Herr war geboren worden in diesem Jahre, und stimmten fröhlich mit ein, als der Bischof im feierlichen Hochamt im Dome Gott die Ehre seines Wirkens ließ und ihm aus Herzensgrunde dafür dankte.

DRITTES KAPITEL

Krönung

Der Ruf der Krone

Noch um die Weihnachtszeit des folgenden Jahres harrte der König im Feldlager von Speyer aus, dessen Bürger, nachdem sie kaum einen Vertrag mit Lothar geschlossen, sich wieder empört hatten. Auf den Zinnen der hartnäckig trotzenden Stadt stand Judith, die welfische Gattin des Schwabenherzogs Friedrich, die, wie es die Bestimmung des Weibes ist, der Sache des Gatten treuer als ihrem Stamme und Blute war. Freilich mußte sie erkennen, daß ihr Gegner so entschlossen war wie sie selbst. Kaum hatte sich Lothar ein paar Tage gegönnt für einen Ritt nach Straßburg, um das ihm heilige Schirmrecht über die Kirche auszuüben und den seit langem vertriebenen Bischof wieder in sein Amt zu setzen, so eilte er zurück, in dem festen Entschluß, dieses Mal die Königsstadt nicht freizugeben. Noch hoffte die Herzogin, daß ihr Gatte mit einem Entsatzheer heranziehen werde, und sie befeuerte mit dieser Aussicht den Mut der Bürger; war sie doch von Herzog Friedrich gleichsam als ein Pfand zurückgelassen worden in Speyer, damit die Bürger seinen Versicherungen glaubten und ausdauerten. Denn wie hätte er Weib und Stadt zugleich im Stiche lassen können? Der Herzog, der den schwäbischen Besitz des grimmig gehaßten Welfen verheerte, um sich für den Mordanschlag von Zwiefalten zu rächen, kam auch in der Tat und legte sich am linken Rheinufer vor die Stadt; doch bald mußte die Verteidigerin auch die schnellen Heerhaufen Herzog Heinrichs des Stolzen erkennen, der, auf die dringende Botschaft des Königs, den Krieg gegen aufständische Vasallen abgebrochen hatte und unter schwerer Mühe in Eilmärschen heranrückte. Nachts klirrte es von Waffen vor dem welfischen Lager: der Staufer dachte nun den Überfall heimzuzahlen, und die Bürger hielten sich zum Ausfall bereit; am Morgen aber jagten Heinrichs Kriegsleute die geschlagenen Feinde weit in die Ebene hinaus, fort von der Stadt, deren Kriegsherrin keine Hoffnung mehr auf Rettung hatte.

Wohl konnte der König am Weihnachtstage nicht mehr vom Gesang im Dome vernehmen, als der Wind ihm zuwehte über die Mauern in sein kaltes Zelt; am 3. Januar schoben abgezehrte Kriegsknechte die Tore auf, und inmitten der hungerbleichen Bürger grüßte die Herzogin den Sieger. Ihm kam es nicht auf Rache an, und er meinte, daß der seine Macht nicht fühlen zu lassen brauchte, der sie wahrhaft und rechtmäßig besaß; so ehrte er den Gegner, er beschenkte die Herzogin, die der Ihren Not geteilt, und ließ sie mit den schwäbischen Kriegsleuten in fürstlichem Ansehen abziehen; er sorgte dafür, daß die Bürger ihren Hunger vergaßen. Dann hielt auch er sein Fest in dem Dome, an dem der Bamberger Bischof gebaut; denn auch dem Recht und der Beharrlichkeit sind späte Festtage zugemessen, und der König wußte sie zu erwarten und zur rechten Stunde würdig zu begehen. Am Dreikönigstage kniete er vor dem Altar unter der Last der Krone, den tapferen Welfenherzog, der ihm geholfen hatte, das Heiligtum der Kaiser zu gewinnen, an seiner Seite.

Die treuen Bürger Straßburgs feierten den hindurchreisenden Sieger; der König liebte die Stadt und hatte im vorigen Jahre die Bürgerschaft mit dem Rechte fast unbeschränkter Gerichtsbarkeit ausgezeichnet, im Vertrauen darauf, daß sie das Recht zu ehren wüßte. Der Bischof, den die Königin auf die ihr eigene Weise mit dem Gatten versöhnt, zog mit nach Basel, dessen bischöflicher Hirte, ein Gefolgsmann Friedrichs von Schwaben, sich gleichfalls vor dem König neigte. Mit den Äbten und Herrn aus dem südlichen Reiche waren auch der Zähringer Konrad und der Erzbischof Aimerich von Besançon um den Supplinburger versammelt; es schien, als solle nun, seit er im Schmuck der Krone den Dom der Salier betreten, sein Name immer herrlicher aufstrahlen über dem lange verdunkelten Reiche. Denn der Prälat aus Besançon versprach, Lothars Sache jenseits des Jura zu dienen, den bisher der Zähringer nicht hatte überschreiten können; und auch in Niederlothringen, wo der König, wie in Oberlothringen, einen ihm ergebenen Herzog statt eines aufsässigen eingesetzt, stieg sein Ansehen: Walram, der von Lothar belehnte, hatte, noch während der König vor Speyer lag, im Bündnis mit dem frommen Bischof von Lüttich die kirchenschänderischen Feinde vor der Burg Duras bei Saint-Trond, zwischen Lüttich und Löwen, blutig niedergeworfen, so daß viele glaubten, Gottes Richterstimme zu vernehmen über dem leichenübersäten Feld, und Walram wenigstens den östlichen Teil seines Herzogtums behaupten sollte. Unter der Kraft des königlichen Namens und Amtes schien das Leben an den Rheinufern ruhiger hinzufließen; sogar der lange grollende Erzbischof Friedrich von Köln hatte sich auf dem Hoftag zu Corvey wieder an den Platz zur Seite des Thrones begeben, den seine Würde ihm anbefahl. Wie in Zeiten gesicherter Ordnung konnte der Rheinstrom Gebet und Glockenklang zu Ehren König Lothars von Münster zu Münster und zum Dome der Erzbischofsstadt weitertragen.

Aber während der Westen stiller wurde und nur die Grenzwächter kämpften an den gleichsam unter den Atemzügen des Reiches sich verengenden oder erweiternden Grenzen, flackerte es im Osten von geheimnisvoller Erregung und Auflehnung; der König, der lieber ein Schlichter gewesen wäre, wurde als Richter gerufen. Denn es war, als lebte das Bewußtsein des Rechts nur im obersten Herrn und seinem Amte, nicht in Fürsten und Bürgern; so trat Lothar aufgebrachten Sinnes zu Quedlinburg in die Mitte der zusammengerufenen Fürsten, um Gericht zu halten. Zwar konnte er seinem Bannerträger Heinrich Raspe kein Recht mehr schaffen; er war von Meuchelmördern niedergestoßen worden, und niemand wußte den Schuldigen zu nennen, als sich das Grab über ihm schloß im Waldkloster Reinhardsbrunn. Doch der Thüringer Landgraf Hermann von Winzenburg entging dem Zorne seines Fürsten nicht; er hatte Burchard von Loccum, den treuen erfahrenen Rat des Königs, mit dem er verfeindet war, zur Unterredung auf einen Friedhof bestellt und dort, auf geweihtem Grund, der den Loccumer hätte schützen sollen, diesen schändlich erschlagen lassen. Nun wußte er seine Schuld an Mord und Frevel nicht zu verbergen; die Reichsacht fiel auf sein Haupt, er verlor Rang und Besitz, und Kriegsscharen ritten aus, seine Burgen zu brechen. Auch Markgraf Albrecht von der Lausitz ward bezichtigt: seine Leute hatten den Grafen Udo von Freckleben aus dem Geschlechte der Grafen von Stade, den Verwalter der Nordmark, im Kampfe erschlagen; zwar konnte

Albrecht den Fürsten beweisen, daß dies in der Verteidigung der Burg Aschersleben geschehen war, die der Erschlagene überfallen hatte, aber der König verlieh die seit langem von Albrecht begehrte Nordmark dem tapferen Grafen Konrad von Plötzkau an Stelle des Ballenstedters. Denn wie hätte dieser Erbe dessen werden dürfen, den seine Leute getötet? Zu spät bereuten es die Bürger Halles, daß sie, vom bösen Geist der Empörung befallen, Albrechts Mutter, die Billungerin Eilika, mit dem Tode bedroht, einige Edelleute ihrer Gefolgschaft ermordet hatten; der furchtbar ergrimmte König sandte Kriegsleute in die wehrlose, vor Entsetzen erstarrende Stadt. Das Richtschwert blitzte über den Häuptern der Schuldigen auf dem Markte; andere wurden durch die Verstümmelung ihrer Gesichter zu lebendigen Denkmälern des Frevels und der verhängten Sühne gestempelt; wer verschont wurde, mußte mit hoher Summe des Königs Verzeihung erkaufen. Auch die Bürger Magdeburgs hatten ihren Erzbischof Norbert, der vom Eifer um des Herrn Haus verzehrt wurde, unter Glockenschall vertrieben und ihm noch auf den festen Turm, wohin er sich geflüchtet, schwirrende Pfeile nachgesandt. Wie aber sollte das Reich bestehen, wenn Einsicht und die Verpflichtung, ein Vorbild vorzuleben, in den Oberen schwand und das Bewußtsein unverrückbarer irdischer Grenzen in den Unteren! Und wie hätte es der

König nicht fühlen sollen, daß alle Empörung böse ist, nun, da er in so manchem Aufrührer und Verächter bestehender Ordnung nach dem Willen Gottes sich selbst begegnen und sich selbst bestrafen mußte! –

Selten nur hatten die Schreiber Gelegenheit, auf den Urkunden ihres Herrn den Namen der verehrten Königin zu vermerken, und so ist sie, auf die Weise so vieler stiller, im geheimen wirkender Mächte, denen gewiß nicht der geringste Anteil an der Geschichte gehört, wieder unsichtbar geworden. Wer aber den gealterten König zu erblicken vermag als Beter im Dom oder zürnenden Richter im Kreis der Fürsten oder als beharrlichen umsichtigen Kriegsmann im Feldlager, der wird auch die Frau an seiner Seite erkennen. Sie hatte ja ein reicheres Erbe an fürstlicher Art, an geheimnisvollem Wissen der Fürsten empfangen als der Gatte, den das Amt erst erhob; die Milde des Vielerfahrenen, der allen Wandel der Welt gesehen, aber doch keinen tieferen als den in ihm selber geschehenen, paarte sich mit der Milde der Frau, die schwerlich nach ihrem Glücke getrachtet hatte, als sie mit dem viel älteren Manne verbunden ward und doch ihm und seiner Bestimmung mit allen Kräften eines frommen großen Sinnes angehörte. Wo ihrer gedacht wird, da immer als einer Fürsprecherin, Beterin und demütigen Stifterin. Sie mag zu Beginn des Jahres 1129, als die Glückswende bevorstand, die eilige Reise mit erduldet haben von Straßburg nach Sankt Elten bei Nymwegen. Das Rheintal starrte von Schnee und Eis, und dann sandte der Februar seine Stürme voraus; nach zwölf Tagen schon hatte das Paar und das geringe Fürstengeleite, mit Wind, Wetter und den schlimmen Wegen kämpfend, Sankt Elten erreicht. König und Königin beteten in der Kirche des heiligen Veit, die der Bischof in Gegenwart des Herrscherpaares weihte; danach eilten Lothar und Richenza zurück nach Köln. Dort bat der Abt Gerhard des Klosters Sankt Pantaleon, ihm einen Weinberg zurückzugeben, den der kaiserliche Beamte als einstmals kaiserliches Gut eingezogen hatte. Richenza bat für den Abt, und so gedachte der König ihrer in der Urkunde, die jene Bitten erfüllte: auf die Verwendung «unserer süßesten Gemahlin Richenza» sowie des Bischofs von Halberstadt und Vizedoms von Hildesheim und zum Heil «unserer Seele und unserer geliebten Gemahlin Richenza» erneuerte der König die Schenkung. Der König liebte es, die Festtage mit einem frommen Werke zu feiern. Als er am Pfingstfest desselben Jahres die Klosterkirche des heiligen Servatius in Quedlinburg weihen ließ, mochte die Gattin mit ihm den Segen der Bischöfe empfangen – verbindet doch gemeinsam empfangener Segen die Menschen noch tiefer als Gelöbnis und Pflicht; sie stand neben dem Gatten vor den Mauern Speyers und leistete dem Bischof von

KAISER LOTHAR III.

KAISERIN RICHENZA

Straßburg Fürsprache. Früh hatte sie ihre Tochter Gertrud dem welfischen Eidam anvertrauen müssen; Gott hatte ihr und ihrem Gatten keinen Sohn geschenkt, doch die Armen nannten sie ihre Mutter. Wo die Mönche Speise austeilten an den Klosterpforten, frosterstarrte Wanderer sich wärmten und unter schützendem Mantel, gestärkt von Trost und Speise, ihren schweren Weg wieder antraten, da wurde ihrer gedacht mit Worten und Gebeten, die kostbarer sind, aber freilich auch flüchtiger als die Dokumente der Taten; leuchtete die Liebe doch über den harten Straßen jener streitdurchtobten, vom Herrn nicht aufgegebenen Welt. Aber das Gewesene ist um Unendliches reicher und größer als das Geschehene und im selben Maße auch verborgener; es ist zum größten Teil der Bezirk der Frau, und wie das Gebet, dessen Wirken kaum bemerkt wird und dessen Verstummen doch allen Glocken ihren Klang nimmt und den Stimmen der Menschen ihren Ton, so auch erfüllt das Dasein der Frau die Geschichte. –

Jetzt drangen Heinrichs des Stolzen Kriegsleute endlich in die feste Burg Falkenstein, wo der aufständische Regensburger Domvogt Friedrich von Bogen dem Herzog lange getrotzt hatte; böhmisches Kriegsvolk, das der hilfsbereite Sobeslaw durch Fährnisse herangeführt, stürzte in Regensburg die starren Türme aufständischen Stadtadels und räucherte die Nester und Schlupfwinkel der Rebellen im Umkreis der Donaustadt mit rohen Händen aus. Der König eilte nach Süddeutschland. Er umzingelte Nürnberg, dessen Bürger ihn einst von ihren starken Türmen geschmäht und mit Hohn in die Flucht geschlagen hatten; das Halseisen, das Lothar der Stadt umlegte, sollte diese Reue und Besinnung lehren, während der König in Regensburg sich mit den versammelten Fürsten besprach, seinem Eidam und dem frommen Otto von Bamberg, dem Bischof Hermann von Augsburg, einem mißgestalteten Manne, dem Lothar nicht traute, dem treuen Sobeslaw und so manchem geistlichen und weltlichen Herrn Bayerns und der angrenzenden Marken, die wohl fühlten, daß ein neuer starker Königsname aufgehen sollte über dem Reiche. Denn wie zu allen Zeiten ein unverrückbares Gesetz sich bewahrheitet im Handeln und Wirken der Menschen, indem es den Vermessenen zwingt, sich auf Schritt und Tritt das eigene Gericht zu bereiten: so schien es auch mit den Staufern sich ereignen zu sollen. In Nürnberg hatte sich Konrad feiern lassen als König, er war nach Italien gezogen, geblendet vom Glanze der falschen Krone, und konnte darum dem Bruder keine Hilfe leisten, als dieser Speyer zu entsetzen suchte; und da Lothar wieder ins Lager vor Nürnberg trat, hatten die Verteidiger wohl manchen tapfern Ausfall gemacht, doch hatten die Wächter vergebens nach der staufischen Kriegsmacht Ausschau gehalten, die den würgenden Halsring hätte lockern oder zersprengen können. Die Tore taten sich auf, und der Supplinburger gebot fortan auf dem steilen Burgberge, in der Pfalz der Salier.

Indessen drang die Nachricht aus Italien herüber, daß dort der Gegenkönig vergebens zwischen den Städten umherziehe und um Gefolgschaft oder Unterstützung bettle. Der Bannfluch des Papstes flog ihm voraus und verschloß ihm die Herzen der Menschen. Stürmisch hatten ihn die Italiener empfangen in der Hoffnung auf seinen Triumph; ebenso rasch kehrten sie sich ab, als dieser ausblieb und der Gegenkönig unter Beteuerungen und Versprechungen seine Forderungen stellte. Er erschien vor den Burgen Toskanas, in die er einzuziehen gedachte als Erbe der Salier; aber die Burgherren wollten von solchem Anspruch, von solchem Oberherrn nichts wissen; starr, mit festgeschlossenen Toren, von Waffen blitzenden Zinnen, wiesen die Burgen den Staufer ab. Die Mailänder waren der eigenen Unterwürfigkeit überdrüssig geworden und empfingen den Zurückkehrenden so kalt, daß er sich in ihren Häusern und Straßen nicht mehr sicher fühlte und sich in Parma barg. Längst konnte er nicht mehr daran denken, die Ewige Stadt zu erreichen; ja, er mußte froh sein, wenn es ihm gelänge, noch über die Alpen zu kommen, bevor er, fern seinem Hause und Lande, in Italien verdorrte wie ein abgerissener Zweig; denn dieses Schicksal hatte Kaiser Heinrichs IV. Sohn, der denselben Namen getragen, erlitten. Gold und Brot wurden knapp, schon lungerten Konrads Leute als Schnapphähne an den Straßen; als es ihnen glückte, den nach Rom ziehenden Erzbischof von Trier abzufangen, konnte der Staufer seinen parmensischen Gastfreunden den Kirchenfürsten für sechshundert Pfund verhandeln, um wenigstens seine Schulden zu bezahlen und noch einen Reisepfennig zu seiner falschen Krone zu legen. Freilich klebte auch daran ein Fluch; der Erzbischof hatte den Staufer gebannt, und er nahm den Bann gewiß nicht zurück, als er, von Gram und Erbitterung zerrüttet, in der Gefangenschaft starb.

Offenbarer Segen ruhte auf dem Supplinburger, dem Manne, der in unbeugsamem Eigenwillen durch lange Jahre den Frieden des Reiches gestört und danach, in den fünf Jahren seiner Herrschaft, in ruheloser Mühe alles tat, was er vermochte, um diesen Frieden wieder zu begründen. Nicht in leuchtendem Sieg hatte er sich über die Fürsten erhoben, sondern durch die Stetigkeit seines Wirkens; Umsicht und das Vertrauen auf seine Bestimmung hatten ihn stärker gemacht, als es das Schwert je vermocht hätte. Ihm dienten die Bischöfe des Reiches, wie sie einst dem Stifter Magdeburgs gedient, dem er in Demut näherzukommen hoffte, dessen Verfügungen er sich gerne anschloß; was ihm die Vorgänger nach zerstörendem Streit mit der Kirche noch an Recht hinterlassen, das hatte er zu behaupten gesucht und meist auch behauptet, ohne aufs neue darum zu streiten. Denn Recht will eingepflanzt werden und wurzeln, es dauert nur, wo stillem Wachstum vertraut wird. Fanden die Suffragane sich zur Wahl eines Oberhirten ein, so waren auch der König oder sein Vertreter zur Stelle, und selten betrat ein Seelenhirte seinen Dom, der dem König nicht erwünscht war, ja, mit dem Lothar sich nicht verbunden wußte durch die starken menschlichen Bande der Liebe zu Ordnung und Gesetz. Lothar reichte dem Erwählten das Zepter weltlicher Herrschaft, eh der Metropolit ihn weihte, und verpflichtete ihn so dem Reiche, dessen Seele die Kirche war. Wurden die Wähler uneins, so schlichtete der König den Streit kraft der Oberhoheit seines Willens. So konnten seine Gedanken, langsam frei werdend von den drückendsten Sorgen, sich in weitere Räume erheben und der gesamten Christenheit zuwenden, in deren Mitte der Beherrscher Deutschlands unabänderlich stand; wie sein Herzogtum im Reiche, so mußte das Reich in der Christenheit stehen als deren stärkste verantwortliche Kraft. Nüchterner als mancher seiner Vorgänger, aber eben darum mit frömmerem Sinne mochte der König die kaiserliche Krone erblicken als Ziel eines unerläßlichen Wegs; war doch der Aufstieg zum höchsten

Thron der Christenheit im Amte beschlossen, das, von den stärksten, eigensten Kräften des Volkes getragen, auf die Welt gerichtet war; entfalteten doch diese Kräfte sich am schönsten unter solchem Dienst, so wie ja auch der Sachsenherzog milder, gerechter, weiser wurde, je höher er stieg! Und endlich hatte vor langen Jahren schon der Erzbischof nach der Wahl Gott gebeten, daß er den Erkorenen zum Kaiser erhebe. Und wie hätte Lothar, dessen Blicke sich niemals abwendeten von den unsteten Völkern des Ostens, die geheime Macht des kaiserlichen Namens entbehren können! Ruhte in diesem Namen doch, sooft er auch mißachtet wurde, jene Hoheit, deren die Welt am dringendsten bedarf! Doch nur wenig lag im Willen der Könige, das wußte er wohl; die Krone hatte eine Stimme, die nur in die Ohren ihrer vorbestimmten Träger drang; sie hatte alle seine Vorgänger gerufen und in die gefährliche Ferne gezogen, wo die schwerste Bewährung von ihnen gefordert wurde, und sie würde auch ihn rufen, den bestellten Schlichter und Ordner dieser ruhelosen Welt.

Zwei Päpste

Während der Kaiser die schadhafte Stadtmauer der Christenheit nach besten Kräften ausbesserte, zuckte das Feuer empor in der heiligen Mitte der Stadt auf dem römischen Hügel, wo die Kirche stand. Dort schlug dem Papste Honorius II., einem kranken, von den Geschäften der Welt verbrauchten Manne, eine unruhige Sterbestunde im Lateran. Er hatte sich sein Leben lang darum bemüht, Frieden unter den streitsüchtigen Menschen zu stiften, und keiner seiner gleichgesinnten Vorgänger erlebte einen glorreicheren Tag als den, da der spätere Papst als Kardinal Lambert von Ostia im Dome zu Worms feierlich die Messe las und dem auf den Rheinwiesen versammelten Volk verkündet wurde, daß der Friede zwischen Kaiser Heinrich V. und dem Stuhle Petri geschlossen sei. Daß das Konkordat die großen Gegner nicht versöhnte, sondern einen jeden nur aufatmen ließ auf dem Kampfplatz, ehe er mehr gewinnen, mehr verlieren würde, wer hätte es an jenem Festtage glauben wollen?

Gebot aber einmal Friede in der Welt, so doch nicht in Rom. Denn als nach dem Tode des fürstlichen Papstes Kalixt II. in der Kirche San Pancrazio Kardinäle und Adlige versammelt waren, um einen Nachfolger Petri zu bestellen, drohten Staat und Kirche mitten auseinander zu bersten. Schon war Theobald, der Kardinalpriester von Sant'Anastasia, mit dem Purpurmantel bekleidet, der seinen Träger mit dem Schimmer übernatürlicher Hoheit umhüllte; schon hatten Theobalds Anhänger, die Kardinalpriester und die Angehörigen des mächtigen, dem Stuhle

Petri dienenden Hauses Pierleoni, die Hymne *Te Deum laudamus* erschallen lassen, und auch einige Kardinalbischöfe hatten zögernd mit eingestimmt – da gellte die Stimme Robert Frangipanis, des Feindes der Pierleoni, dazwischen: Lambert von Ostia sei Papst, rief Robert aus der Mitte der um ihn gescharten Kardinäle, während seine Bewaffneten zum Lateran stürmten und mit dem uralten Sitz der Nachfolger Petri auch ein Recht gewaltsam an sich brachten. Im Streit der Parteien, unter dem Klirren der Waffen in den Straßen Roms hatte der Friedensstifter von Worms den Stuhl des Apostels bestiegen, im Streit sollte er wieder von ihm herabsteigen. Denn selten nur und eigentlich niemals verzeiht es die Welt, daß sie aus ihrem Geleise gestoßen worden ist: sie rollt beharrlich an die alte Stelle zurück, und eine jede Gewalttat will wiederholt werden, bis der Kern des Bösen verzehrt ist. So meinten auch die um Honorius versammelten Kardinäle, und namentlich Aimerich, der tätige Kanzler der Kirche, daß im Lateran wohl ein Sterbender vom Herrn seines Dienstes ledig gesprochen werden könne, daß jener aber nicht genüge, um die Kirche zu schützen, die bis ans Ende der Zeiten ihres Dienstes nicht entledigt wird. Eilig, unter dem Schutze Gewaffneter, ließen die Kardinäle ihren Oberherrn durch die unruhigen Straßen nach dem Kloster San Gregorio am Hange des Cälius tragen, in dessen starken, von Festungswerk geschützten Mauern einst der vielbedrängte Papst Paschalis II. sich geborgen. Volk und Mächtige wußten längst, daß der Papst im Sterben liege und der Streit im Augenblick seines Todes wieder ausbrechen werde; so konnte Honorius, während die Träger mit ihm durch die Straßen hasteten und dann, gegenüber dem von Trümmern, Kirchen und Festungstürmen bedeckten Palatin, den Klosterhügel erstiegen, einen letzten Blick tun auf den unheilbaren Streit der Welt, die alle Friedensbrecher richtet, aber die Friedfertigen fast niemals belohnt. Zwar fanden sich im Kloster die Häupter beider Parteien ein, die in der Stadt einander auf den Türmen, den Triumphbogen und Tempeln der Vorzeit belauerten; Petrus Leonis, der Kardinalpriester von Santa Maria in Trastevere, erschien als Haupt seiner zahlreichen Brüder, in deren Händen die gewaltige Geld- und Kriegsmacht des Hauses Pierleoni sicher ruhte. Er führte zugleich die Stimmen der Kardinalpriester und Diakonen, die seit langem darum kämpften, das von Papst Nikolaus II. den Kardinalbischöfen überantwortete Recht der Papstwahl an sich zu reißen. Ihm widersetzte sich schon in den ersten langen Gesprächen am Sterbebett des Papstes der Kanzler Aimerich, eisern entschlossen, auch dieses Mal die Stellung der Kardinalbischöfe zu behaupten, und in solchem Vorsatz gestärkt durch das Haupt des Hauses Frangipani und das Vertrauen auf den sittenstrengen Kardinaldiakon von Sant'Angelo; denn diesen beabsichtigte der Kanzler auf den Thron des Apostelfürsten zu erheben.

Wer wußte es nicht, daß Petrus Leonis dürstete nach dem Stirnreif des römischen Bischofs? In seiner Wiege schon sei er für diesen von seinem ehrgeizigen Vater bestimmt worden: dem mächtigen Schatzmeister der Päpste und Konsul der Römer, der sein aus der Tiefe des Gettos emporgekommenes Haus auf Kapitol und Lateran zu verpflanzen strebte. Gegenüber dem dunklen Gassengewirr jenseits des Tibers, wo die Pierleoni entsprungen waren, prangte ihr springender, geschachbretteter Löwe an zahllosen Türmen; diese zogen sich zwischen Kapitol und Tiber am Ufer wie aufgestellte Lanzen hin und umkränzten das ungefüge Halbrund des Theaters des Marcellus, die Hauptfestung des Geschlechts, die den Kopf der auf die Tiberinsel führenden Brücke schützte. Von dort ging die Straße an der ehrwürdigen Inselkirche Kaiser Ottos III. vorüber in die finstere Judenstadt, über die der Sohn des vielerfahrenen Finanzmanns als Kardinal von Santa Maria triumphierte; wohl war das Geschlecht, seit es dem Papste Gregor VII. in dessen segenslosem Kampfe mit dem Kaisertum unschätzbare Hilfe geleistet, über alle Stufen der Macht sicher emporgestiegen, die beschmutzten der Tiefe, und die reineren, wo die Macht mit Amt und Pflicht den Strebenden wieder einfordert; ja, die Pierleoni hatten sich mit edlen Geschlechtern verbunden, denen es kein zu großes Opfer dünkte, ihre Töchter als Gattinnen der Getauften in deren prächtige Paläste zu senden. Freilich hatten sich die Söhne des Petrus Leonis auch damit nicht den natürlichen Adel edlen Blutes erworben, der den benachbarten Papareschi eigen war; der große Machtbereich der Getauften und der geringe des edlen Hauses grenzten aneinander; in Trastevere standen die Türme der Papareschi, und bald sollte ihr Sohn, der Kardinal von Sant' Angelo, dem Sohne des Nachbargeschlechtes auf dem größten Schauplatz entgegentreten.

In dem vom Volke umdrängten Kloster am Hange des Cälius trafen die streitenden Parteien in langwierigen hitzigen Unterredungen über Form, Zeit und Ort der bevorstehenden Papstwahl aufeinander. Mit geringem Erfolg bemühte sich eine Mittelpartei um Ausgleich, doch selbst während dieser ermüdenden Verhandlungen blieb der Kardinal von Sant' Angelo besonnen und heiter; er lächelte mitunter beim Reden, und die Menschen liebten ihn um dieser heiteren Ruhe willen, die eine fromme Seele bezeugte. Beschattet von dunklen Leidenschaften, von tiefer und vielfältiger Erfahrung gezeichnet war das Gesicht des Petrus Leonis, des Kardinalpresbyters von Santa Maria. Düstre Gerüchte waren über ihn verbreitet, und seine Widersacher erinnerten sich ihrer jetzt, da dieser Mann es offen wagte, nach der Krone des sterbenden Honorius zu greifen. Er habe, so wurde erzählt, in seiner Jugend, nachdem er sich auf der Schule zu Paris und unter der Gunst des französischen Königs herangebildet, einmal den Wunsch geäußert, die Trümmer eines Klosters zu betrachten; auf die Frage nach dem Grunde dieses ungewöhnlichen Verlangens habe er geantwortet: «Ich fordre es, weil mich die Zerstörung alles Großen ergötzt und mir vorhergesagt ist, daß ich die Zerstörung des Erdkreises herbeiführen werde.» Und viele mochten ihn so sehen, wie er vor den Trümmern stand, angezogen vom Verfall, als dessen vorbestimmtes Werkzeug er sich fühlte, und träumend von den ungeheuren Trümmern der Kirche. Er sei auch, obwohl er in dem Kloster Cluny das Mönchsgewand genommen, früh schon als der Antichrist angesehen worden und habe sich diesen Namen mit einer geheimen, flackernden Freude gefallen lassen. Vielerart waren die Laster des zum Kardinal und Legaten für Frankreich und England erhobenen Wucherersohnes, die man sich zuraunte: in unerhörtem Prunk sei er durch die Tore der Erzbischofsstadt Canterbury gezogen, drei Tage habe er dort gefeiert wie ein Fürst, dann aber nur wenig ausgerichtet bei dem hitzigen, eigenwilligen König Heinrich I., dem Sohne des Eroberers. Er liebe die ausgesuchtesten Gerichte, denen er, um sie seinen teuflischen Gelüsten noch schmackhafter zu machen, Weihrauch beimische, und unersättlich wie der Kitzel seines Gaumens sei auch seine fleischliche Begier, in deren Ausmalung die Feinde des Kardinals sich keine Hemmungen auferlegten, mochten sie nun von dem jungen Mädchen in Knabenkleidung erzählen, das Pierleoni mit sich führe, oder von unsäglichen Verbrechen, denen er in unstillbarer Leidenschaft fröne. Daß er um solchen Begehrens willen, aber auch aus angeborenem, im Grunde ziellosen Triebe Gold und Juwelen erraffe und zusammenhäufe, wann immer sich eine Gelegenheit biete, dies gehörte zu den Gerüchten, die vielleicht am schwersten zu widerlegen waren; und wie die einen Menschen umgebende Meinung doch im Zusammenhang mit diesem steht und einen Teil seines Wesens ausmacht, darin dem Schatten vergleichbar, der auch zum Menschen gehört und doch nur dessen unzulängliches Abbild ist, so deuteten diese Gerüchte Wille und Wesensart des undurchschaubaren Mannes an; sie ließen zum wenigsten die dunklen Mächte seiner Natur erkennen, wenn auch keineswegs die überwindende menschliche Kraft, der die dunklen Mächte zur Aufgabe gesetzt werden.

Zunächst freilich sollte sein leidenschaftlicher Eifer, das schon vom Vater bezeichnete, während zweier Leben mit glühender Beharrlichkeit verfolgte Ziel zu erreichen, nicht befriedigt werden. Der Kanzler hatte ihm und seiner Partei bereits einen schweren Nachteil zugefügt, indem er den sterbenden Papst nach San Gregorio hatte bringen lassen und dadurch die Vorberatungen gleichfalls in das Kloster verlegte, das unter Schutz und Vormacht Frangipanischer Türme stand. Denn die gegeneinander springenden Löwen, die ein Brot in den Pranken hielten, das Wappen der «Brotbrecher», kennzeichneten die lange Sperrkette von Türmen, die vom Hange des Cälius und des Palatins bis zum Titusbogen und Forum geschlungen und in der Riesenbastion des Kolosseums fest verankert war; und wie beide Parteien in der Hauptstadt der Christenheit ihren festen Standort hatten – die Pierleoni an Straßen und Brükken, die zum vatikanischen Hügel führten, die Frangipani auf dem Kaiserberg, den Triumphtoren darunter und in andern Bauten der Kaiser –, so hatten die Geschlechter auch auf dem Feld der Geschichte ihre Stellung gewählt: die Pierleoni neben der Kirche Gregors VII., dem sie ihren Aufstieg verdankten; die Frangipani, als ihre Gegner, notwendig neben der Kaiserpfalz.

Schritt um Schritt drang Aimerich vor, der wohl wußte, daß nur rasches, entschiedenes Handeln ihn gegen die an Zahl und Mittel stärkeren Gegner in Vorteil setzen konnte. Er erreichte es, daß die Vorverhandlungen über die Wahl noch zu Lebzeiten des Papstes durchgeführt wurden, daß das Kollegium die

Wahl auf einen Ausschuß von acht Mitgliedern übertrug und diese auch sofort gewählt wurden, wobei eine jede der drei Rangordnungen ihre Vertreter stellte: zwei die Kardinalbischöfe und jeweils drei die Kardinalpriester und Kardinaldiakonen; Pierleoni und Gregor, die beiden Kandidaten, waren unter die Gewählten gerufen worden, ein jeder nach seiner Ordnung. Als der Bischof von Präneste zugunsten der Partei des Kanzlers, die noch immer auf Sicherungen bedacht war, den Antrag stellte, daß ein jeder, der die Beschlüsse des Wahlausschusses mißachte, dem Banne verfallen solle, erhob Petrus Leonis beteuernd seine Hände: nimmer werde seinetwegen der Kirche ein Ärgernis erwachsen, lieber wolle er in den Abgrund der Hölle verstoßen werden. Endlich ward auch über den Wahlort beraten, und wieder errang Aimerich einen Sieg: die Kirche Sant' Adriano, wo sich die acht Wähler angesichts des ganzen Kollegiums versammeln sollten, lag neben dem Bogen des Septimius Severus, über den Säulenstümpfen des Forums und nahe den Frangipanischen Türmen. So ward alles bestimmt, was geschehen sollte, wenn der mit dem Tode ringende Papst die Ruhe im Grabe gefunden hätte; nur wenige Kardinäle mochten hoffen, daß unter so bedrohlichen Umständen der heilige Petrus selbst seinen Amtswalter aufrufen werde, wie dies, nach frommem Glauben, in früherer Zeit geschehen war. So ungewöhnlich auch die Bildung des Wahlausschusses war, so wollten doch die Kardinäle die Bestimmung des Kanons achten, daß ein neuer Papst nicht gewählt werden dürfe, ehe das Grab seinen Vorgänger umschloß.

Unter erbittertem Widerstand zäher Gegner wurden die Beschlüsse gefaßt, und so mancher unter den Kardinälen, wie der rechtliche, noch immer auf Vermittlung bedachte Petrus von Pisa, mochte mitunter auf die ungeduldigen Drohrufe der Volksmenge vor den Mauern lauschen oder des angstvoll flackernden Lebenslichtes im nahen Sterbezimmer gedenken, dessen Erlöschen Kloster, Stadt und Christenheit in die furchtbarste Erregung versetzen mußte. Denn die Kriegsknechte der verfeindeten Geschlechter warteten draußen auf allen Türmen und Bastionen nur auf das Zeichen zum Kampfe, das Volk auf den Augenblick, wo die verhaßte Fessel der Ordnung zerrisse; niemals würde die unterlegene Partei der anderen ihren Sieg verzeihen. Und endlich mußte gerade das Zurückweichen des Petrus Leonis in seinen Gegnern, aber auch in Vertretern der Mittelpartei einen schlimmen Verdacht erwecken: hörte jener nicht mit einer heimlichen Freude auf die herauffschallenden Drohrufe der Menge, aus denen schon sein Name als des vom Volke gewünschten Papstes herausgellte; war er, kraft des weithin ausgestreuten Geldes, nicht der Herr der draußen kläffenden Meute? Die getroffenen Maßregeln schienen den

Kardinälen noch nicht auszureichen, so entboten sie die waffenklirrenden Häupter der beiden Geschlechter, Leo Pierleoni und Leo Frangipani, vor sich und forderten ihnen den Eid ab, daß sie die Papstwahl nicht stören, dem Erwählten sich beugen würden. Der Eid wurde geleistet, aber was galten solche Schwüre in Rom, wo eine jede Partei ihr Recht hatte und diesem allein verpflichtet blieb, ungeachtet der Versicherungen, die ihnen die Welt abnötigte?

Denn als zwei Kardinäle zur Kirche Sant'Adriano gingen, die, wie so manche Kirche Roms, in Festungswällen steckte, und von dem Verteidigungswerk und dem Heiligtum Besitz nehmen wollten, traten ihnen zwei Bischöfe entgegen, um sie daran zu hindern. Streit entspann sich, noch schlimmerer Streit schien zu drohen, so daß die Ausgesandten ohne Schlüssel umkehrten und auf die Nachricht von diesem Zwischenfalle die Gegner des Kanzlers wie auch die vorsichtigeren und ängstlicheren Mitglieder des Kollegiums in der Furcht vor einer Vergewaltigung beschlossen, sich zunächst der Wahl fernzuhalten, und das Kloster nicht mehr betraten. Dort heulte das Volk noch immer vor den Mauern; und als Furcht oder Ungeduld, vielleicht auch deutlicher redende Stimmen den Harrenden ins Ohr flüsterten: sie würden zu Narren gehalten, der Papst sei tot, und die Kardinäle beabsichtigten, das Volk um sein altes Zustimmungsrecht zu betrügen, da stürmte die

Menge ungeachtet der sperrenden Kriegsknechte unter Wutschreien gegen das Tor, während schon Steine an die Mauer flogen. Doch in diesem Augenblick, da den Kardinälen im Kloster schändliche Mißhandlung bevorstand, erschien der Totgesagte am Fenster: ein blasser, vom Entsetzen vergeisterter Greis, der sich auf zwei Prälaten stützte und die todmüde Hand langsam erhob, um noch einmal die Gebärde des Segnens auszuführen, wie er sie so oft während seines mühebeladenen Lebens und endlich immer vergeblich über den Menschen gemacht. Viele schraken zusammen, als habe sich Übernatürliches begeben; andere fielen auf die Knie, von der doppelten Gewalt des Segens berührt, den der höchste Priester der Christenheit vom Hochufer des Jenseits ihnen spendete.

So wurde es stiller vor dem Kloster, indessen die Nacht herabsank und draußen in der weiten Trümmerstadt die Wächter auf den Türmen angespannt lauschten – und wie die Wende des Lebens und Schicksals am liebsten auf leisen Sohlen kommt und sich in gleicher Weise den Ohren der Wächter wie der Chronisten entzieht, weil das Stille und Unsichtbare, die dem Herrn gehörende Seele des Menschen, endlich doch in der Nabe des Schicksalsrades verborgen ist und um sie sich alles Irdische bewegt, so sollte es auch jetzt geschehen: das Leben des Greises verflakkerte in der Nacht, ohne daß sich die Stunde bezeichnen ließe, in der es geschah, oder gar die unerhörte Last des Kummers und der Unruhe ermessen werden könnte, von der Papst Honorius II. erlöst wurde. Er hatte den Frieden gewollt und dennoch heillosen Streit entfacht, als ihm der Ring des Fischers an den Finger gesteckt und als ihm der Ring wieder abgestreift wurde. Sofort ließ der Kanzler das Sterbezimmer verschließen, eine Grube im Klosterhof aufwerfen, dann wurde der kaum auf seinem Lager erkaltete Tote unter Nichtachtung seines hohen Ranges von Laienhänden ohne Bahre hinausgetragen und ohne Gebet und Segen in die Grube gelegt; sie zu verschließen war keine Zeit. Denn schon hatte Aimerich, der auf diese Weise den Buchstaben des Gesetzes erfüllt, daß die Papstwahl nicht erfolgen dürfe vor dem Begräbnis des Vorgängers, die im Kloster anwesenden Kardinäle in die Sakristei gerufen; es mochte gegen ein Dutzend seiner treuesten Anhänger sein, kaum ein Drittel des Kollegiums, und auch diese vermochten den Wahlausschuß nicht darzustellen, da Petrus Leonis und der Kardinaldiakon Jonathas von Santi Cosmä und Damiani, dessen unentwegter Gefolgsmann, fehlten. Der Kanzler rief Gregor von Sant' Angelo zum Papste aus, und keiner der Anwesenden widersprach; schon ergriffen die Kardinäle den Purpurmantel, ihn dem Erkorenen um die Schultern zu breiten, aber dieser, in der erschütternden Erkenntnis, daß nicht klares Recht war, was hier geschah, und daß die heilige Würde, wenn er sie auf diese Weise annehme, sein ganzes Leben einfordern, ja ihm zum Gericht werden müsse, wehrte auf das heftigste ab. Er flehte, erklärte seine völlige Unwürdigkeit, bat auf das dringendste, während ihm die Tränen aus den Augen stürzten, einen besseren zu wählen um der Kirche und um seinetwillen. Doch die Kardinäle ließen nicht von ihm ab. Sie bewiesen ihm mit vielen Gründen, daß er die Kirche schützen müsse vor der Entweihung durch einen Unwürdigen, daß sie allein geschützt werden könne durch dieses sein priesterliches Opfer. Und ob ihn die Gründe auch nicht völlig überzeugen mochten, so bezwangen sie ihn doch. Er fügte sich und duldete den Purpurmantel auf seinen Schultern. Und vielleicht, um in sich selbst das Bewußtsein der Unschuld zu erzeugen und zu bestärken, dessen er bedürfen würde, und im Vertrauen auf die Magie des Namens nannte er sich Innozenz, als der zweite, der diesen Namen zu Ehren bringen sollte.

Aber halbes Recht will ewig ein ganzes werden und vermag es nicht; es bemächtigt sich mit Eifer aller erreichbaren Insignien, die doch nur Ausdruck des Rechtes sind und dieses so wenig schaffen, wie die geraubte Krone einen Dieb zum König macht. Noch in den Morgenstunden, nachdem eine Kriegsschar der Frangipani vor dem Kloster erschienen war, wurde der Tote aus der Grube gerissen; dann eilten die Kardinäle hinter dem vorangetragenen toten Papst, und den neu erwählten in ihrer Mitte führend, zum Lateran.

Was die Zeit noch an Zeremonien zu vollziehen gestattete, das wurde in Eile erfüllt. Honorius wurde nun an der Ruhestätte seiner Vorgänger bestattet; vor dem rasch versammelten Volke wurde Innozenz II. zu dem erhöhten Marmorsessel in der Apsis der Basilika geleitet, dem Patriarchensitze der Christenheit. Während das *Te Deum laudamus* die Kirchenhalle erfüllte, küßten die Geistlichen dem Thronenden den Fuß, dann reichte der Herabgestiegene ihnen den Friedenskuß. Und da Wesen und Ausdruck der Hoheit untrennbar verbunden sind in der Gestalt der Kirche, so bewegte der Zug sich zum Palast; an dessen Eingang, vor dem Oratorium des heiligen Silvester, harrten die zwei Porphyrsessel des Erwählten, der sich auf ihnen niederlassen sollte, um den gewaltigen Palast in des Wortes eigenster Bedeutung in Besitz zu nehmen und fortan zu besitzen. Auf dem Sessel zur Rechten ruhend, empfing der Papst Stab und Schlüssel, dann begab er sich zum linken, reichte die Insignien zurück und ward gegürtet mit dem rotseidenen Gürtel der Keuschheit, an dem der mit zwölf kostbaren Edelsteinen und Moschus gefüllte Beutel der Wohltätigkeit hing. Die Beamten des Palastes verehrten ihn wie zuvor die Priester in der Basilika; dreimal reichte ihm der Camerarius Silberstücke, die er dem Volke zuwarf unter den Worten: «Er streut aus und gibt den Armen, seine Gerechtigkeit bleibt ewiglich.» Doch längst schon mußte sich die Kunde von dem Geschehenen in der Stadt verbreitet haben; wie zuvor den sterbenden Honorius konnte der Lateran auch seinen stürmisch erhobenen Nachfolger nicht schützen. Während sich das Gewitter zusammenzog und niemand wußte, wie der Gegner sich verhalten, wem in den nächsten Stunden die Ewige Stadt gehören würde, flüchtete Innozenz II., Mitra, Ring, Kreuz und Purpurmantel mit sich führend, in das Kloster Palladium, unter die Türme der Frangipani, um dort erst, unter dem Schutz der Waffen, die heiligen Zeichen seiner Würde anzulegen.

Schon war der Riß bis in das Innerste des Fundamentes gedrungen, aber noch klaffte dieses nicht auseinander; nun handelte der Gegner. In der Kirche San Marco, dem Kapitol gegenüber und schon im Machtbereich der Pierleoni, wartete Petrus Leonis im Kreis seiner Freunde auf Nachrichten aus dem Kloster des heiligen Gregor, bereit, die Papstkrone an sich zu bringen, sobald ihm der Tod ihres Trägers gemeldet würde, und sich dazu, wenn es nötig wäre, der Kriegsleute seines Hauses zu bedienen. Da – es mochte um die Mittagszeit sein – wurde dem ungeduldig Wartenden zugleich vom Hinscheiden des Honorius, dessen unziemlicher Bestattung, der Erhebung des Kardinals von Sant'Angelo und der eiligen Adoration im Lateran berichtet. Der furchtbare Schlag, den Aimerich gegen ihn geführt, indem er ihm mit der Scheinwahl in San Gregorio, vor allem mit den im Lateran vollzogenen Zeremonien zuvorkam, lähmte nicht einen Augenblick die Kraft des Kardinalpriesters; längst gewohnt, sein leidenschaftliches Verlangen der Umsicht zu unterwerfen, war er darauf bedacht, sich eines jeden Rechtes zu bemächtigen, das ihm der Gegner noch übriggelassen, um diesen mit dem Rechte aufs Haupt zu schlagen. Sofort ließ er den in Rom weilenden Kardinälen, die sich dem Kloster San Gregorio fern gehalten, den Tod des Papstes Honorius melden, einem Gebote zu entsprechen, dem der Kanzler nicht hatte nachkommen können; zugleich rief er das Kollegium nach San Marco.

Adel und Volk strömten mit den Kardinälen in die dreischiffige Basilika des heiligen Markus, einen ehrwürdigen Bau, der von antiken Säulen getragen wurde; in der Wölbung der hochgelegenen Tribuna erschimmerte die schwarze Gestalt des Herrn, der die Hand erhob, als wolle er zu gleicher Zeit richten und segnen, während Heilige sich um ihn scharten und unten die zwölf Lämmer zum Quell des Lebens schritten. Die sich in der Halle versammelnden Wähler waren um vieles zahlreicher als die im Kloster Palladium um Innozenz vereinigten. In äußerster Erbitterung erschienen die Kardinalpriester, begierig, das seit langem beanspruchte Recht endlich durchzusetzen; jedoch auch der ehrwürdige Petrus von Pisa, der sich vergeblich bemüht, den Streit zu schlichten, andere Bischöfe und hochangesehene Prälaten, die sich im langen Dienst der Kirche ausgezeichnet, betraten die Versammlung, die der Kardinal von Santa Maria unter allen Anzeichen äußerster Entrüstung über das der Kirche zugefügte Unrecht eröffnete. Die Ungesetzlichkeit der Erhebung des Kardinaldiakons von Sant'Angelo schien außer Zweifel zu sein; hatte auch das Kollegium seine Rechte dem in San Gregorio gewählten Ausschuß übertragen, so durfte doch dieser nur in Gegenwart des gesamten Kollegiums an dem vereinbarten Platz zur Wahl schreiten; auch waren nur fünf der acht Mitglieder an jenem Akte beteiligt. So verdammten die Versammelten feierlich die widerrechtliche Thronbesteigung Innozenz' II. Leicht ließen sich die Kardinäle davon überzeugen, daß die Wahl des kanonischen Papstes sofort erfolgen müsse, um noch größeres Unheil zu verhüten; vielleicht wurde es nur wenigen bewußt, daß die Gewalt der Umstände, die ihre Gegner in San Gregorio unterjocht, auch sie beherrschte mit der Kraft einmal geschehenen, die Gemüter verfinsternden Unrechts; denn der Begriff einer zweiten Wahl war wider die Satzung, es konnte nur gewählt werden nach der rechtmäßigen Aufhebung der bereits erfolgten Wahl.

Doch Pierleoni duldete keinen Aufschub; noch war der Nachmittag kaum angebrochen, als er, mit der Hand auf den greisen Petrus von Porto weisend, diesen unter der heftigen Zustimmung seiner nächsten Freunde als den würdigsten Amtswalter Petri bezeichnete. Erschrocken und betroffen erhob sich der Kardinalbischof; demütigen Sinnes lehnte er ab unter Berufung auf seine hohen Jahre, die es ihm nicht erlaubten, eine so schwere Bürde an Ehren und Pflichten zu schleppen. Wenn es auch der geltenden Anschauung von den Ämtern entsprach, daß der Erkorene bat, ihn mit solcher Last zu verschonen, so hatte doch dieses Mal Petrus von Porto geringe Mühe, seine Zuhörer von ihrem Vorhaben abzuwenden: Petrus Leonis, der Kardinalpriester von Santa Maria, erklärte er, sei sicherlich der Würdigste und Tauglichste, um die Kirche in so schwerer Fährnis zu leiten. Alle stimmten ihm zu, die Presbyter, Diakonen und Äbte, die geharnischten Herrn und das Volk, das von dem rührenden Schauspiel wechselseitigen Verzichts und freiwilliger Unterordnung bezwungen war. Und in wessen Augen sollte der Sohn des in der Tiefe entsprungenen Geschlechtes sich nicht bis zur Ehrwürdigkeit erheben, nachdem ihn der verehrte Bischof von Porto ausgezeichnet hatte? Wieder, wie wenige Stunden zuvor im Lateran, erbrauste das *Te Deum laudamus,* und wie der Kardinal von Sant' Angelo, dessen Widersacher er sein mußte während seines ganzen künftigen Lebens und über dieses hinaus in der dunklen Ferne der Geschichte, legte Pierleoni seinen Namen ab, um nur noch Träger der höchsten Krone zu sein als Papst Anaklet II.

Unter dem ernsten Mosaikbilde des Herrn, das schweigend auf das irdische Wirrsal herabsah, widersetzte sich Pierleoni zum Scheine dem Archidiakon, der ihm den Purpurmantel umlegen wollte, doch gab er endlich sein Sträuben auf und ließ sich den Purpur um die Schultern wallen, als gebühre er ihm. Freilich war es nicht der echte, da diesen sich sein Gegner schon erworben, und noch weniger der schützende Mantel des Rechts, und doch sollte auch der falsche Purpur an seinem Fleische unlösbar haften und es verzehren wie das flammende Hemd der Zauberin. Er ließ sich die Insignien in die Hände legen, die gleichfalls nicht die echten waren. So schien das Gefüge der Kirche auseinanderzubersten; und wer sich unter Anaklets Gegnern alter Erzählungen erinnerte, konnte den Sohn des gefürchteten Pierleoni zu sehen glauben, wie er im Schmuck des Purpurs und der Krone, im teuflisch gefälschten Gewande sich an den Trümmern der Kirche weidete; denn der Widersacher kleidet sich in das Gewand des Herrn, und Satans Reich ist das höllische Spiegelbild des himmlischen Reichs.

Der Streit war ausgesät, und sofort ging die schlimme Saat auf. Die Frangipani und Corsi, ihre

Verbündeten, machten sich auf den Angriff auf ihre Burgen gefaßt und wollten froh sein, wenn sie diese und das Kloster Palladium würden halten können gegen die Pierleoni und die Mehrheit des diesen anhängenden oder von ihnen gekauften römischen Adels. Schon dröhnten die Mauern der Leostadt unter den gegen sie wuchtenden Prellböcken der Belagerungsmaschinen. Das Mauerwerk barst auf, und die Kriegsknechte liefen, die Waffen schwingend und jeden niederschlagend, der ihnen in den Weg kam, nach Sankt Peter hinauf und über die Treppen in das Heiligtum. Schlimmer noch wütete der Kampf um den Lateran, den Brand und Rauch des angrenzenden Stadtviertels überwehten, indessen die Söldner sich austobten in den Gassen. Als die Häupter der feindlichen Häuser einen Waffenstillstand geschlossen, den sie so wenig ernst nahmen wie die vor den Kardinälen geschworene Urfehde, erlebte die verschüchterte Stadt zwei Papstweihen auf einmal: In großartigem Prunk, unter dem schallenden Gesang der Geistlichkeit, zog Anaklet die Straße nach Sankt Peter hinauf, die ihm die Kriegsknechte seiner Brüder gebahnt, um sich am Apostelgrabe vom Bischof von Porto die Weihe spenden zu lassen. Inozenz II. wagte sich nicht aus dem Stadtviertel seiner Beschützer. In der kleinen Kirche Santa Maria Nuova[1], deren

[1] Heute Santa Francesca Romana.

schmaler Turm neben dem Titusbogen emporsteigt, empfing er im Schmucke der echten Insignien die Weihe. Indessen schickte sein Gegner sich an, Rom zu durchqueren und im Lateran Patriarchen- und Porphyrsitze zu besteigen. Wohl hatte sich Innozenz beeilt, den Legaten Gerhard nach Deutschland zu senden, um König Lothar seine Thronerhebung zu melden und zugleich den Herrn des Reiches aufzufordern, nach Italien zu ziehen, die Kirche wiederherzustellen und sich selbst die Kaiserkrone zu erwerben; doch auch Anaklet beschwerte den heimkehrenden Erzbischof von Bremen mit Briefen, die König und Königin um Liebe und Schutz, die deutsche Geistlichkeit um Treue ersuchten. Bald mußte Innozenz bei Nacht aus der Burg seiner Schirmherrn und der waffentosenden Stadt flüchten, die seines Gegners Schwert und Geld ihm völlig entwunden hatten. Bann und Haß Anaklets folgten dem nach Norden, nach Pisa und Genua eilenden Papst, dessen Ansehen im selben Maße wuchs, als er seine Macht einbüßte und die gegnerische Partei beispiellose Schmähungen und Beschimpfungen über ihn ausgoß.

So schieden sich die Schicksale der zwei Päpste, um in entgegengesetzter Richtung zu verlaufen und Fürsten und Völker mitzureißen. Dem an der Küste Frankreichs gelandeten Flüchtling zog Peter der Ehrwürdige, der Abt von Cluny, nach der alten Patriarchenstadt Arles entgegen, ihm um dieselbe Zeit einen unerwarteten Triumph bereitend, da der Brand des Kichenstreites die ganze Christenheit zu verheeren drohte, die brüderliche Gemeinschaft der Mönche sich spaltete in den Klöstern, zwei Priester, ein jeder im Namen seines Papstes, nach Inful und Bischofstab griffen in den Bistümern Italiens, Frankreichs, des Reiches und Englands und die Domherrn einander grimmig befehdeten. Wohl wurde es bekannt, daß Anaklet, um den Kleinkrieg zwischen römischen Häusern und Burgen zu bestreiten, sogar Kirchenschätze angegriffen hatte; je unverhüllter sein kochender Haß hervorbrach aus seinen Kundgebungen – nannte er doch seine Feinde Söhne des Belial und der Pestilenz, schamlose Hunde und Gotteslästerer aus Beelzebubs Stamm –, um so eindringlicher zeugte er wider sich selbst. Noch bestürmten beide Päpste, der eine als Flüchtling, der andere aus fester Verschanzung in Rom, den deutschen König mit Bitten und Berichten, indem ein jeder das klare Recht für sich selber in Anspruch nahm und die Verwerflichkeit seines Gegners beteuerte, wiewohl Innozenz sich der Beschimpfungen und schlimmsten Unwahrheiten enthielt, auch auf den Bann noch verzichtete. Lothar schwieg; auch die dringendste Mahnung, des Amtes des Reiches zu walten und die Einheit der Christenheit zu wahren, die Innozenzens Legaten dem deutschen König ausrichteten, blieb unbeantwortet. Die Welt sollte sich wieder bewähren; ein jeder einzelne sollte es, indem er, da reines Recht nicht bestand, desjenigen Sache ergriff, der dem Rechte am nächsten war und noch rein genug schien, um das Recht wiederherzustellen.

Schon suchte Anaklet, dessen Hilferufe jenseits der Alpen verhallten und nur in Schottland Echo fanden, Beistand im Süden Italiens. Nachdem er Bannstrahl und Fluch ohne Wirkung verschleudert und vergeblich auf seinem angemaßten Sitze auf eine Antwort des Königs geharrt, reiste er nach Benevent: dort erwartete ihn Roger, der junge normannische Herr Siziliens, der sich vor zwei Jahren gegen den Willen des Heiligen Stuhles zum Beherrscher Apuliens aufgeschwungen. Der schismatische Papst und der räuberische König wurden handelseins und beschlossen, einander wechselseitig auf die Throne zu helfen, die ihnen nicht ziemten: für den Titel eines katholischen Papstes, den der Normanne ihm einräumte und für dessen Waffenhilfe reichte ihm Anaklet die Krone des Königreiches Sizilien, das in diesem Augenblick der Verwirrung entstand: eines Reiches, das dem Schwert sein Dasein, zweifelhaftem Rechte seine Weihe verdanken sollte. Anaklet billigte dem Eroberer die Hoheit über Capua und Neapel zu und ließ sich Zins und Vasallenschaft von ihm geloben, auf diese Weise dem Heiligen Stuhle einen gefährlichen

Vasallen königlichen Ranges bestellend – als Entgelt für die Würde, die er an sich gerissen und deren Makel er nicht abwaschen konnte.

Während so das nach dem Tode Honorius II. geschehene Unrecht in Gestalt einer neu erhobenen Krone einging in die Geschichte, um in ihr fortzuwirken weit über menschliches Ermessen hinaus, sollte zu Étampes, südlich von Paris, wohin der französische König eine Synode berufen, über das Schicksal Anaklets entschieden werden. Schwer nur hatte sich Bernhard, der hochberühmte Abt von Clairvaux, entschlossen, dem Ruf seines Königs zu folgen; der unerbittliche Eiferer hatte sich in Rom wie in Cluny so manchen Gegner erweckt, der es minder ernst nahm mit der Nachfolge des heiligen Benedikt, mit der Reinigung der Kirche durch harte mönchische Zucht. Und so mochte er zurückbeben vor der Wiederaufnahme des unsäglich schweren, seine Kräfte rücksichtslos verzehrenden Kampfes um die Durchsittlichung der Christenheit, der ihm unwiderruflich aufgetragen war. Erst eine Erscheinung, so flüsterten sich die Mönche zu, habe ihren Abt bewogen, die Reise anzutreten, indem sie ihm angezeigt habe, daß er nicht vergeblich an der Synode teilnehmen werde; durch sie gestärkt und geleitet, verließ er das von Hügeln beschirmte, ostwärts nah der Aube geöffnete Tal, in dem sein Herz zurückblieb, wohin er immer wandern mochte. War es doch

BERNHARD VON CLAIRVAUX

ABTEI CLAIRVAUX

sein segensreichster Tag gewesen, als er vor fünfzehn Jahren, mit wenigen Mönchen aus Citeaux das Tal der Aube hinabwandernd, dieses Seitental entdeckte. Gestrüpp versperrte den Eingang, und die Untertanen des Grafen von Troyes, dem das Land gehörte, nannten es Wermuttal; ihn aber zog das Licht an, das in erster Morgenfrühe, wenn kaum die Stunde der Mönche geschlagen, sich über den Fluß in das Tal ergoß und in ihm von den bewaldeten Hügeln festgehalten wurde bis zum späten Abend, so daß die Schatten hier minder schwer waren als an anderen Orten der Erde. Hier, im Tale des Lichtes, das ein Bach durchfloß, gründete er sein Kloster. An die Kapelle lehnte sich das Wohngebäude an, in dessen unterm Geschoß, hinter kaum handbreiten Fenstern, die weißgekleideten Mönche sich zu kargem Mahle versammelten vor einer Schüssel Hülsenfrüchte, schwarzem Brot und dem draußen an der Quelle gefüllten Krug. Oben standen die Betten, schmale mit Stroh gefüllte Kästen, die am Abend die Arbeitsmüden erwarteten, wie der Sarg am schreckens- und verheißungsreichen Abend des Lebens sie einst erwarten würde; und in der anstoßenden Dachkammer nahe der Treppe, die zum Refektorium hinabführte, verbrachte der Abt die kurzen Stunden der Ruhe und die langen des Gebets. Aber die Stille in der niedern, winkligen Kammer, wo selbst er sich bücken mußte, wenn er sich auf dem ausgehauenen Sitz unter dem schrägen Dache niederließ, die Stille auf dem Feld draußen – er hatte Gott unter Tränen gebeten, ihm doch so viel Kraft zu schenken, daß er mähen könne wie die anderen Brüder, und diese Gnade wurde ihm gewährt –: diese beste Zeit seines Lebens war nur dessen Teil; immer wieder forderte die Welt ihm die Kraft ab, die er in der Stille gesammelt. Er kniete vor den Marienbildern am Wege und in den Kirchen nieder, und das Volk, das ihn ehrfürchtig umstand, glaubte zu sehen, wie die Himmelsmutter sich neigte, ja, es hörte ihren Gruß «Ave Bernharde». Sein Ruf eilte ihm voraus, und wieder, wie es fast immer geschah, wenn er unter Menschen erschien, waren diese bereit, ihm zu folgen, bezwungen von dem geheimnisvollen Licht, das in gebetserfüllter Einsamkeit sich in ihm gesammelt hatte.

Die zu Étampes um König Ludwig VI. vereinigten Väter, die sich durch Gebet und Fasten wohl vorbereitet hatten, erkannten das Unrecht auf beiden Seiten: hatte Innozenz II. die Mehrheit des Wahlausschusses und der Kardinalbischöfe für sich, so Anaklet weitaus die Mehrheit der Kardinalpriester; die in San Marco erfolgte Wahl war bis zu einem gewissen Grade in Einklang mit kanonischen Satzungen zu bringen, die unvermittelte Thronerhebung in San Gregorio stand in unentschuldbarem Widerspruch zu diesen, was auch immer die Verteidiger und Gesandten des in Cluny weilenden Papstes über die

Notlage der Kirche in der stürmischen Todesnacht Honorius' II. anführen konnten. Aber Anaklets Ansprüche mußten wieder weichen vor der Priorität seines Gegners und seiner Introduktion im Lateran, vor der Widerrechtlichkeit einer zweiten Wahl. Auch die Behauptung beider Parteien, daß ihnen der würdigere Teil der Wähler angehöre, konnte nicht zu einer Entscheidung verhelfen; es ließ sich nicht leugnen, daß würdige Diener der Kirche auf jeder Seite standen. Da erinnerten sich die gelehrten Amtswalter der Kirche eines Satzes Leos des Großen, der in Streitfällen den geeigneteren, an Wissen und Verdiensten reicheren Prätendenten vorzuziehen befahl. Gegen die düstere Gestalt des Pierleoni erhob der Abt von Clairvaux den Papst aus dem Geschlecht der Papareschi, einen vielfach bewährten Mann, dessen Leben in makelloser Reinheit verlaufen war bis zu dem Augenblick, da ihn die Kardinäle in der Sakristei von San Gregorio gegen seine flehentlichen Bitten zum Schlüsselbewahrer machten. Mit der Stimme des Abtes schien der Herr den echten, von Reinheit umflossenen Papst zu erwählen, den falschen, von dämonischem Feuer beleuchteten Thronanwärter zu verwerfen; was menschliches Irren gefehlt hatte, schien wiedergutgemacht zu werden vom Herrn, und in leidenschaftlicher Ergriffenheit flößte der Abt von Clairvaux König und Priestern die Verpflichtung ein, dem Recht zum Siege zu verhelfen. Der Abt

Suger von Saint-Denis eilte nach Cluny, dem Erwählten die getroffene Entscheidung zu melden und ihn feierlich einzuholen, Bernhard selbst, so rasch er es vermochte, in die Normandie, den noch zaudernden König Heinrich I. von England für die gute Sache zu gewinnen. Und wie kaum jemals ein Mensch der Redeglut und stürmischen Überzeugungsgewalt des sprachmächtigen Gründers von Clairvaux zu widerstehen vermochte, so auch nicht der Eroberersohn; zwar schützte dieser die Not seines Gewissens, die Furcht, ein Verbrechen auf sich zu laden, vor; als aber der Abt erwiderte, der König möge alle seine übrigen Sünden verantworten vor Gott, diese eine Sünde solle auf ihn, den Abt, fallen, an ihm selber möge sie haften, gab der König nach. Ja, der stolze Normanne sollte bald nach Chartres reisen, um, wie es so mancher ihm vorausgegangene Herrscher des Inselreiches getan, zum Zeichen seiner Demut Schwert und Zepter niederzulegen vor dem Altar, zu dessen Hüter Papst Innozenz II. bestellt zu sein schien.

In Clermont schleuderte der Sieger inmitten um ihn versammelter französischer Prälaten den Bann gegen seinen Widersacher zu Rom; hier erreichten ihn der Erzbischof von Salzburg, der Bischof von Münster und der Abt des westlich von Metz liegenden Klosters Gorze mit willkommener Botschaft von König Lothar. Der Herrscher hatte in Würzburg die Geistlichen und Fürsten des Reiches zusammengerufen, um die geforderte Entscheidung zu treffen; lange und eingehend hatte sich der vorsichtige König mit dem Erzbischof Norbert von Magdeburg und den Legaten Innozenzens beraten, während freilich dessen Gegner nur durch die Schrift und Anhänger, die er etwa im Reiche haben mochte, aber nicht durch Gesandte zu Worte kam. Auch hatte sich der König eifrig bemüht, den Bischof von Bamberg zu Rate zu ziehen, der, irdischem Streite und vielleicht allen großen Auftritten dieses Lebens entfremdet, krank in seiner Pfalz lag und selbst die von Lothar vorgeschlagene Schiffahrt von Bamberg nach Würzburg scheute. Endlich hatte sich der Beherrscher Deutschlands samt den Fürsten zu Innozenz II. bekannt, in dem unentwirrbaren Zwist den besseren Mann erwählend und vielleicht auch politischer Notwendigkeit gehorchend; denn unmöglich konnte der Herr des Reiches in Frieden auskommen mit der in Süditalien sich zusammenballenden normannischen Macht und mit dem Papste, der sie schützte. Innozenz antwortete dem König mit der Bitte um seine Zusammenkunft, für die Lüttich vereinbart wurde; und als der Oberhirte der Kirche, dem auch der Beherrscher Frankreichs öffentlich gehuldigt, über Châlons und Cambrai nach der Bischofsstadt reiste, da hatte ihm weniger sein vielumstrittenes Recht als das leidenschaftliche Feuer, das in dem mitziehenden Abt von

Clairvaux glühte und Fürsten und Volk erfaßte, Weg und Empfang bereitet.

Im Domhofe zu Lüttich erwartete König und Königin im weiten Kreise der Fürsten, Bischöfe und Äbte des Reiches den Nachfolger Petri. Als dieser am Ende der Straße sichtbar wurde, auf weißem Zelter reitend und die segnende Hand erhebend über dem jubelnden Volke, während die Geistlichkeit sang, eilte ihm Lothar entgegen; er faßte mit der einen Hand den Zügel, trieb mit einem Stabe, den er in der anderen hielt, das Volk zurück und führte den Papst auf den Domhof, um dem Absteigenden vor dem Tore des Bischofspalastes den Arm zu bieten. Aber Papst und König, die sich nun gegenüberstanden, dieser auf dem harterkämpften Boden seiner Herrschaft, jener noch als ein Flüchtling, der auf die Hilfe gläubiger Fürsten angewiesen war, überragten Volk und Gläubige nur als Untertanen unabänderlicher Gesetze; ein jeder mußte fordern, was ihm sein Amt gebot, der König unbestrittener Herr im Reiche sein, der Papst unnachsichtlicher Schirmherr der Kirche und ihrer Würden. Und da es die Aufgabe des Reiches war, die Kirche zu schützen und ihr im höchsten Sinne zu dienen, so wie der Mensch seiner Seele Bestimmung dienen soll, die der Kirche aber, das ganze Leben zu durchdringen, zu erfüllen und zu gestalten: so konnten nur Einsicht und das klare Bewußtsein des überirdischen Zieles des Menschen

Papst und König vor Zerwürfnis schützen. Beide waren nicht völlig frei; hinter ihnen lag Geschichte, alles Recht und Unrecht, das ihre Vorgänger getan, alles, was jene erstrebt, erreicht, verfehlt und als Forderung vererbt hatten; und doch, ob sie auch nicht beginnen konnten, wie der Mensch ja niemals beginnt mit dem eigenen Leben, so war ihnen doch eine Haltung, eine Entscheidung vorbehalten, die nur ihnen möglich war und wieder Erbe der Nachfolgenden werden würde. Allein vom deutschen König konnte der Papst den Heerzug erhoffen, der ihn nach Rom, an die heiligen Stätten führen sollte. Wie demütig auch die Herrscher Frankreichs und Englands sich vor ihm gebeugt, so würde doch keiner das Schwert für ihn ziehen, und sein Papsttum war leerer Schall, eh er nicht den Sitz des Apostelfürsten bestiegen, eh Wesen und Zeichen, die nicht voneinander geschieden bleiben konnten, eins geworden waren; denn eben das Innere sollte sichtbar, das Sichtbare ein Inneres sein. Und in kaum einem geringeren Sinn als er den heiligen Stätten war der König durch das ihm übertragene Amt der kaiserlichen Krone verpflichtet, die er nur in Rom erwerben konnte.

Aber da der Papst den Heerzug verlangte, gedachte Lothar alter Ansprüche des Reiches, derselben, die zu einem guten Teil verlorengegangen waren, weil einst Lothar als Sachsenherzog mit den andern Empörern die Kaisermacht geschwächt. Kaiser Heinrich V., erklärte er, habe Papst Kalixt II. Investiturrechte eingeräumt, deren Verlust das Kaisertum, Ottos des Großen erhabene Schöpfung, bisher nicht verschmerzt habe; er müsse die Wiederherstellung der einstigen Kaisergewalt fordern. So drohte das Gebäude christlicher Ordnung im selben Augenblick zu zerfallen, da es gekrönt werden sollte. Schon rötete der Zorn des alten Streites das Gesicht des Königs, auf dessen Lippen sich, in erschütterndem Widerspruch zu seinem einstigen Streben, die Worte seiner toten kaiserlichen Feinde drängten, da trat der Abt von Clairvaux zwischen die Gegner. Und wenn König Lothar in seinem kämpfereichen Leben jemals einer unangreifbaren Macht begegnete, so in diesem Augenblick; mochte es die Gewalt des Glaubens sein, mit der Bernhard einst seine sechs Brüder aus dem Genuß des reichen Erbes, den Armen ihrer Frauen, seine Schwester aus den Armen des Gatten, endlich den greisen, verlassenen Vater von seiner Burg bei Dijon sich nach ins Kloster gerissen; oder mochte der König spüren, daß mit dem Munde des Abtes die Zeit und deren innerste Sehnsucht nach Unterordnung unter das Heilige zu ihm sprachen – dieselbe Sehnsucht, die er in sich trug und die er immer mächtiger werden fühlte, je rascher ihm diese letzten Jahre seines Mühens verflogen –: er gab nach und gelobte den Italienzug mit feierlichem Eide, ohne einen Preis zu fordern. Noch trotzten die Staufer im Süden Deutschlands: wie, wenn Kaiser und Papst zu Feinden würden, müßten dann nicht jene sich erheben, sogar ein Recht erwerben? Auch fühlte er sich nicht berufen, Heinrichs IV., Heinrichs V. Schicksal zu tragen, Schicksale, auf denen endlich doch der Fluch der Vergeblichkeit mit anderen Flüchen lastete; er gedachte dereinst im Frieden von der Welt zu scheiden, nachdem er eine allzu schwere Last ihrer Unruhe geschleppt, allzulange ihrer Verwirrung gedient hatte. Und war, was Heinrich V. versprochen hatte, gleichgültig, ob in der ehrlichen Absicht, es zu halten oder zur gelegenen Zeit darüber hinwegzugehen, nicht Recht geworden, das einen jeden Gegner des Konkordats ins Unrecht setzte? Sah Lothar nicht dennoch, nicht dank der Empörung gegen den päpstlichen Namen, aber kraft menschlicher Mäßigung, durch die stillere Macht seines Einflusses, die erwünschten Kirchenfürsten auf die Bischofssitze erhoben? Wäre der Streit einmal ausgebrochen, so würde es kein Halten mehr geben; dann mußte er, mußte der Papst Schritt für Schritt die Wege Heinrichs IV. und Gregors, Heinrichs V. und des Paschalis gehen; dann würde eine jede schlimme Tat die noch schlimmere nächste erzwingen. Er aber hatte keinen höheren Ehrgeiz, als ererbtes Recht zu achten und zu wahren und den Menschen, wenn ihm das vergönnt wäre, das Andenken an ein paar Jahre des Friedens, geordneten Daseins zu hinterlassen. Nicht als Gebannter wollte er aus der Welt gehen, da er doch schon an ihren Toren stand; und wie ihm sein frommer Sinn dies gebot, so auch die Einsicht: es war nicht weise, Flüche hervorzurufen und Flüchen trotzen zu wollen.

Am Sonntag Lätare folgten König und Königin im Zuge der Geistlichen und Fürsten dem Papste von der Kirche des heiligen Martin zur Kirche des heiligen Lambert; dort segnete Innozenz das gekrönte Paar vor dem Altare. Aber Papst und König konnten sich mit dieser Feier zu Lüttich so wenig begnügen wie die Welt; sie waren unwiderruflich an den Ort verwiesen, wo die Vorgänger des Amtes gewaltet, die Weihe empfangen hatten, und sie mußten sich dort die Bestätigung ihres Rechtes erwerben, wenn die alte, auf dem Glauben begründete Ordnung wieder sichtbar bestehen sollte zum Troste und Schutze der Menschen.

Italienzug

Selten und vielleicht niemals ruht die Welt in den Angeln des Rechts; dennoch besteht sie nur, weil ihr Gewicht sie nach dem Rechte zieht, das sie nicht erreicht; weil das Recht sich in ihr auf erschütternde und überraschende Weise immer aufs neue herstellt, zu schwach, um, allordnend zu gelten, aber stark genug, um sich fortzusetzen und irdischem Getriebe die erhaltende Mitte zu bezeichnen. Eh der König aufbrechen konnte nach Italien, sollte er erst, und sicherlich sehr gegen seinen Willen, in Dänemark dieses seines herstellenden Amtes walten, auch jetzt wie oftmals das Gebotene nicht vollendend, aber doch sein Ansehen wieder zur Geltung bringend. Denn dort, in dem nordischen See- und Küstenreiche, führten die Könige noch das stürmische, in Frevel und Größe maßlose Leben, nach dem ihr ungebändigtes Blut verlangte. Um die Zeit, da im Reiche der unselige Streit zwischen Papst Gregor VII. und Kaiser Heinrich IV. endlich zur Ruhe gekommen war mit des Papstes bitterm Tod in Salerno, war in Dänemark Kanut der Heilige, ein ob seiner Strenge verhaßter Fürst, unter Mörderhänden gefallen. Die aufständischen Vasallen umschlossen mit dem aufgehetzten Volke die Kirche zu Odense, wo dem König kaum noch Zeit blieb zu beichten; dann verblutete Kanut, das Schwert in seiner letzten Stunde verschmähend, vor dem Altar, den er kniend umfaßte. Olav, sein Bruder, wurde des Lebens wie des Herrscheramtes nicht Meister, die zu einer jeden Stunde, in dem engen Tal zwischen Schuld und Macht, das Bekenntnis zum Kreuze fordern. Zuviel Last brachte er schon mit auf den Thron; als der Himmel sich verschloß und draußen vor den Fenstern das Volk vor Elend und Hunger jammerte, erkannte der König, daß ihm die Gnade fehlte; er siechte in Reue hin. Erich Ejegod, der folgende Bruder, war stärker; er schleuderte von seinem Königssitze Stein und Speer weiter als die neben ihm stehenden oder unter dem Anlauf keuchenden Vasallen; ungestüm erraffte er die Fülle des Lebens, der Erde, himmlischen Segens, mochte ihm Blotilde, sein Weib, mit eigener Hand die Geliebten schmükken, mochte er als Eroberer die Schiffe durch die Ostsee steuern bis an die Küste des Pommernlandes oder als Rompilger den Fuß des Heiligen Vaters küssen. Vielleicht war das Gewissen des Hünen reiner als das vieler seiner Vorgänger; es war auch verletzlicher; als ein Spielmann ihn mit der rätselvollen Macht der Töne berührte, verfiel er in solche Raserei, daß er seine zu Hilfe eilenden Kriegsleute erschlug. Nun peinigte die Reue auch ihn; er segelte mit seinem Weibe und den edelsten Gefährten nach Rußland hinüber, durchwanderte dessen grenzenlose Weite bis nach Byzanz und schiffte sich dort nach dem Heiligen Lande ein. Aber in Zypern starb das Königspaar, und ihr verlassenes Reich wurde die Beute der Herrschsüchtigen. Denn des Königs Bruder Nikolaus ward nun auf den Thron erhoben, und er hoffte, diesen seinem Sohne Magnus an Stelle seines Neffen Kanut zu vererben; und da Unrecht ewig sich vermehrt, sobald es sich eingenistet hat in den Herzen und Häusern der Menschen, so sann Magnus auf Kanuts Tod.

Aber stand nicht ein Fürst höherer Art über den zankenden Gewaltherrn? Kanut, der Herzog von Schleswig, eilte nach Sachsen und wurde von Lothar zum König der Wenden, der Wagrier und Obotriten erhoben. Er erweiterte mit der Kraft des Schwertes seine Macht und flößte dadurch dem Oheim noch quälenderen Argwohn ein, bis ihn Magnus zu einer Zusammenkunft nach einem Walde bei Haralstadt auf Seeland entbot. Vergeblich hatte den Arglosen sein Weib gewarnt, sang der ihm vorausreitende Bote des Magnus, der Schweigen gelobt hatte, Lieder von Tücke und Verrat, ließ der Warner sein Schwert klirren und seine Rüstung blinken. Am Waldrand stieß Magnus dem Nebenbuhler die Klinge in den Leib; und Heiligkeit, die den zu Odense Ermordeten verklärte, umleuchtete bald das Grab des Königssohnes, der mit des Heiligen Namen auch sein Schicksal getragen hatte. Wie aus den Gräbern irischer Helden brach aus Kanuts Hügel eine Quelle hervor.

Lothars Lehnsmann war erschlagen, sein Ansehen gekränkt worden; um die verletzte Hoheit wiederherzustellen, führte der König sechstausend Krieger gegen Dänemark. Unter der festen Stadt Schleswig schaukelte die Flotte König Erichs im weiten, schilfumkränzten Becken der Schlei; der Halbbruder des Ermordeten hatte dessen Titel und Anspruch übernommen und hoffte sie mit Hilfe der Deutschen durchzusetzen. So zogen sie vereint vor das Danewerk, den mächtigen, aus einem Steinkern gebildeten, mit Erde überschütteten Grenzwall, der sich angesichts der nordischen Wälder wie ein erstarrter Lindwurm von der Schlei bis zur Treene durch das Weideland krümmte. Kopf an Kopf standen die Kriegsleute des Königs Nikolaus auf dem palisadenbesteckten Kamme, auf das bedrohliche Gewimmel des Ritterheeres hinabblickend, und dahinter dröhnte es von Waffen und Stimmen. Dem Herrn des Reiches galt Hoheit mehr als Ruhm, Ansehen mehr als blutig erkaufter Sieg; als der Dänenkönig Nikolaus unter Beteuerungen friedlicher Absicht vor dem Walle erschien, den Deutschen als seinen Oberherrn ehrte, ihm Zins und Geiseln versprach, nahm Lothar an: das Schwert hätte ihm nicht mehr eintragen können als dieses Angebot des vorsichtigen Dänen. Ja, er verzichtete darauf, den Königssohn Magnus feierlich zu belehnen; vielleicht wollte er des Prätendenten Erich Rechte nicht völlig aufheben oder doch gegen diesen keine Waffenhilfe leisten. Der Heimkehrende gedachte seines christlichen Auftrages und wendete sich in das Land der Wagrier, die in dem Glauben, daß mit den Herren auch die Götter fielen, sich nach Kanuts Tod gegen den Christengott aufgelehnt hatten. Vicelin, ihr eifriger Missionar, ein Kanonikus der Kirche zu Bremen und Schützling des bremischen Erzbischofs Adalbero, erwartete den König an der Grenze des Heidenlandes. Ihn hatte sein Erzbischof vor vielen Jahren, als die Dithmarscher in Meldorp um einen christlichen Priester baten, in diese Gegenden gewiesen; er hatte in Altlübeck eine Kirche errichtet, brennend in dem Eifer, den der Erzbischof Norbert von Magdeburg in ihm entzündet haben mochte; nun führte er den König an der Trave hin bis zu einem schroffen Kalkfelsen, der das Wendenland wie eine Zwingburg der Vorzeit hoch überragte. Hier sollten fortan die kaiserlichen Wächter stehen und das Land überschauen. Sie sollten auch das Kloster beschützen, das der Supplinburger dem grauen Felsen gegenüber auf geringerer Höhe gründete. Und bald erhoben sich die roten, mit Findlingen durchsetzten Ziegelmauern des Klosters Segeberg, um das Volk mit Turm und Glocke daran zu erinnern, daß es sich im irdischen Leben ein ewiges erringen sollte.

Aber das Jahr, in dem der König nach Italien zu ziehen hoffte, ging hin unter solcher Mühe und unter der Sorge um die ledig gewordenen Erzstühle Trier und Köln. Der König suchte sie mit verläßlichen Männern zu besetzen und mußte bald die Erfahrung machen, daß das Amt mehr ist als der Mensch und diesen verwandelt, sobald er es antritt. Der Sommer des folgenden Jahres ließ schon die Weinberge über der Bischofsstadt Würzburg erglühen, als die sächsischen Herren ihr Gefolge vor ihre Tore führten, sich zur Romfahrt zu versammeln. Die Fürsten Nieder- und Oberlothringens konnten ihre Burgen nicht verlassen, aber auch der Welfe nicht, sollte er doch den Staufer bewachen, des Reiches warten. Da König und Königin am Feste Mariä Himmelfahrt den Dom betraten, waren nur die geistlichen Fürsten aus dem Norden und Nordwesten des Reiches mit dem Nordmarkgrafen Konrad von Plötzkau und dem Grafen Albrecht von Ballenstedt um sie geschart. Und als das Heer im Spätsommer südwärts zog, gegen Augsburg, schien es eher für einen Grenzkrieg als für die Eroberung des widersetzlichen Landes jenseits der Alpen zu taugen; es waren kaum mehr als anderthalb tausend Ritter, und es wäre noch schlimmer um sie bestellt gewesen, hätte nicht Herzog Sobeslaw dreihundert Krieger gesandt.

Bischof Hermann von Augsburg, seine Geistlichkeit und die jubelnden Bürger empfingen das Königspaar am Tore; Marktleute waren von weither gekommen und hatten ihre Buden in der Vorstadt unter den Mauern aufgeschlagen, und die Kriegsleute, voran die unruhigen, schaugierigen Böhmen, verloren sich zwischen den bunten, von Planen überdachten Tischen, während König und Bischof in dessen Palast einen kürzlich vorgefallenen Streit verhandelten. Konnte Lothar in diesem Augenblick, da er das Reich verlassen sollte, um sein höchstes Ziel zu erreichen, eines Mißtrauens, einer Unruhe hier in der schwäbischen Stadt nicht Herr werden? Der Bischof schien dienstbereit und ergeben, auf Frieden bedacht; dennoch erinnerte Lothar sich daran, daß Hermann als Parteigänger der Salier zu seiner Würde gelangt war. Als draußen plötzlich Schreie gellten, eine Glokke anschlug, dann eine zweite, Bürger in die Häuser eilten und unter Waffen wieder aus den Türen stürzten und in die Vorstadt liefen, witterte der König Verrat. Er sprang auf, rief seine Leute und eilte zum Dom; dort staute sich die Masse, hatten sich Vasallen und Beamte des Bischofs zusammengedrängt, unter denen bald Hermann selbst erschien. Und während es kaum durchsickern wollte, daß draußen in der Vorstadt Kriegsleute mit den Händlern in Streit geraten waren und von dorther der Aufruhr die Stadt durchlief, gerieten schon Königliche und Bischöfliche aneinander: Lothar zweifelte nicht mehr, daß der Bischof, im geheimen Bunde mit den Staufern, einen Anschlag vorbereitet habe; Hermann und seine Vasallen argwöhnten mit derselben Gewißheit einen beabsichtigten Verrat des Königs. Vergeblich erhob der Prälat das Kreuz; Blut floß, und schon zuckte in der Vorstadt und da und dort im Stadtring Feuer auf, traten die beutegierigen, gewalttätigen Krieger die Türen der Bürgerhäuser und Nonnenklöster ein. Die Streiter des Bischofs fielen unter den Pforten des Doms, während der Eisenring der Königlichen sich um das ehrwürdige Gebäude verengte. Weinend über den Untergang seiner Stadt und noch immer vergebens flehend lag der Kirchenfürst vor dem Dome auf der Erde, indessen die Nacht herabsank. Am Morgen ward auch der Dom genommen; aber des Königs Zorn war noch nicht gesättigt; er schied erst von der Stadt, nachdem ihre Mauern geschleift waren und ihrem Herrn kaum mehr blieb als die verzweifelte Klage über das Unglück der Seinen. Hermann vertraute seinen Kummer dem Bischof Otto von Bamberg an, der, längst weise geworden und nach den blutigen Abenteuern der Geschichte weniger denn je verlangend, in seiner Pfalz geblieben war und von dort noch immer das ferne Pommernland umsorgte.

So glaubte der Italienfahrer in der Stunde seines Abschieds noch ein Schreckenszeichen seiner Macht aufgerichtet zu haben; aber wie hätten den greisen König, der an der Seite Richenzas vor dem kleinen Heere die Paßstraße hinaufritt, die Sorgen verlassen sollen! Sie zogen mit, beharrlicher als Vögel und Wolken und das Rauschen vorüberschießender Bäche und nachts noch um vieles gegenwärtiger als bei Tag. Wie stand es zwischen Stauf und Welf? Friedrich von Schwaben hatte im Frühjahr Heinrichs Länder heimgesucht und nicht einmal die Besitzungen des Klosters Zwiefalten geschont, dessen fester Turm ihm einst Schutz geboten; bis gegen Altdorf und

Ravensburg hatte er das Land verheert, und Heinrich hatte es ihm bald vergolten und das Kriegsfeuer von der Donau bis vor die Burg Staufen getragen. War dies das Schicksal des Reichs, ewig sich selbst zu bestreiten und nicht die gesammelte Kraft, sondern nur, was ihm übrig blieb von solchem Streite, auszustrahlen in die Welt: ein kleines Ritterheer, gestellt von einem einzigen Stamme, weit weniger als das Viertel der verfügbaren Männer? Und waren so alle Könige diesen harten Weg gezogen, einsam, mit geringem Gefolge, nicht in der Mitte des vom großen Schicksal ergriffenen Volkes und nicht getragen, begleitet von seinen Wünschen und Gebeten, sondern nur an der Spitze der Vorhut, die dieses Volkes Krone suchte und suchen mußte? Denn wenn er sie nicht zurückbrächte, diese Krone: würden nicht doch alle den Schimmer um seine Stirne vermissen, ein Unerklärbares, für das dieses Volk und seine Führer schwer nur das geforderte Opfer bringen wollten, und niemals das höchste: den Verzicht auf das eigene enge Recht um eines allumfassenden, höheres Leben erzwingenden Dienstes willen? Wer diesem Leben einmal entgegengeführt wurde von Gott, der spürte wohl, welchen Preis es forderte, und bezahlte ihn auch, gleichgültig welchen Stammes er war, ob Franke oder Sachse; aller enge Streit kam zur Ruhe vor der schwersten Pflicht. Warum fühlte es der nur, dem diese Pflicht auf die Schultern drückte, niemals der andere, der ihm dienen, ihm helfen sollte, diese Pflicht zu erfüllen? Und mußte nicht einmal, wenn der Träger immer einsam war, niemals die Dienstbereitschaft Wurzeln schlug in den Geschlechtern und mit ihnen fortgrünte als sie ewig verjüngendes Leben – mußte dann der Träger nicht ausbleiben, ja, endlich die Pflicht und damit die Krone genommen werden von diesem Volke?

Als der Heerzug die stürmische Paßhöhe erreicht hatte und sich langsam hinabwand, die Bäche ihm nicht mehr entgegenstürzten, sondern vorauseilten und in der Tiefe das gesuchte Land lag, eingehüllt in fremdes Licht: da, zwischen den beiden Reichen, mußten des Königs Sorgen noch peinigender werden. Er hatte dem Papste vertraut in Lüttich, im Glauben, daß Gott mit dem frömmern Manne sei; aber was wäre Vertrauen, das nicht bindet, und fühlte der Papst sich gebunden? Innozenz hatte in Vienne den Primicerius Albero von Metz zum Erzbischof von Trier geweiht, eh dieser vom König belehnt worden war. Gab der Papst sich, sobald der König das Konkordat hingenommen, mit diesem schon nicht mehr zufrieden; durchkreuzte er bereits des Königs Willen, der sich kaum für ihn erklärt hatte und nach Italien aufgebrochen war, den Papst auf den Stuhl Petri zurückzuführen? Der Primicerius war ein allzu gewandter, vielleicht ein schlechter Mann, der um hoher Ziele willen sich so gemein gemacht hatte mit der Welt, daß endlich die Welt auf ihn abfärbte und ihn zu ihresgleichen herabwürdigte. Wie könnte das Ziel den Menschen erheben, wenn die Mittel ihn erniedrigen? Er habe, so wurde erzählt, als leidenschaftlicher Verehrer des Papstes Gregor VII. und Vorkämpfer der von diesem angestrebten geistlichen Macht sich den Haß und die Verfolgung Kaiser Heinrichs IV. zugezogen; aber auf immer andere Weise habe er es verstanden, den Häschern zu entschlüpfen, etwa indem er als Kaufmann auf bepacktem Wagen durch die Tore kaiserlicher Städte fuhr, als unscheinbarer Diener einen Großen begleitete, als Pilgerin das Interdikt unter seinem Mantel barg, um es auf dem Altar einer Kirche niederzulegen, wo es zum Entsetzen des Volkes gefunden werden sollte. Ja, er sollte als lahmer Bettler hinter dem kaiserlichen Hofe hergehinkt sein, habe von Kaiser Heinrichs Gemahlin mit demütiger Miene Almosen empfangen und habe, die ihm zugereichten Speisen verzehrend, unter dem Tische gesessen, als Kaiser und Kaiserin berieten, wie sie ihn fangen würden. Gewiß hatte die Fabulierkunst der Mönche Anteil an solchen Geschichten; aber der Primicerius versagte es sich nicht, sie selber mit mancher witzigen Anspielung in gebrochenem Deutsch zu erzählen oder lieber auf französisch, der Sprache seiner Mutter. Bis in die Morgenfrühe pflegte er mit seinen Freunden am Tische zu sitzen, einem Gelehrten zuhörend und dann dessen Weisheit mit Scherzen ausschmückend. Und wie hätte er, der auf so kunstreiche Weise betrog und sich auf allen Pfaden der List auskannte, die Reinheit des priesterlichen Amtes wahren können? Im Verstoß gegen die Satzungen war er von einem Teile der Geistlichkeit gewählt worden, so daß der König, um dieser Satzungen willen, ihm die Anerkennung verweigerte; aber Albero verstand es, sich den Beifall mächtiger Schirmherrn, endlich des Papstes, zu verschaffen, und als er aus Frankreich zurückkam, als geweihter Erzbischof, erzwang er sich auch die Anerkennung des Königs. Mit feierlichem Eide beteuerte er, daß er diesen nicht habe kränken wollen; gegen den eigenen Willen sei er vom Papste vor der Belehnung geweiht worden. Und wenn der Papst solchem Übergriffe Vorschub leistete und es bereits zuließ, daß das Konkordat unter Berufung auf seinen Schutz mißachtet wurde: tat dann der König Recht, wenn er sein Schwert in den Dienst dieses Papstes stellte? – Wo aber ist Klarheit, wo ein unbefleckter Mann, der sich rein erhielt bis zum Tage seiner Erhebung? Und wie sollte die Welt in Ordnung kommen, wenn nicht wenigstens die Fürsten zu unterscheiden wüßten zwischen dem Amte und seinem Träger und unbestechlichen Sinnes der Form dienten, die kaum jemals vom Menschen erfüllt, aber auch nicht von ihm befleckt werden kann!

So stieg der König im Tale der Etsch in das Land hinab, das ihm feindlicher war, als er glauben mochte. Wohl hatte Papst Innozenz II. inzwischen über Frankreich die Lombardei erreicht und in Piacenza die ihm anhängende Geistlichkeit mit Würden und Einkünften beschenkt, und auch aus dem Süden Italiens war eine gute Nachricht gekommen. Als Roger, der vom Gegenpapst geschaffene König, die Stadt Nocera umzingelt hatte, die dem Fürsten Robert von Capua gehörte, eilte dieser mit dem Entsatzheer herbei; schon hatte Roger den Angreifer in den Sarno geworfen, da stürmte der Geschlagene noch einmal heran und stieß den König mit solcher Kraft zurück, daß dieser erst in Salerno sich einzuhalten getraute und mit allen Schätzen auch die Urkunde im Lager zurückließ, auf der ihm Papst Anaklet seine Königswürde voreilig bescheinigt hatte. Doch bald erfuhr Lothar, daß die Veroneser ihre hoch über dem Etschtal trotzende Klause besetzt hielten und so wenig daran dächten, ihn unbehelligt durch das Tal zu lassen, wie ihm ihre Stadt zu öffnen; daß Mailand, obwohl der dort gekrönte Gegenkönig Konrad längst schimpflich über die Alpen geflohen war, ebenfalls entschlossen sei, ihn abzuweisen. Dem kleinen Heere, das vor verriegelten Toren rettungslos hinschmelzen würde, blieb nur der mühebeladene Umweg durch befreundete Städte. So bog es vom Etschtal nach dem Gardasee ab und folgte dessen

Ufern; wenigstens die Bürger Brescias und dann Cremonas bereiteten ihm einen guten Empfang; sie hatten gehofft, im Bunde mit dem deutschen König sich lästiger Nachbarn zu erwehren, und sahen nun mit Kopfschütteln dessen geringe Kriegsmacht. Dennoch zogen die Cremonesen mit gegen Crema, eine kleine wohlbefestigte Stadt, die hartnäckig Straße und Brücke über den Serio sperrte, und halfen sie einschließen und berennen; aber Woche um Woche gingen nutzlos hin, die Belagerten zielten sicher vom Mauerkranze herab und besserten mit Gewandtheit einen jeden Schaden aus, und als der König im November unverrichteter Dinge abzog, sangen ihm die Weiber Spottlieder nach, deren sie sich noch lange zum Schimpfe der Deutschen und zum Ruhme ihrer wackern Stadt erinnern sollten. Was galt die Hoheit des Reiches, wenn dessen Herr von einem Städtlein wie diesem auf dem Wege zu der anberaumten Reichsversammlung aufgehalten wurde? Papst Innozenz suchte inzwischen, nicht einen Augenblick die Ansprüche der Kirche außer acht lassend, sich in den mathildischen Gütern heimisch zu machen. Als er endlich den König auf den Ronkalischen Feldern erwartete, konnten die Häupter der Christenheit auf dem alten Schauplatz wohl in den gebührenden Formen einander Ehre erweisen, aber durch ihre Beschlüsse den um sie versammelten Lombarden nur geringe Achtung abnötigen: sie verzichteten auf

Mailand und die anderen abtrünnigen Städte des Nordwestens und schieden voneinander, um auf getrennten Straßen, gestützt auf die Kraft des Segens oder des Schwertes, sich Rom zu nähern, auf dem ihre Hoffnung ruhte.

Welch ein mühseliger Weg des alternden Königs nach der Ewigen Stadt im nassen südlichen Winter! Zwar hatten die Bürger Bolognas den Papst ehrfürchtig empfangen, und Innozenz erfreute sich der sichern Herberge; dem König ward der Einlaß verweigert, er sollte weiterreiten auf dem Umweg um die großen Städte, auch jetzt Richenza «die geliebteste Gattin» an der Seite, deren er auf mancher Urkunde dankbar gedachte. Die Menschen wollten Rechte von ihm, und er gewährte, was er gewähren durfte bei der Einkehr in den armseligsten Orten, die sich so hohen Besuches nicht versehen hatten. Zu Füßen des Apennins, der mit seinen Schneehäuptern unerbittlich drohte wie das kommende Jahr oder wie eine unübersteigliche Mauer, hinter der die Krone des Reiches lag, feierte Lothar Weihnachten; er und die Seinen waren froh, durch Mauern und Türme des Städtleins Medicina vor Stürmen wie vor der Tücke fremden Volkes geborgen zu sein. Denn als der Heerzug bald nach dem Feste dem Gebirge zustrebte, brachten Reiter der Vorhut den Nordmarkgrafen Konrad von Plötzkau als schwer Verwundeten vor den König; ein aus dem Hinterhalte geschnellter Pfeil war ihm durch den Panzer gedrungen. Bald starb der tapfere, ritterliche Mann, den die Gefährten ehrten und bewunderten um seines reinen, fast heiligmäßigen Lebens willen und dessen edlen Leib sie der fremden Erde nicht gönnten. Sie trugen ihn mitten im Winter heim über die Alpen und nach Hecklingen unter dem Harze, wo die Benediktinerinnen ihn in ihrer schönen Kirche begruben und beklagten. So konnte Albrecht von Ballenstedt sich an Stelle des Toten des Königs Dank aufs neue verdienen, während das Heer im Februar den Apennin erstieg und dann an die Burg- und Stadttore Toskanas klopfte. Zu gleicher Zeit hatte der Papst in Pisa, ermutigt und beraten von dem in der Not gerufenen Abt von Clairvaux, zwischen den streitsüchtigen Seestädten Pisa und Genua Frieden gestiftet. Nachdem Innozenz schlecht und recht und freilich nicht zum reinen Gewinne seiner pisanischen Freunde die geistlich-weltlichen Rechte auf die Insel Korsika unter die Seestädte verteilt hatte, versprachen diese, dem Vermittler gegen Anaklet beizustehen und ihre Flotte gegen dessen Verbündeten, den machtsüchtigen König von Sizilien, auszusenden. Nun mochte Anaklet, der während dieser Zeit in bitterm Groll von der fest verschanzten Leostadt nach Rom hinüberblickte, den Traum seiner geistlichen Weltmacht zerfallen sehen; Geld und Schwert, ihre Pfeiler, brachen ein, schon wendete sich der Adel der Stadt, der ihm heuchlerisch gehuldigt, von ihm ab, während alles Glück ihn verließ, als solle das Unrecht des Gegners zum klaren Rechte werden vor der Welt.

Vor der kleinen Stadt Valentano, unter der sich das Gebirge spiegelt im See von Bolsena, erschienen von Anaklet gesandte Kardinäle im Lager Lothars; sie schilderten die in San Marco geschehene Wahl, die dem König bisher nur von ihren Gegnern beschrieben worden war, und was immer für die Rechtmäßigkeit jener Thronerhebung zu sprechen schien, wie die Zahl der Wähler und deren Würde, die Orte der Wahl und Krönung, das hoben die eifrigen Diener ihres Herrn auf das nachdrücklichste hervor. Doch der König wies sie ab; und sofort griffen sie von der entgegengesetzten Seite an, indem sie alle Ungesetzlichkeiten aufzählten, die sich vom Begräbnis des Papstes Honorius bis zu der überstürzten Weihe im Kloster Palladium und der Krönung in Santa Maria Nuova ereignet hatten; namentlich diese letzten eilig vorgenommenen Zeremonien brachten sie in einen wirkungsvollen Gegensatz zu den in Sankt Peter abgehaltenen Feiern. Als den berufenen Streitschlichter baten sie den König um seinen unparteiischen Urteilsspruch, zugleich ließen sie unter dem dargebotenen Richtermantel manche Verheißung hervorschimmern, die den Spruch erleichtern könnte, etwa ihres Herrn kaiserfreundliche Ansichten über die Investitur oder das Anrecht auf das mathildische Gut.

– Bot sich mit dieser Entscheidung über den Stuhl Petri dem Reiche ein Vorteil dar, den ein König ergreifen mußte, oder forderte zum mindesten das Verlangen nach Gerechtigkeit, das von so manchen dem König bisher sorgfältig verborgen gehaltenen Gründen gestützt wurde, eine neue, gewissenhafte Prüfung des Streites – jetzt, vor den Toren Roms, während Papst Innozenz II. im nahen Viterbo darauf wartete, in die Ewige Stadt geführt zu werden? Lothar hatte sich vor sich selbst wie vor der Welt entschieden, als Gläubiger wie als Sachwalter des Reiches; er mußte die neue Königsmacht im Süden Italiens bekämpfen, und er konnte den Kampf nicht wagen gegen die stärkste geistige Macht der Zeit; er wünschte diesen Kampf auch nicht, denn er hätte ihn uneins gemacht mit sich selbst und seinem Amt.

Freilich, Heinrich V. hätte ihn vielleicht aufgenommen, von beiden Päpsten sich seine Dienste bezahlen lassen und noch im Angesicht Roms die Fahnen gewechselt; aber es herrscht ein geheimes Gesetz, von dem die Könige wissen sollten: aller Gewinn dieser Art ist nur ein Darlehen, das zur ungelegenen Stunde zurückgefordert wird, und darum enden eben die Herrschsüchtigsten beim Vergleich. Der Ordner aber müßte die Flutmarke kennen, die der Strom nicht übersteigt, ohne wieder tief unter sie zu sinken. Indessen war Erzbischof Norbert von Magdeburg in großer Eile zum Papst nach

Viterbo hinübergeritten, um mit dessen Antwort dem Zaudern ein Ende zu machen: Die allgemeine Kirche, erklärte der Abt von Clairvaux im Namen des Papstes, habe gesprochen; es sei nicht erlaubt, die von der gesamten Christenheit bereits entschiedene Sache einem einzelnen zu unterbreiten. So eilten die Kardinäle Anaklets nach Rom zurück, sich hinter den Toren der Leostadt zu bergen, eh die deutsche Vorhut ihnen den Weg verlegen würde; der König brach seine Zelte ab und lud in Viterbo den Papst zur Romfahrt ein. Aber statt südwärts zu ziehen, holte er nach Osten aus, um bei Orte, in weiter Ferne von Rom, sein Heer sicher über den Tiber zu bringen. Er zog bis Narni hinauf und von dort auf der alten Straße zwischen den Sabiner Bergen und dem Tiber zum Ponte Salaro und lagerte dann bei dem Kloster Sant' Agnese vor den Mauern, ohne daß Rom ihm Verteidiger entgegenschickte. Die Stadt schien aller Kämpfe müde und bereit, ihr Schicksal hinzunehmen. Robert von Capua und Rainulf von Alife, die Feinde König Rogers, näherten sich, wie berichtet wurde, der Stadt von Süden, während die Flotte Pisas die Tibermündung gewann. Als der Papst und das Königspaar, der Abt von Clairvaux, die Kardinäle und geistlichen Fürsten und mit diesen so mancher italienische Bischof durch die Porta Nomentana schritten, verneigten sich die Frangipani und Corsi und der Stadtpräfekt vor den Siegern, deren geringe kriegerische Gefolgschaft freilich allzu schnell in den Straßen verschwand.

Niemand verwehrte den Eintritt in den Lateran, als habe dieser seit mehr als drei Jahren auf seinen Herrn gewartet. Unter dem Schutze deutscher Krieger wagte Innozenz die einst nur flüchtig betretenen Gemächer zu bewohnen. Am Aufstieg zum Aventin gegenüber dem Berge der Cäsaren harrte seit viel längerer Zeit ein verwaister Palast des seiner würdigen Herrn; hier hatte vor hundertdreißig Jahren Otto III. im Banne christlicher wie antiker Herrlichkeit Hof gehalten; nun beschritt der greise Supplinburger die Wege des Jünglings aus dem ottonischen Hause.

Von der Höhe des Aventins konnte der König die vom flachen Becken der Hügel umfaßte, von fernem Gebirge umblaute Stadt überschauen, ein unruhiges Gedränge von Festungen, Kirchen und Ruinen; schräg gegenüber trotzte das Stadtviertel seiner Feinde, das vom dichten Gehege bewehrter Türme umzogen war. Auf dem gelben Fluß, der in schroffer Krümmung unter dem steil aufragenden kapitolinischen Hügel daherzog, ruderten die Schiffe der Pisaner herauf, doch durften sie es nicht wagen, sich der wohlverschanzten Insel oder gar der Brücke zu nähern, an deren Kopf die gewaltige Stadtfestung der Pierleoni drohte. Hier blitzten Fenster, Plattformen und Mauern von Waffen, so daß weder Bürger noch

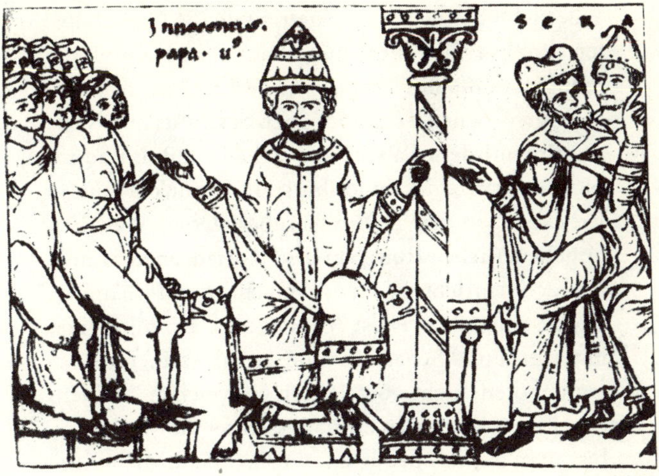

PAPST INNOZENZ II.

Edle sich über die Brücke getrauten; die Corsi hüteten wohlweislich ihre Burgen auf dem Kapitol, die Frangipani die ihren zwischen den zu Festungswerken gewordenen Triumphbögen des Titus und Konstantin, auf dem Palatin und dem Esquilin; und im Norden starrte die Engelsburg am Kopfe der andern Brücke über den Strom herüber. Dort, von dem ungeheuerlichen Rundbau des Hadrian, an dem einst Kaiser Heinrichs IV. Zorn machtlos zerschäumte, blicke, so hieß es, Papst Anaklet nach Rom hinüber, in Grimm und Schadenfreude; er habe seinen Soldaten geboten, nicht vom Posten zu weichen, auf dem er selber auszuharren entschlossen sei. So wartete er, bis man seiner bedürfen würde; denn er mußte gewinnen mit einem jeden Tag, da die Sonne, nachdem der Frühjahrsregen verrauscht war, heißer auf die bei San Paolo vor den Mauern lagernden Truppen brannte. Vergebens grollte der Abt von Clairvaux den Römern; die Stadt, die das Heilige barg, war auch die unheiligste, keine käuflicher, keine zu Verrat und Tücke geneigter als Rom. Wiederholt hatte Bernhard in Briefen den König Heinrich I. von England um Unterstützung angefleht; die Redeglut des Abtes vermochte wohl den Normannenenkel zu Zerknirschung und Demut zu bewegen, aber die Tränen der Frömmigkeit flossen diesem leichter als Geld; war Heinrich doch vor langen Jahren vom Totenbett des Vaters fortgeeilt, um das erbetene

Erbteil an Silber abzuwiegen, während jener einsam starb. Besitzgier war das Laster seines Geschlechts. Das Schicksal der Christenheit hing von den wenigen Männern zu beiden Seiten des Tiber ab. Wenn der König durch den viel zu weit gewordenen Mauergürtel der Trümmerstadt hinausgeritten war zu seinen Sachsen, so konnte er wohl Ungeduld und Erbitterung über das fremde Volk und Land auf allen Gesichtern lesen, ja, es lagen schon Fieberkranke in den Zelten; die Krieger widerstanden dem Frost und den Regenfluten der Länder östlich der Elbe besser als der südlichen Sonne. So entschloß sich Lothar, einen Gesandten nach der Engelsburg hinüberzuschicken; und bald erschien der Kardinal Petrus von Porto als Beauftragter Anaklets im Palaste des Königs. Schon hatten beide Parteien ihre Bereitschaft erklärt, sich einer neuen richterlichen Untersuchung des Streites zu unterwerfen und bis dahin Geiseln zu stellen und Burgen auszuliefern, als Petrus zum heftigen Zorn des Königs sein Versprechen unvermittelt widerrief und das schwankende Seil zwischen den Hälften der Stadt und der Christenheit wieder zerriß.

Vergebens musterte der König die Mauern und Torfestungen der Leostadt. Sankt Peter, wo die Könige des Reiches die höchste irdische Krone empfangen hatten, lag wohl verwahrt unter dem Gebot des unrechten Mannes, und wenn das kleine Heer auch das Unwahrscheinliche vollbringen, die Brücke erstürmen, den Petersdom nehmen und für die Krönungsstunde halten würde: wie hätte der König hoffen können, mit der furchtbar gelichteten Schar sich durch Italien zu schlagen, das nur auf den ersten Schwertklang wartete, um allerorten in uralter Streitlust zu entbrennen! Der Supplinburger, der einst den nach Italien gezogenen Saliern die Gefolgschaft verweigert, sah sich nun schwächer als sie, weil die Staufer das freigewordene Amt des Empörers besetzt hatten. Und doch hatte Lothar, als er in Mainz von den erregten Fürsten erhoben wurde, gehofft, Ordnung in der Welt stiften zu können; aber mit der Welt war es viel zu übel bestellt: bis in die Wurzeln hatte sich das Unrecht gefressen. Wohl waren die Ehrfurcht gebietenden, ordnenden Zeichen noch erhalten, und ihr Abbild ruhte noch in den Gemütern der Menschen, die an den Straßen der Geschichte oder auch fern ihren Kampfplätzen wohnten; doch das Heilige war in unheilige Hände gefallen, und die Macht lauerte vor den Toren der Heiligtümer: nicht wie die gebändigten Löwen zu beiden Seiten der Portale lombardischer Kirchen, sondern als fesselloses Raubtier auf der Treppe. Und wer wohl, außer den Heiligen und den Unbekannten, die unter dieser Verwirrung litten, hätte sich freisprechen können von der Schuld an dieser Krankheit der Welt? Hatten sie doch alle, der Gegenpapst in der Engelsburg und Innozenz im Lateran und der König auf dem Aventin, dem der Ort der Weihe verschlossen war, die Empörung genährt!

Es blieb nur der Verzicht: das Streben nach dem unerreichbaren Recht, nicht dieses selbst. Endlich bewegten Fürsten und Räte und namentlich Erzbischof Norbert von Magdeburg, der mit unvermindertem Eifer, aber schon erschütterter Kraft zwischen dem Aventin und Lateran vermittelnd hin und her eilte, des Königs Sinn zum Vergleich: Lothar fand sich bereit, sich gegen allen Brauch in der Basilika des Konstantin krönen zu lassen. Krieger schützten die Straßen, als das Königspaar und sein Gefolge vom Aventinischen Hügel herabkam und dann die schmale Straße zum Lateran hinaufstieg; wieder, wie fast immer, wenn der Herr des Reiches zum Altar schritt, drohte die Stadt mit Aufruhr. Eine dumpfe Masse von Groll und Raubsucht schien aus allen Gassen hervorquellen zu wollen, und der Gebieter der Engelsburg mochte nichts versäumt haben, sie aufzuwühlen; die Römer waren es gewöhnt, Blut fließen zu sehen am Tag der Weihe. Geharnischte umschlossen den Platz vor der Basilika. König und Königin betraten die Treppe, während der Papst im Kreis der Kardinäle und des römischen Stadtadels sie von oben segnend grüßte. Sie beugten die Knie, dreimal umarmte Lothar den Nachfolger Petri, dreimal tauschten sie den Friedenskuß. Dann schwor Lothar mit lauter Stimme den alten Eid, den auch die Vorgänger geschworen und gebrochen hatten: den Papst und seine Nachfolger zu schützen, seine Würde und Ehre zu verteidigen, seine Güter ihm zu erhalten. Während der Gesang erscholl, durchschritten der Papst und das Königspaar die von Kerzenschimmer und Weihrauchgewölke erfüllte Halle bis zum Altare. Tief erschüttert beugte der König sich unter der priesterlichen Hand; das Haupt, der rechte Arm und die Schultern wurden ihm gesalbt und geweiht; Gebete flehten Gottes Segen herab auf den Schirmherrn der Kirche, den das geistlich-weltliche Gewand des höchsten Amtes auf Erden, der Priestermantel des Kaisers, umwallte. Als Zepter und Schwert aus den Priesterhänden übergingen in die des Fürsten und die hochemporgehaltenen Kronen über den Häuptern des Paares blitzten und dann sich auf diese niedersenkten, erbrauste der Jubel. Ein mächtiges Echo antwortete vom Platze vor der Basilika, und da die Gekrönten aus dem Portale traten, die heiligen Zeichen tragend und umleuchtet vom Geheimnis der Weihe und unwiderruflicher Gelöbnisse, brandete die Kriegerschar unter stürmischen Zurufen, Segenswünschen und Waffenklirren auf, während die Glokken forthallten über die Dächer Roms: die Streiter sahen wieder die Kronen ihres Volkes, für die ihre Väter und Ahnen Unsägliches vollbracht, erlitten, geopfert hatten, auf auserwählte Häupter gehoben.

Nun erst war das Volk gesegnet, da sein Königspaar wieder geweiht und gesegnet war.

Die Stadt blieb ruhig, kein Tor ward aufgetan in den Stadtburgen des Gegenpapstes; zum ersten Male schwiegen die Glocken Sankt Peters, als der deutsche König die Krone des Reiches empfing. Aber es war der Römer Weise, dem Gekrönten einen schlimmen Heimweg zu bereiten; so erlosch der Argwohn der Deutschen nicht, und Kaiser und Papst, die sich kaum den Friedenskuß gereicht, sollten, da sie aus dem Heiligtum in die unverrückbaren Kreise ihrer Pflichten zurückkehrten, ihre Rechte noch einmal voreinander vertreten, eh sie sich trennten. Bald nachdem er die Alpen überschritten, hatte den König die Nachricht erzürnt, daß, wie in Trier, so auch in Regensburg sein Recht übergangen und ein Bischof geweiht worden war, eh er ihm durch die Verleihung des Zepters verpflichtet war. Jetzt forderte Lothar mit dem Ansehen kaiserlichen Namens aufs neue die Investitur. Ja, der König entsann sich der in Lüttich erhobenen Forderung nach der Vollgewalt, die vor dem Konkordat in den Händen der Kaiser lag. Wieder drohte der nie überwundene Streit hervorzubrechen, dessen verderbliches Feuer die beiden ineinander geschobenen Gestalten nur unzulänglich umschlossen; wieder gelang es den Vermittlern, vor allem dem Erzbischof Norbert, den Zwiespalt notdürftig zu versöhnen. Um der Erhaltung der kaiserlichen Macht willen, die dem Apostolischen Stuhle auferlegt sei, wie aus Hochachtung vor des Königs Frömmigkeit und Opfermut verbot der Papst den Bischöfen und Äbten des deutschen Reiches, die weltliche Herrschaft anzutreten, eh sie diese vom Kaiser verlangt und sich ihm verpflichtet hätten.

Der auf der Krone ruhende Segen war das Innerste des Reiches, die Beschirmung und Ausbreitung des Kreuzes sein Auftrag; der König vergaß es nicht, daß Bischof Otto, als er die Ranen auf Rügen taufen wollte, erst eine Gesandtschaft zum Erzbischof von Lund hatte schicken müssen und es inzwischen zu spät geworden war für das Bekehrungswerk; daß König Erich von Dänemark, der auf Zypern gestorbene Kreuzfahrer, zum Schaden der deutschen Kirche und damit des Reiches vom Papste die Gründung des Erzbistums Lund erwirkt hatte. Denn das Vorrecht, im Norden und Osten zu predigen und das Kreuz zu errichten, hatte sich die Kirche Bremens in heißer Mühe erworben. Mußte das Reich nicht verkümmern, wenn es diesen seinen ersten Beruf nicht mehr ausüben, sein Wipfel sich nicht mehr ausbreiten durfte in dem ihn umgebenden Raum? Noch vor der Krönung hatte Lothar zusammen mit dem Erzbischof Adalbero von Bremen den Papst um die Wiederherstellung der Metropolitangewalt Bremens angegangen; sie wurde gewährt, und noch einmal schien die Kirche der Weserstadt, die das Andenken an so viele Heilige und Säleute des ewigen Wortes bewahrte, über den ganzen Norden, die Länder der Wenden, Dänen, Schweden und Norweger und selbst der Polen gebieten zu sollen.

Papst und Kaiser vertrugen sich auch über das Gut der Markgräfin Mathilde, das diese der Kirche vermacht hatte, ohne daß sich die Kirche in den Besitz des Erbes setzen konnte, ohne daß Kaiser Heinrich V. die Kirche als Erbin anerkannte. Vor den versammelten geistlichen und weltlichen Fürsten und Herren ließ sich Lothar zum Zeichen, daß er die Güter der Markgräfin als Lehen empfange, vom Papste den Ring an den Finger stecken. Er versprach, jährlich hundert Pfund Silber als Zins zu entrichten, doch leistete er keinen Lehnseid; so durften Papst und Kaiser hoffen, dem Staufer Konrad, der sich vergeblich vor den Burgen Toskanas gezeigt, diese für immer zu versperren. Aber wie, wenn der Papst den Kaiser, den er belehnt, fortan als seinen Dienstmann ansehen würde? Wenn die Verfügung über das reiche, immerfort streitige Gut den deutschen Kaiser Hoheit gekostet hätte, die mehr gilt als aller Besitz? – Doch eben jetzt, da der Kaiser vielleicht seinen bedenklichsten Schritt gewagt, diente er dem größten, weit über sein Leben hinausreichenden Plan. In einem Zusatz, den der Papst auf Bitten Lothars der Urkunde anfügte, versprach er, aus Liebe zum Kaiser das Erbe der Markgräfin auch auf dessen Eidam, den Herzog

Heinrich von Bayern und seine Gemahlin Gertrud gegen den Lehnseid zu übertragen. Denn einen Anfang hoffte der Kaiser zu machen; das stürmische Jahrhundert der Salier war vorüber, und er strebte danach, ein besseres einzuleiten, in dem die Einsicht gebieten sollte neben dem Recht und das Gewissen die Stelle der Gewalt einnehmen würde. Schwer hatte er die kaiserliche Würde erkaufen und den Besitz erwerben müssen, der sie stützen sollte; leichter würde vielleicht der Weg des Erben sein, wenn die Welt sich beruhigt hätte. Und da die Krone unabänderlich ihren Träger zwang, den Kommenden zu dienen, sowie auch das Volk und seine großen Geschlechter in ihr das Zeichen sich fortpflanzenden Dienstes erblicken sollten, so mußte der Kaiser im Augenblick, da er sie empfing, auch des Erben gedenken; dem welfischen Stamme, in dem sein Blut fortlebte, hoffte er die Verantwortung für das geordnete Reich dereinst, und wie bald schon? zu übertragen. Er selbst wollte nur Vorbereiter sein. Heinrich der Stolze sollte in größerem Glanze Italien betreten, als es ihm vergönnt gewesen, und den Weg nach Sankt Peter offen finden; er sollte des großen Otto Reich erneuern, das mit derselben Kraft aus dem einen, ihm einwohnenden Gesetze sich nach Süden wie nach Osten entfaltet hatte: mit der Kraft der Weihe, die weiter reicht als die Kraft des Schwertes. War es nicht das Geheimnis des Reiches, daß es im

Süden empfing, was es im Norden gab; daß seine Träger an heiliger Stätte das Taufwasser schöpften, um es jenseits der Elbe auf den Inseln der Ostsee und noch an der Düna zu spenden? Könige mochten um Macht streiten; des Kaisers war die Hoheit, die sich nicht erobern läßt.

Aber als Kaiser und Papst sich trennten in der nur halb bezwungenen Stadt, auf deren rechter Seite der Gegenpapst die Krönung im Lateran verhöhnte, trugen sie ungleiche Bilder ihrer Ämter in ihren Herzen. Als der freie, von Gott bestellte Schirmherr der Kirche sah sich der fortziehende Kaiser; ihr, nicht einem Menschen, wußte er sich unlösbar verpflichtet, ihre Hoheit ehrte er in ihrem Sachwalter, ihr, als der unangreifbaren Spenderin der Weihe und Bewahrerin des Heiligen, hatte er sich angelobt, um sein eigenes Wirken zu heiligen nach dem Maße göttlicher Gnade und menschlicher Kräfte, und ihrer Priester Segen und Fürbitte hoffte er zu verdienen, indem er das Ewige über das Irdische und des Menschen Bestimmung über des Menschen Leben in allen Dingen stellte. Der Papst aber, wie sehr er auch von der Nachfolge Petri durchdrungen war, sah hier, am Sitze römischer Weltmacht, im Schirmherrn der Kirche seinen Vasallen; er sah ihn im Geiste knien vor dem päpstlichen Throne und demütig die Krone entgegennehmen aus des Papstes Händen. Und Innozenz II. sollte in einigen Jahren, wenn seine Herrschaft sich dem Scheine nach befestigt hätte, einen Maler beauftragen, dieses Bild im Lateran auszuführen und ihm diese Umschrift zu geben:

Erst vor der Pforte beschwört Roms Rechte und
Ehren der König,
Wird dann des Papstes Vasall und erhält von
diesem die Krone.

Und so mochte auch dieses Mal, da am Krönungstage kein Blut geflossen war und die Verwalter der Christenheit friedlich voneinander schieden, das alte Verhängnis sie bedrohen: niemals verstanden sie einander ganz, vermochte der eine im andern zu sehen, was dieser zu sein glaubte und was ihm sein Amt zu sein befahl. Hinter des Papstes Thron dämmerte der Schatten Cäsars; aber Cäsars Schatten folgte auch den Kaisern und flüsterte ihnen Worte der Empörung zu. Ihrer beider christliche und weltgeschichtliche Aufgabe war es ja, mit diesem Schatten zu ringen bis ans Ende der Zeiten oder bis der Herr sie abrufen würde, und immer aufs neue, von Tag zu Tag, und durch die ganze Geschlechterfolge auf ihren Thronen das Kreuz zu ergreifen und mit seiner Hilfe den Schatten zurückzudrängen.

Vergeblich hatten die süditalienischen Fürsten Robert von Capua und Rainulf von Alife, hatte auch der Papst gehofft, daß der Kaiser Anaklets Anhänger im Süden Italiens bekriegen werde; die Nachricht war

EMPFANG LOTHARS III.
DURCH PAPST INNOZENZ II.

LOTHAR LEISTET DEN RÖMERN
DEN SCHUTZEID (LINKS),
WIRD VOM PAPST GEGRÜSST (MITTE)
UND GEKRÖNT (RECHTS)
NACHZEICHNUNG EINES UNTERGEGANGENEN
WANDGEMÄLDES IM LATERAN
AUS DEM 16. JAHRHUNDERT

gekommen, daß Roger, der König des Gegenpapstes, in Sizilien eine Flotte rüste und sein Königreich zurückerobern wolle; so hatten sich die Fürsten vom Kaiser eilig getrennt, um ihre Länder zu verteidigen. Und während der Kaiser den Alpen entgegenzog, türmte das Unheil sich auf hinter dem Papste im Lateran; schon schien Innozenzens Sache verloren, triumphierte sein Gegner in der Leostadt über eine jede Nachricht, die aus dem Süden kam. Was war gewonnen? Weder des Kaisers noch des Papstes Ansehen war fest gegründet. Auch jetzt wagte Lothar nicht, vor Verona zu erscheinen; nördlich von Brescia quälte sich das Heer durch die engen Gebirgstäler, um auf mühseligem Umweg durch die Judikarien das Etschtal zu erreichen. Und schon waren Reiter und Wagen zwischen schroffen Gebirgen am Ufer des Idrosees hingezogen und dahinter in das Tal getreten, als, angesichts der hohen Ritterburg Lodrone, stark besetzte Verhaue ihnen den Weg versperrten und Geharnischte zu beiden Seiten des Paßwegs von den befestigten Höhen das Heer bedrohten. Der Kaiser führte die Seinen zum Sturm; sie brachen sich Bahn, eilten den Burgberg hinauf und schleppten den Grafen Albert, den Herrn des Tales, gefangen herunter, um ihn mit nach Deutschland zu nehmen. Bald aber, nachdem der Kaiser jenseits des Gebirges in das von Fehden zerrissene Reich herabgestiegen war, wagte der Papst, der ihn gekrönt, es nicht mehr, sich im Lateran zu halten; er eilte nach Pisa, wie er es vor einigen Jahren getan, während Anaklet aus seiner Burg über die Tiberbrücke zog, um aufs neue die Frangipani zu bekämpfen und die Stadt endlich niederzuzwingen. So war am Krönungstage im Lateran nur ein flüchtiges Beispiel der erstrebten Ordnung gegeben worden, ein Bild gleichsam, das den Menschen das Recht wieder vergegenwärtigte, aber nicht schenkte. Kaiser und Papst wußten, daß es ihnen aufgetragen war, die Mitte der Welt zu gewinnen und zu behaupten; und ob auch das Alter den Kaiser beugte, so mußte er doch, wenn er auf das kaum bezwungene Gebirge zurückblickte, sich im Innern auf einen neuen Italienzug bereiten, in immerwährendem Kampfe mit immerwährender Empörung.

Dennoch bewährte sich nun und in den folgenden Jahren die Kraft der Krone. Nicht nur die Fürsten Deutschlands, auch die umwohnenden Völker sahen sie wieder strahlen, und wie widerwillig die Nachbarn sich auch zu allen Zeiten duckten unter dem Schwert des Reiches, so suchten sie doch hier das Recht, das nicht in Menschen und Völkern, sondern über ihnen ruht: den Gewaltherrn erduldeten sie nur wie ein vorüberfliehendes Unwetter; den des Schwertes mächtigen Schiedsrichter ehrten und begehrten sie. Auf der Pfalz zu Altenburg trat der Bischof Peter von Stuhlweißenburg in den Kreis der das Kaiserpaar umgebenden Fürsten, während unten im Hofe Knechte zwei edle Rosse bereithielten, deren Sattelzeug blitzte von Gold; der Bischof bot sie dem Kaiser als Ehrengeschenk seines Herrn, des geblendeten Königs Bela von Ungarn, und bat in dessen Namen um Lothars Beistand gegen den Thronprätendenten Boris. Denn schon hatte der Thronstreit die benachbarten Fürsten: den Polenherzog Boleslaw als Verbündeten des Boris und Sobeslaw von Böhmen, der mit Bela verschwägert war, in den Kampf gerissen; sie befehdeten einander in Ungarn mit Feuer und Schwert, und der Erzbischof Konrad von Salzburg, der kluge Grenzwächter im Südosten, hatte allen Grund, wachsame Mannschaft in seine Burgen zu legen. Lothar versprach, im Verein mit dem Böhmenherzog, den Streit zu schlichten und ließ den Gesandten mit Geschenken ziehen. Größerer Triumph noch wurde dem Kaiser in Halberstadt bereitet; dort erwartete ihn Magnus von Dänemark, der ungestüme Sohn des Königs Nikolaus, in Furcht und Demut. Er hatte im Krieg gegen den Prätendenten Erich die deutschen Kaufleute zu Roeskilde überfallen, grausam verstümmelt und außer Landes jagen lassen; nun bat er den Kaiser, der ihm mit einem Rachezug gedroht, um Vergebung; er breitete Geschenke aus, erbot sich, Zins zu entrichten, versprach Geiseln zu stellen und gelobte feierlich, daß fortan die Deutschen in Dänemark Schutz genießen sollten und daß kein König den dänischen Thron besteigen werde, ohne des Kaisers Billigung gefunden zu haben. So reichte Lothar dem mit gefalteten Händen vor ihm stehenden Dänen die Krone. Am Festtage, unter dem Hall der Glocken, schritt der Gekrönte als Schwertträger dem Kaiserpaare und dem langen Zuge der Fürsten voraus zum Dome. Noch trotzten die Staufer in ihrer Feste Ulm, doch hatten sie Eile, mit ihren Geiseln zu entkommen, als Herzog Heinrich der Stolze im Zorne heranrückte und der Kaiser sich bereit machte, von Würzburg, vor dessen Mauern er einst verhöhnt worden war, in das staufische Land zu dringen. Ulms Mauern fielen in Schutt und Asche, und Burgen und Städte ringsum mußten die grausame Lust der Sieger büßen.

Im Jahre darauf, als der Hof zu Fulda weilte, erschien ein Barfüßiger im Büßergewande vor der Kaiserin Richenza und dem Legaten Gerhard; es war Herzog Friedrich von Schwaben, der Empörer, dessen Waffe stumpf geworden und dessen Seele unter der Last des Bannes gebrochen war. Unter Tränen warf er sich der Kaiserin zu Füßen, sie bei ihrer gemeinsamen Ahnin, der Kaiserin Gisela, beschwörend, zwischen ihm und der Christenheit zu vermitteln. Sie fühlte, welchen Trostes der unglückliche Mann am dringendsten bedurfte, und bat den Legaten, den Bannfluch von seinen Schultern zu nehmen; auch versprach sie, den Gatten zur Milde bewegen zu wollen. Wohl begehrte der Stolz des Besiegten noch einmal auf, doch überwand er sich im Angesichte des Kaisers und der Fürsten zu Bamberg, warf sich vor Lothar auf die Knie und bat um Gnade; der Kaiser hob ihn auf, verzieh ihm und führte ihn in den Pflichtkreis seiner Ämter zurück. Der Staufer mußte versprechen, sich vom Papste Innozenz die Aufhebung des Bannfluches zu erwirken und seinen Gebieter auf der bevorstehenden neuen Italienfahrt mit starker Kriegsmacht zu begleiten.

Und wie in Halberstadt harrte des Königs auch in der Pfalz zu Merseburg ein fürstlicher Schwertträger: der Herzog Boleslaw von Polen stand neben dem Herzog Sobeslaw von Böhmen und dem Gesandten Belas von Ungarn, um unter kaiserlichem Schiedsspruch den Streit um die Stephanskrone auszutragen. Mit dem zähen Gedächtnis der Könige erinnerte Lothar sich des seit Kaiser Heinrichs V. Ende nicht entrichteten Tributs: er forderte dem Polen die gesamte Summe ab, eine stattliche Menge Silbers, die sich als Schuldforderung des Reiches seit einem Dutzend Jahren aufgehäuft hatte, und er legte dem Herzog den Lehnseid für Pommern und Rügen auf; so rückte er die Insel der heidnischen Ranen, die er zu Rom der geistlichen Oberhoheit Lunds entwunden hatte, auch unter die mittelbare weltliche Gewalt seiner Krone und in das Kraftfeld des Kreuzes. Aber Strenge wird dann wohl hingenommen, wenn sie

HULDIGUNG LOTHARS
DURCH HERZOG BOLESLAW VON POLEN

von Hoheit ausgeht; zwischen dem Polen und dem Böhmen stand der Kaiser als der höher geartete Mann, und die Feinde beugten sich seiner Einsicht und reichten einander, wenn auch noch immer grollend, die Hände. Dann ergriff Boleslaw das Reichsschwert und trug es dem glänzenden Zuge voran, über den Platz vor der Pfalz, auf dem das staunende Volk sich drängte, und in den Dom hinüber. Venezianer und die Gesandten des griechischen Kaisers, ein Fürst und ein mit dem griechischen Kreuze geschmückter Bischof, schritten neben den Ungarn, Polen, Böhmen und den deutschen Fürsten. In der Pfalz legten darauf die Polen, Byzantiner und Italiener Geschmeide, blitzende Steine und Räucherwerk vor dem Kaiserpaare nieder; auch die Fürsten und hohen Würdenträger des Reiches wurden auf die geziemende Weise mit Pelzen und kostbaren Stoffen bedacht. Der griechische Kaiser, berichteten dessen Gesandte, sei von König Roger von Sizilien in seinen afrikanischen Besitzungen geschädigt worden; er hoffe, daß der deutsche Kaiser die Normannen in Süditalien niederzwingen werde, während er selbst ihnen das geraubte Fürstentum Antiochia wieder entreißen wolle. Die Venezianer klagten bitter über den Schaden, den normannische Piraten ihrer Stadt zugefügt hatten; sie erinnerten Lothar daran, daß Roger sein Reich unter dem Segen eines ketzerischen Papstes aus den Ländern zusammengeflickt habe, die der Hoheit des Kaisers unterstanden. Mit Schiffen, Geld und Mannschaft versprachen sie, ihm bei der Vertreibung des Scheinkönigs und seines räuberischen, das ganze Mittelmeer durchschwärmenden Volkes zu helfen.

So war die Krone wieder errichtet über den Völkern; der Bischof Anselm von Havelberg, der die heimkehrenden Griechen im Auftrage seines Herrschers mit Geschenken begleitete, trug Ruhm und Ansehen eines neuen, gerechten Schirmherrn der Christenheit in den Osten. Endlich fiel auch der letzte Schimmer des angemaßten Amtes vom Haupte des Gegenkönigs: in Mühlhausen erflehte Konrad, nachdem er sich die Fürbitte der Kaiserin erbeten, des Königs Gnade; und der Kaiser, der nun der sichtbaren Krone kaum mehr bedurfte, weil Milde und der ruhige Ernst des Glaubens an Amt und Dienst sein Haupt umleuchteten, gewährte nach zehnjährigem Kriege alles, was er gewähren konnte: Gnade und Gunst. Er erstattete dem Besiegten seinen gesamten Besitz und erhob ihn zum Träger der Reichsfahne; er saß mit dem Empörer, der das ewige Recht erkannt und sich ihm unterworfen, an der Tafel wie mit einem altvertrauten Freunde und ließ ihn unter der Last der Geschenke ziehn.

Wohl rief die Krone, deren geheimnisvolle, an die Ferne gebundene Kraft sich auf herrliche Weise offenbart hatte, wieder in die Ferne, wo sie verliehen ward; wie der griechische Kaiser und Venedig drängten auch Papst Innozenz und der Abt von Clairvaux zum Italienzug. Der greise Kaiser machte sich bereit; doch hier, auf der im späten Abendschein erklommenen Höhe, da der Friede zu ihm heraufläutete aus dem so lange friedlos gewesenen Reich, in den wenigen Augenblicken der Ruhe, die ihm noch vergönnt waren, wendete Lothar den Blick auf die Heimat: nahe der Supplinburg, über dem Dörflein Lutter am Elmwalde, hatten seine Vorfahren ein Nonnenkloster gestiftet, und sie hatten ihre Stiftung so reich bedacht, daß die Augustinerinnen Zucht und Pflicht vergaßen und ein schlimmer Ruf von dem Kloster ausging. Wie aber sollten die Lebenden Segen erhoffen, wenn der Toten Werk in Verfall geriet und für Tote und Lebende nicht mehr gebetet würde in der Stille? Der Kaiser ließ die Nonnen austreiben und sandte sechs Mönche aus dem Kloster Berge bei Magdeburg nach Lutter; sie sollten unter ihrem ehrwürdigen gelehrten Abte Eberhard nach der Regel des heiligen Benedikt beten und arbeiten, die Toten ehren, für die Lebenden bitten, im Elmwalde roden und die Äcker bestellen. Dort, im Lande der Väter, hoffte der Kaiser auszuruhen, wenn er seinen Dienst getan hätte; und während er diesseits und jenseits der Alpen die große Heerfahrt vorbereiten ließ, mochte er wohl dem Dome nachsinnen, den er auf der Höhe von Lutter zu bauen gedachte, einem ernsten, wuchtigen Bau. Er sollte nicht so erhaben sein wie des großen Otto Grabmal zu Magdeburg, aber doch diesem nah auf der sächsischen Erde; und wie vielleicht bald schon sein eigener müder Leib dort bestattet werden würde, so sollte dereinst sein Eidam dort ruhen und das welfische Kaisergeschlecht, das unter Gottes Gnade von ihm ausgehen würde. Denn mehr würde er nicht vollbringen dürfen, als in Weisheit und Bescheidung den Grundstein zu legen; der beste Teil seines Lebens war vertan, eh er berufen ward, und vielleicht würde er nicht einmal die Grabkirche vollendet schauen. Wollte dann Gott der Herr sein irdisches Wirken vor Vergeblichkeit bewahren und das Beste, was sein Diener in den letzten Lebensjahren geschaut und gewollt, in dem Herzen des Erben wieder erwecken!

VIERTES KAPITEL

Albrecht der Bär

Die Sorge der Könige um ihr Land und ihr ganzes ruheloses, der Ruhe bedürftiges Leben bewirken freilich nur einen geringen Teil des Notwendigen. Der Herrscher beste Weisheit ist es vielleicht, wachsen zu lassen. Denn die Schlachten, die sie schlagen, müssen im Bann der Geschichte verwehen wie Rauch oder wie die gespenstischen Rosse längst gefallener Könige, die nachts noch über die Dächer fliehen. Vieles muß geschehen, aber sehr viel muß sein und in diesem Sein sich vorbereiten; und endlich läßt die wilde Jagd der Gestalten, der Zepterschwinger und Schwertesgewaltigen doch keine Spur zurück auf Gottes Erde, und nur die Frage nach der Seele der Gewesenen und die Klage um sie hallt dem davongestobenen Zuge nach.

So hatte sich auch noch zur Zeit Kaiser Heinrichs V., als der Sturm ohne Pause wütete auf den Gebirgskämmen des Reiches, Großes in der Stille begeben: im Süden der Erzbischofsstadt Bremen waren Männer aus dem Niederlande mit langem Wagenzuge angekommen. Kaum hatten sie für sich, ihre Weiber und Kinder notdürftige Unterkunftshütten am Rande des Moorlandes gebaut, so machten sie sich daran, lange, geradlinige Kanäle in das Sumpfland zu ziehen auf die kunstreiche Weise, die ihre Väter in lebenslangem Kampfe mit dem Meer und der Hochflut der Flüsse erlernt hatten. Der Erzbischof Friedrich von Bremen hatte sie gerufen und ihnen dieses Land überlassen: sie sollten nur einen geringen Zins entrichten, gerade so viel, wie nötig war, um die Hoheit des jenseits des Stromes in seiner Burg neben dem Dome wohnenden Herrn auszudrücken. Auch war ihnen Zollfreiheit versprochen für den gestochenen Torf, den sie schon bald auf ihre Kähne luden und vom Flusse wegtragen ließen; nach dem Rechte von Utrecht wollten sie ihre Gemeinschaft ordnen; auch nahmen sie sich vor, des Erzbischofs Entscheidung nur dann zu erbitten, wenn sie sich in einem Streitfalle untereinander nicht einigen könnten. Das sollte nicht allzuoft geschehen; der immerwährende Kampf mit dem Meere hatte ihre Vorfahren aus dem Kriegsdienste gelöst, und das Sumpfland, das sie unter harter Mühe trockenlegten und anbauten, sollte wie die verlassene Heimaterde ihr Eigentum werden als selbständig erworbener Besitz. Sie wollten ihre eigenen Kirchspiele, ihre eigenen Priester haben; galt doch ihre Arbeit nicht allein dem Erwerb des Unterhaltes für sie und die Ihren. Denn mit einem jeden Spatenstich kämpften sie gegen die elbischen und höllischen Geister, die seit uralter Zeit im Moore wohnten; ein jeder Streifen Landes, über den das Pfluggespann ging, war dem Reiche Satans abgewonnen, den aus der Welt und aus der eigenen Seele zu drängen das von Gott dem Menschen gegebene Arbeitsgebot verlangt. Was hülfe es, Sumpf und Heide zu roden und nicht zu roden in der eigenen Seele? Nachts schlichen sich wohl die zurückgescheuchten Geister an die Häuser, die auf hohem Damme standen und sich im Mondlicht spiegelten in der abziehenden Flut; bei Tag wurde die Arbeitsschar sichtbar, die sich am anderen Ende des Moores angesiedelt hatte und hinter den Nebelschwaden langsam gegen die Mitte vordrang. Wenn sie einander begegnen würden, so wäre den schlimmen Gewalten ein gutes Stück Land abgewonnen und nicht viel Geringeres getan, als die Kreuzesträger im Pommern- und Sorbenlande vollbrachten. Endlich erhoben sich die Kirchtürme diesseits und jenseits des Moores über den behaglichen Häusern, die das Vieh umscharte, und was die Glocken des Domes zu Bremen verkündeten, das wiederholten die schwachen Glockenstimmen im Lande der Holländer an der Weser: es war die Bestimmung der Erzbischofsstadt, das Kreuz im Norden einzupflanzen und damit dessen beste Kraft zu wecken. Denn der Kirchenfürst hatte die Männer aus dem Niederland berufen in seiner zweifachen Würde als Verwalter irdischen Landes und Gärtner der Seelen, unter dessen Zepter ein irdisches Werk nur als frommes Werk gedeihen konnte.

Vor Jahrhunderten schon hatten niederländische Siedler den Pflug geführt am Weserstrome unter den Mauern des Klosters Corvey, um auf ihre Weise mit den Benediktinern zu arbeiten und zu beten; nun lockte der Osten Schar um Schar über den Rhein. Sie wanderten durch Westfalen und nahmen so manchen Bauernsohn mit Weib und Kindern mit, auch fränkische Bauern verspürten die Unruhe und packten ihre Wagen; denn mit kleinem Maße wurde im Westen das Land gemessen, kaum vermochte der eine sein Feld zu bestellen, ohne des Nachbarn Marken zu überschreiten, und der nachgeborenen Söhne und Töchter harrte ein knechtisches Leben. Die Unfreien traten mit geringem Schmerze aus ihren Hütten: vielleicht konnten sie zu Freien werden am Ende der großen Wanderstraße, die auch so mancher erbelose Herrensohn in der Hoffnung auf eigene Herrschaft und im Verdruß über seine Sippe beschritt. Im Osten galt ein anderes Maß: dort war die Hufe größer, der Zins geringer, zinsfreie Jahre wurden von den Herren und der Kirche verheißen, und wer sich aufschwingen konnte zum Führer einer Siedlerschar mußte es rasch zum Erbschulzen bringen. Er durfte den besten

Platz an der langen Dorfstraße besetzen, ein schönes Teil der Gefälle einstreichen und mußte sich nur verpflichten, nach der Weise der Niederländer oder der Niederdeutschen mit seinen Gefährten das Land urbar zu machen und zu bestellen.

Hinter den Bauernwagen, auf denen Pflug und Axt, Ackergerät und Saatgut lagen, trieben bald auch die Städter ihre Karren her, mochten es nun Handwerker sein, denen das Dasein in dem finstern Handwerkerhof der Küfer, in der Gasse der Schwertfeger oder Schuster zu enge und kümmerlich geworden war, oder Händler, die sich rechtzeitig einstellen wollten auf den Marktplätzen des Ostens. Dort, hinter den Wäldern, wo das Land weit war und der Nachbar nicht Tag für Tag in die Schüsseln und die Arbeitsstube sah, wartete vielleicht ein besseres Leben; eines, das nach Gottes Willen doch besser paßte zu der einmal aufgeschürten Unruhe des Blutes als der enge Mauerring der Stadt. Priester wanderten mit in dem Wunsche, in dürftiger Kapelle inmitten der Wildnis die erste Messe zu lesen, Gerät, Vieh und Äcker zu segnen und die bösen Geister zu vertreiben. Auch die strengen, weißgekleideten Jünger des Erzbischofs Norbert von Magdeburg begleiteten ihr wanderndes Volk; ihr Stifter sollte durch sie ein besseres Werk verrichten als durch die Kriegerscharen, die er mit Feuer und Schwert gegen das abtrünnige Havelberg gesandt. Bald nahmen die Jünger

Bernhards von Clairvaux den frommen Wettstreit mit den Prämonstratensern auf, rodend, bauend und das Volk unterweisend. War es das karge Leben in der Heimat oder nur der Überdruß an ihr, der Ruf der Herren und der Kirche und der frommen Prediger oder die unüberwindliche Unruhe der Väter, die das Volk auf die Wanderschaft schickten? War es mehr, Unbegreifliches, die im Innern gesammelte, Jahr um Jahr überströmende Lebenskraft des Reiches, die das Umland durchsickern sollte wie ein überfließender Brunnen?

Wenn aber die Kraft überfließen will, so bedarf es der Herren, die sie fassen oder das von ihr durchtränkte Land beschützen und erhalten; der Herren, die eins sind mit der geheimen Bewegung ihres Volkes und sie dem Höchsten und Endgültigen wieder dienstbar machen. Denn einem jeden Volk ist eine unveränderliche Mitte bestimmt, in deren Umkreis seine Kräfte erblühen; die Auswanderer waren alle getauft aus der geweihten Zisterne des Reichs, und sie wären verloren gewesen, wenn sie es vergessen hätten. Die Herren im Osten und Norden, die an das Reich gebunden waren, riefen das Volk und banden die Angekommenen wieder an das Reich. Der streitbare Wiprecht von Groitzsch ließ die fränkischen Bauern roden in den Wäldern zwischen Elster und Pleiße; Fläminger bauten ihre sauberen Dörfer im Umkreis Meißens auf den Ruf des Bischofs Gerung. Adolf von Schaumburg, der Graf von Holstein, sandte Boten nach Utrecht, Westfalen und Friesland, den Siedlern Land zu bieten; hochgewachsene Männer kamen mit Weib und Kind, schlossen sich in kleine Gemeinden zusammen und verdrängten auf dem Acker und Weideland langsam die Slawen, die Karl der Große zur Abwehr der räuberischen Nordleute wie Dorngestrüpp in Holstein angepflanzt hatte. Als aber Kaiser Lothar in Halberstadt dem Grafen Albrecht von Ballenstedt aus dem askanischen Haus die Fahne der Nordmark reichte, hatte er einen langerprobten Mann erwählt, der viel Zeit brauchen würde für sein Werk, so wie auch der König viel Zeit gebraucht, und der darum vielleicht Größeres vollbringen oder anbahnen sollte als sie alle.

Der Belehnte begleitete seinen König noch nach Quedlinburg auf die Hoftage zu Merseburg und Bamberg; er versprach, seinem Herrn Waffenhilfe zu leisten auf dem bevorstehenden Italienzug, wie er es schon auf dem letzten getan, dann ritt er in das ihm anvertraute Land. Er ritt zugleich in eine Weite und Freiheit, die den Grafen und Herren im Westen verschlossen waren; sobald er die Ohre überquert hatte und durch das Flachland zog, hatte er kein anderes Gebot zu achten als das seines fernen Lehnsherrn in den Pfalzen an der Saale oder am Harz; hier war er fast so frei wie der Kaiser, und er war auch ohne feste Wohnstatt wie dieser. Wohl ragte die ungefüge Burg zu Salzwedel aus der Ebene auf, und Kapelle und Kaufmannshäuser bargen sich in ihrem Schutz; dort hatten einst die Grafen von Stade, die vorigen Herren des Landes, gesessen, deren einer im Kampfe mit Albrecht gefallen war; und der neue Gebieter der Nordmark mochte sich nun Udos von Freckleben aus dem Geschlecht der Stade noch einmal erinnern. Der war nach des letzten Stadischen Grafen Tod mit der Verwaltung der Mark betraut worden und hatte die beste Anwartschaft auf den markgräflichen Titel, als ihn askanische Dienstleute bei Aschersleben in der Fehde erschlugen, noch eh er belehnt worden war. Seine Verwandten saßen noch in der Mark; vielleicht warteten sie auf die günstige Stunde, um das ihnen entwundene Land wieder an sich zu bringen; sie sollten keinen lauen Gegner finden an dem Ballenstedter.

Denn beharrlich hatte sich dessen Geschlecht emporgerungen aus dürftig begütertem Herrenstande; vom Schwabengau vor dem Harze, wohin die Ahnen vielleicht aus Schwaben gekommen waren, hatten sich die Ballenstedter gegen Norden, Osten und Westen mit Umsicht und Kühnheit ausgebreitet. Das Schwert und die reichen Frauen, die sie freiten, hatten ihnen so manches Burgtor geöffnet zwischen Harz, Mulde und Elbe, in Thüringen und gegen den Rhein; sie durften sich als Erben des großen Markgrafen

Gero betrachten, dessen Blut in ihnen rollte, aber auch das Erbe der Orlamünder und der Pfalzgrafen war ihnen durch Frauen zugebracht worden, bis Otto, Albrechts Vater, die Hand der Billungerin Eilika, der Tochter des letzten Herzogs Magnus Billung, errang und damit kein geringeres Recht als der Welfe Heinrich der Schwarze erwarb, der sich mit Eilikas Schwester Wulfhild vermählt hatte. So hegten die Ballenstedter dieselben Hoffnungen wie die Welfen, und sie glaubten als im Nordosten angesessene Nachfahren Geros einen stärkeren Anspruch zu haben; wurzelt nicht in der Erde ein Recht, das dem Herrn dieser Erde anheimfällt? In Aschersleben hatten einst die Ostmarkgrafen Recht gesprochen; es war askanisch geworden; mußte nicht auch einmal die Ostmark askanisch werden? So war das Ziel gewiesen, ja, es war schon Überlieferung geworden, die Geschlechter beherrschte; als Graf Otto die eingefallenen Slawen bei Köthen ruhmreich schlug und dann über die Elbe drang und vor der alten Slawensiedlung im Gau Cieruisti seine Burg Zerbst auftürmte, war der Kopf der Brücke besetzt, die in kaum begrenztes Land, zu dem die Geschlechter verzehrenden Werke führte. Und wie der Osten sein eigenes Gesetz zu haben scheint, das dem des Westens und der Mitte widerstreitet – ein Gesetz, das doch nicht aus sich selber lebt, sondern an Höheres gebunden bleibt –, so schien auch nun das Geschlecht sein

Gesetz zu haben. Der Sieger von Köthen kämpfte gegen Heinrich V., der ihm freilich unrecht getan und das pfälzische Erbe vorenthielt; er glaubte sich als Gatte der Eilika Billung von seinem welfischen Schwager benachteiligt und vergaß es diesem nicht, so wenig wie sein Sohn es vergessen sollte. Und verschmerzen wollten es die Askanier auch nicht, daß Kaiser Heinrich V. im Kampfe mit Lothar von Sachsen dem Grafen Otto das Herzogtum Sachsen verliehen und nach kurzer Zeit wieder genommen hatte, um es Lothar zurückzugeben. So hatte die herzogliche Macht ihre Stirn gestreift, und sie mußten fortan nach ihr trachten.

Auch Albrecht, der neue Markgraf, hatte Land besessen und wieder verloren; früh hatte er sich im Bunde mit Herzog Lothar und dem Wettiner Konrad Eilenburgs und der Niederlausitz bemächtigt, war er dann von dem zum König erhobenen Beschützer mit dieser Landschaft belehnt worden. Aber Fehdelust ließ ihn wieder stürzen: das Fürstengericht zu Lüttich sprach ihm Land und Würden ab zur Sühne für Udo von Frecklebens Tod, so daß ihm nur die alten Güter des Hauses, die Eroberungen des Vaters und die zäh umklammerten Ansprüche blieben; nachdem Lothar ihn zum Lohne für unentwegte Dienste aufs neue über ein weitgedehntes Land erhoben, gedachte er, dessen Herr zu bleiben. Arm war die Mark noch immer; je weiter ostwärts der Markgraf ritt, um so häufiger kam er durch die elenden Dörfer wendischen Volkes; nicht wie Fremdlinge wohnten die Slawen hier, sondern wie Alteingesessene, die das Recht hatten, die ernsten Reiter als Fremdlinge zu betrachten. Ihre Kuhgespanne gingen träge über das Feld, kaum ritzte der hölzerne Pflug die karge Erde, die geringe Mühe mit geringem Ertrag widerwillig lohnte; der Markgraf erinnerte sich des Wohlstandes in den Dörfern der Holländer an der Weser und der kräftigen emsigen Ackersleute, die mit eiserner Pflugschar tief in die Erde griffen und die emporgehobenen Schollen ausbreiteten unter Licht und Regen. Deutsche Herren saßen in befestigten Häusern unter den Fremden; sie klagten über das Volk, das mit seinem Boden nichts anzufangen wisse und das sie doch nicht entbehren konnten noch wollten, weil sich keine fleißigeren Hände darboten. Den Elbstrom säumte noch immer die Kette der Grenzburgen: Wolmirstedt, das von der Ohre umflossen, von der nahen Elbe noch einmal geschützt wurde, Tangermünde, das sich kühn über den Fluß und das überschwemmte Uferland erhob, Arneburg, das stromabwärts denselben Wächterdienst tat, Osterburg tiefer im Lande, und Werben, die feste Burg im Stromknie. Hier schien die Herrschaft zu enden. Geheimnisschwer dehnte sich jenseits des Stromes das Land, das sich längst der ihm aufgezwungenen Ordnung wieder entwöhnt hatte. Wohl hatten die

Stader Grafen sich ein paar Landstriche erstritten drüben bei Jerichow zwischen Elbe und Havel; aber der bischöfliche Hof in Leitzkau mochte längst in Trümmern liegen, und die Markgrafen konnten nach manch hartem Kampfe froh sein, wenn sie mit den wendischen Fürsten, die in Havelberg und Brandenburg, in Ottos des Großen Bischofssitzen, herrschten, in Frieden auskamen und jene die wenigen Kreuzesgläubigen unter ihren Burgen nicht verjagten; freilich gellte den Christen alljährlich der Festlärm zu Ehren Gerowits und Triglaws in die Ohren. Selten nur glitten Schiffe vorüber; die Schiffer wußten nicht viel von Gewinn und Tausch zu berichten, aber um so mehr von den Zöllen, die man ihnen abnahm auf ihrer beschwerlichen Fahrt. Hier schien die Grenze des Reichs zu sein, und doch sollten nach dem Willen seines Gründers Kreuz und Schwert ihre Blitze werfen von den Randburgen geistlicher und weltlicher Herren am Elbstrom über die sumpf- und walddurchzogene Ebene bis in das Oderland.

Aber ein Amt besteht kraft des höchsten Zieles, das ihm gesetzt ist; der gewaltige Sachsenkaiser hatte wie ein Held der Vorzeit den Wurfstein weit hinausgeschleudert, alle Späteren mußten sich mühen, es ihm gleichzutun. Wem sollte es gelingen, wenn nicht den Askaniern? Nicht ein einzelner, sondern ein Geschlecht sollte es vollbringen, die Geduld und Zähigkeit eines Geschlechts. Des Markgrafen Vater hatte Fuß gefaßt jenseits der Elbe, er selbst sich einen noch besseren Standort vorbereitet, den er einmal würde besetzen können. Als Herr des Gaues Cieruisti hatte er gute Nachbarschaft gehalten mit dem Wendenfürsten Pribislaw und seiner klugen Gemahlin Petrussa. Er war Gast gewesen auf der Brandenburg, dem von Wäldern und Wassern umkränzten Fürstensitz der Heveller. Als dem Markgrafen der erste Sohn geboren wurde, kamen Pribislaw und Petrussa als Taufpaten zu ihm herüber; längst hatte der Wende in der Taufe den Namen Heinrich empfangen, hegten er und seine Gattin den Wunsch, ein Kloster vor ihrer Burg zu bauen; aber sie wußten wohl, wie ihr Volk sich erbittern würde vor den Klostermauern; hatten die Heveller doch so manches Mal die alten Götter gerettet aus dem Schutt ihrer von Christen gebrandschatzten Hütten. Doch die Taufpaten wußten auch, daß sie die letzten Herrscher ihres Stammes waren; eine seltsame Sehnsucht hatte sie ergriffen, ihre zu schwer gewordenen Kronen niederzusetzen auf dem Altar des heiligen Petrus in ihrer Burgkapelle. Eine Zeit ging unter mit all ihren Göttern, dem Großen und Furchtbaren, das in ihr gelebt, und Fürst und Fürstin wollten noch einmal unter den veränderten Zeichen die Ersten ihres Volkes sein, indem sie sich vor dem neuen Gott beugten und ihm den Weg bereiteten. So legte das Fürstenpaar dem Askaniersproß ein kostbares Geschenk in die Wiege: er sollte dereinst Herr auf der Brandenburg sein und in der Zauche, dem südlich der Burg sich erstreckenden, von der Seenkette der Havel gegen Norden abgegrenzten Lande. Ja, Pribislaw und Petrussa ließen fortan ihren kriegserfahrenen Nachbarn manches Wort mitsprechen in Verwaltungsgeschäften, froh, daß ihnen ein Mann beistand, der eine frische Lust am Herrscheramte fühlte und keinen anderen Dank und Lohn begehrend als das Gebet der Mönche und Gläubigen zum Heile ihrer Seelen.

Der Glaube, der von stärkerer Kraft ist als das Schwert, hatte dem Reichsfürsten das Tor des Ostens leise geöffnet, und das Reich mußte dem Glauben verpflichtet bleiben. Hier, an der Grenze, konnten die nur Wächterdienst tun, die aus der heiligen Mitte kamen und den reinen Kreuzesschild trugen über der Rüstung; und der stärkste Schwertarm, der sich gen Osten reckte, müßte absterben, wenn ihn das Blut aus dem ehrfürchtigen, opfergläubigen Herzen nicht mehr erreichte. Stolze Heere sollten schmählich umkehren müssen, Demütige ihr Ziel erreichen, heiligmäßige Ritter durch Jahrhunderte Fahnenwacht halten; an der Grenze sollte es sich erweisen, ob das Reich noch lebte aus der Kraft seines Segens und Auftrags; hier sollte kein Schwertschlag verziehen werden, der nicht höherer Ordnung den Weg bereitete. Der Markgraf, der als schon Vierzigjähriger nach kämpfereichem Leben im Auftrag seines Kaisers an der Grenze stand, seiner und seines Geschlechtes ungeheurer Aufgabe gegenüber, würde keinen Schritt tun dürfen, ohne dieses Gesetz zu beachten; er blieb dem Westen und Süden verpflichtet, woher er stammte, wo seine Güter lagen, wo er Würde und Amt verdient, und er durfte doch so wenig wie sein kaiserlicher Herr das von der Geschichte noch kaum bestrahlte Land jenseits der Elbe vergessen, das ihm überantwortet war. Langsam nur konnte er beginnen; das Reich würde ihn immer aufs neue einfordern und abrufen, und er durfte ihm seinen Dienst nicht weigern; kam von diesseits der Elbe doch die Kraft, mit der er jenseits des Stromes wirken, bauen, überzeugen sollte. Denn was wäre Gewalt ohne Hoheit, was ein üppiges Ährenfeld, über das der Wind nicht den Ton der Glocken trüge?

Der Markgraf mußte sich erst des Landes diesseits der Elbe, der alten Mark versichern; hier war er Herr. Er konnte, wenn drüben sich Gefahr zusammenballte, die Männer zu den Waffen rufen und sie führen; er durfte Gericht halten selbst über die Freien und die Ältesten und Edelsten zum Botding laden, an welchem Ort es ihm beliebte. Zoll und Gericht mußten ihm Gefälle liefern; er konnte die Flüsse und Heerstraßen nutzen, das Münzrecht ausüben, nach des Bodens Schätzen graben lassen, wenn sein Land ihm solche versprochen hätte. Da er schwerer trug als die Fürsten im Innern, so war er auch freier als sie: er sollte die lebendige Grenzmauer bauen und das Leben der Menschen formen nach dem Maße fest begrenzter weltlicher Gewalt.

Schon rief ihn der König auf die Hoftage und zur Vorbereitung der italienischen Heerfahrt, das pfalzgräfliche Erbe verlangte seine Fürsorge; unruhiger, als es je gewesen, würde fortan sein Leben sein, aber er würde wiederkehren. Denn das Volk drüben mochte es für gut halten, sich beizeiten des starken Arms zu erwehren, der auf ihm lasten wollte; mißtrauisch sahen die Heveller den Freund ihres Fürsten durch dessen Burgtor treten, und an der ganzen Grenze bis hinauf nach Holstein, wo Graf Adolf von Schauenburg im Bunde mit Albrecht durch Kreuzesprediger und Siedlerheer Götzen und Slawen zurücktrieb, schwelte verborgenes Feuer. Burgen und Kapellen, das Kloster des Kaisers vor dem Segeberg und die Burg gegenüber, die vorgeschobenen Stadtmauern, Adelssitze und Gehöfte des Nordens und Ostens würden wieder in den Flammen stehen, bis sie erprobt wären. Der Markgraf sollte in der Heimat nicht rasten dürfen, aber auch nicht hier im Osten; beide forderten sein Leben ganz, und was in ihm selber eins geworden war, das sollte sich auch draußen vereinen: Das Reich sollte den Osten durchwachsen.

In weiter Ferne erst, an der Grenze des eigenen Lebens, mochte der an den Kaiserhof Reitende ein verwandeltes Land erblicken: wie an der Weser und in Holstein würden Flamländer und Westfalen auch in der Mark ihre Dörfer bauen, dem Wasser feste Straßen weisen und der Erde so lange mit harter Arbeit dienen, bis sie es ihnen lohnen würde. Kirchen würden sich erheben und Kapellen aussenden in die Wälder, und auch die Wälder würden sich in deren Umkreis lichten, bis das fremde Volk, das sich in sie geflüchtet und im Dunkeln seine Götter ehrte, den Dreiköpfigen und den kriegslustigen Gerowit, auch aus den Wäldern stieben würde – dem Wilde gleich, um das die Jagd immer engere Kreise zog. Dann mußten die Städte sich füllen und weiter werden und mit immer stattlicheren Türmen sich krönen: Tangermünde, das stolze auf seinem Hochufer, und Stendal drunten, das den Kaufleuten vielleicht noch bequemer lag; das große Wandern mußte beginnen, denn dieses Land hungerte nach Menschen; es forderte viel und versprach nur wenig, und vielleicht gehorchten gerade darum die Menschen seinem Ruf. Die Schiffe würden zahlreicher werden auf dem breiten, trüben Strome, und vielleicht würde dann auch der Himmel heller über dem Land, wenn der Bann der Heidengötter gebrochen wäre. Er selber, der Markgraf, hoffte noch die neuen Dome aufwachsen zu sehen in Havelberg und Brandenburg. Daß er wenigstens noch beginnen könnte mit dem Bau und ihn unfertig hinterließe! Das unfertige Werk ist das beste Erbe. Die Zauche war schon sein Besitz, die Prignitz, das hügelige Land über Elbe und Havel, das sich eng an die Altmark schloß, war vielleicht zuerst zu gewinnen. So wäre ein Anfang gemacht; wie im Kloster Kalbe in der Ebene zwischen den Städten Salzwedel und Stendal die Mönche lange einsam dem Herrn gedient, so sollten sie ihm drüben unerschrokken dienen in den Wäldern und an den Seen; ihr Gebet, ihre Arbeit zerstreuten die dunklen Mächte, die das Werk der Siedler störten. Mochte es ihm beschieden sein, dereinst im Kreise frommer, schwertesmächtiger Söhne den Grundstein der Kirchen zu legen und das erste Gebet zu verrichten in neugeweihter Halle! Dort drüben sollte einmal seiner und seines Weibes gedacht werden, wenn das Volk die Straße entdeckt haben und beschreiten und weiterbauen würde, wenn Stadt um Stadt und Dorf um Dorf im aufgrünenden Ackerland die Weiterziehenden grüßten.

Wenn aber der Markgraf in den Kreis der Fürsten trat und des Kaisers Eidam, den Welfen, neben Lothar stehen sah im Glanze der Gunst und des Glückes und als mutmaßlichen Erben des Reichs, so wußte er, daß die Mark nicht nur Mühe von ihm forderte, sondern einen furchtbaren Kampf. Das rasche Blut der Billunger floß in seinen wie in des Welfen Adern; es hatte die bedächtigere Art der Ballenstedter mit Herrschlust und Wagemut befeuert. Wie, wenn der Welfe, der ruhelos nach den höchsten Ehren trachtete, auch das Herzogtum Sachsen erlangen sollte aus des Kaisers Händen oder nach dessen Tod, wenn er des Markgrafen mächtiger Nachbar im Osten würde: mußten sie dann nicht um den Osten miteinander ringen auf Lebenszeit? Noch hielt der Kaiser Groll und Tatendrang des Bären und Welfen vor seinem Throne nieder, bannte er sie beide durch die höhere Pflicht. Zu Würzburg waren mit Albrecht und Heinrich die Herren des Westens und Ostens um Lothar vereinigt: die Bischöfe von Toul, Lüttich, Basel, Konstanz und Regensburg, der Böhmenherzog Sobeslaw, der Erzbischof von Magdeburg, auf dessen Erzstuhl Otto der Große einst die Verantwortung für das geistliche Heil des Ostens übertragen hatte, und Bischof Anselm von Havelberg; denn noch immer schweifte der aus Byzanz zurückgekehrte Bischof der Liutizen durch die Länder, während in seinem verwaisten Bistum die Heidengötter Dankopfer empfingen.

Osten und Westen, die Marken und Burgund standen vor den Augen des Kaisers; er sandte einen Kaplan an den Erzbischof von Arles, den stolzen Prälaten unter Androhung kriegerischer Strafe an den schuldigen Treueid zu erinnern und ihn mit Heeresgefolge auf die Ronkalischen Felder zu laden. Dem greisen Bekehrer der Pommern, der weder Lust noch Kraft verspürte zu der neuen Italienfahrt, machte Lothar die Einkünfte aus vier Gauen der Nordmark zum Geschenk; so sollte Ottos von Bamberg frommes Werk gestützt, der ehrwürdige Vollbringer geehrt werden. Und hohe Ehre ward auch Konrad von Meißen zuteil, als Lothar ihm die Fahne der Lausitzer Mark reichte; der Wettiner sollte an der Stelle des verstorbenen Heinrich von Groitzsch dessen Amt und Gut verwalten und vererben; denn Geschlechter allein, die tief in die Erde wuchsen, konnten die fließende Ostgrenze des Reiches befestigen, wie Kiefer und Gras die Wanderdüne an die Erde fesseln. Aber Geschlechter vererben mit ihrem Amt auch ihren Haß, und Askanier und Welfe, die der Dienst an dem greisen kaiserlichen Gebieter noch vereinte, standen unter dem Gesetze eines Erbes, das sie zu Feinden machte. Wie ihr Volk, so wurden auch die Fürsten zum Osten hingedrängt; aber Billungerart vertrug ihresgleichen nicht an derselben Stelle: es schien ein Gesetz des Reiches zu sein, daß seine besten tragenden Kräfte sich spalteten und gegen sich selber wüteten aus dem Übermaße ihrer Natur. Doch noch führte gerechter kaiserlicher Sinn die Zügel; und nun, da des Kaisers Gedanken über die Alpen und das südliche Land hinweg vielleicht schon fernere Höhenzüge streiften und Welfe und Bär ihm dienten und der Staufer die Fahne trug, sollte die geheimnisvolle Herrlichkeit des Reiches sich wieder für ein flüchtiges Jahr offenbaren.

FÜNFTES KAPITEL

Triumph und Heimkehr

Doch eh der Kaiser zu Würzburg die Fürsten zur Heerfahrt versammelte, hatte er noch einmal das Land seiner Väter besucht. Im hohen Sommer war er von Goslar auf die Güter seines Geschlechtes hinübergeritten; Friede lag über dem fruchtschweren Land, dessen stilles Hügelgewelle der Harz beschirmte; und wo Kaiser und Kaiserin vorüberkamen, ehrte und segnete sie das Volk als die Bringer und Erhalter des Friedens. Wohl waren die Sachsen stolz auf den Kriegsruhm ihres Herrn, der die glänzenden Zeiten der Sachsenkaiser wiedergebracht und gezeigt hatte, daß in dem Jahrhundert fränkischer Herrschaft sich die Tapferkeit, aber auch der Edelsinn des alten Stamms unvermindert erhalten hatten; sie meinten, daß ihr Herr den größten Kriegshelden zu vergleichen sei, von denen Geschichte und Sage erzählen. Cäsar, erklärten die gelehrten Mönche, sei kein besserer Feldherr gewesen, und um wie vieles überrage ihr Kaiser den Gewaltherrn der Heiden durch seinen frommen Sinn!

Denn daß der Friede sich in die Herzen senkte unter Lothars Krone, schien allen das Größte zu sein in diesen Jahren; und nach langer Zeit, wenn der Kaiser und das Reich, nach dem er trachtete, wieder Schatten wären, sollten sie sich daran erinnern, daß einmal Friede war, als der Supplinburger herrschte, und daß das Reich einmal Wirklichkeit gewesen. Die Kaufleute zogen sicher ihrer Straße zu den großen Strömen, die Männer und Wagen weitertrugen; sie waren wohl versehen mit Schutzbriefen des Kaisers. Lothar hatte denen, die zu Quedlinburg unter dem Kloster der Sachsenkaiser Markt hielten, dieselben Rechte verliehen wie den in Magdeburg und Goslar Ansässigen. Wie sie priesen auch die Mönche den Herrscher, der streng war, aber allenthalben nach den alten Rechten forschte und diese wieder einsetzte; er hatte die pflichtvergessenen Nonnen aus dem Kloster Homburg an der Unstrut verjagt und Benediktiner dorthin gesandt, damit sie beteten und Zucht übten neben dem Schlachtfeld, auf dem sein Vater, Graf Gebhard von Supplinburg, gegen Kaiser Heinrich IV. gefallen war. Wenn der Kaiser Schenkungen machte und Streit schlichtete, ließ er nach Dokumenten Ottos I. und seines Sohnes suchen, auf die er sich stützen könnte; was damals Recht gewesen, sollte wieder Recht sein. Auf den Schlachtfeldern, wo die

Empörer einst stritten, wurde gebetet; Schlimmes hatte sich zum Guten gewendet, so wie der Acker, der Blut getrunken, unter dem Segen des Himmels üppig trägt. Empörer, die Staufen und ihre Gefolgsleute, dienten dem Recht, das sich einen Rechtsverletzer zum Schirmherrn erwählt und ihn dadurch erhoben und bezwungen hatte. So schien manches vergolten und gesühnt zu sein durch Not und Mühsal, die der Schuld entkeimen, und den gottesfürchtigen Sinn, der diese Last begreift und trägt; Segen folgte dem kaiserlichen Zuge, während er sich gelassen den Hang des Elmwaldes hinaufbewegte, an dem herabeilenden klaren Wasser hin bis zu dem Dorfe Lutter und dem Bauplatz vor dem Walde.

Dort war der Umriß des werdenden Gotteshauses schon sichtbar; die Grundmauern eines langgestreckten Kreuzes aus breitem Längsarme und gedrungenem Querarme wuchsen aus dem Fundamente empor. Schwerstes Mauerwerk war im Westen aufgeschichtet; es sollte zu beiden Seiten des schmalen Portals die doppeltürmige Front tragen. Auch der Standort der Pfeiler war schon bezeichnet, der vier gewaltigen, die den Vierungsturm emporstemmen sollten, und die von diesen ausgehenden zwei Pfeilerreihen des Langhauses. Aus dem Elmwalde, wo die Bauleute auf schönen Felsen gestoßen waren, knarrten die Steinkarren heran, während Meißel und

Hämmer klirrten und sangen, die Arbeitsmänner keuchten und weiter draußen im Umkreis der Baustätte die weißgekleideten Mönche auf den Feldern arbeiteten über dem sommerlichen Lande.

Der Kaiser, der gefolgt von der Gattin, dem Werkmeister und dem Abt die künftige Halle durchschritt, mochte daran denken, daß hier einst seine Vorfahren, die Grafen von Neuhaldensleben, gesessen waren, die das erste Kloster gestiftet. Der ehrwürdige Boden der Väter war längst schon zum geweihten Boden geworden. Drunten, fern unter dem Walde, schimmerten zwischen den Äckern die Mauern der Supplinburg, von der Lothar in frühen Jahren ausgeritten war, um fast wider seinen Willen an die Grenzen des Reiches zu gelangen und endlich zu den heiligen Stätten in dessen Mitte. Der Weg hatte ihn in weiten Schleifen zurückgebracht, er würde ihn noch einmal fortziehen in fernstes Land, aber nun als einen vom Alter geadelten Mann, der das Schwert wohl erheben mag, um in Milde zu richten, aber nicht, um Blut zu vergießen; und er würde ihn endlich für immer heimkehren lassen, hierher in sein irdisches und himmlisches Erbteil. Lange verweilte der Stifter vor dem Gruftgewölbe, das die Bauleute in der Mitte des Längsschiffes zwischen den vorletzten Pfeilerpaaren vor der Vierung ausmauerten; er beugte sich im Gebete um eine gute Heimkehr, eine gesegnete ewige Ruhe in dem Grabe, das ihn hier in der Heimat

RELIEFSKULPTUREN KAISER LOTHARS
UND SEINER GEMAHLIN RICHENZA
AM CHORFRIES DES DOMES ZU KÖNIGSLUTTER

erwarten sollte wie eine von den Vätern vererbte Lagerstatt. Er betete auch für die Seelen aller, die neben ihn als den ersten Schläfer gebettet würden; die ihm die Nächsten waren nach dem Blute und nach dem Auftrag sollten auch die Ruhestätte mit ihm teilen. Ein hartes Leben mochte abrollen, bis die Gruft wieder geöffnet würde, nachdem sie den Stifter empfangen, und aller Stolz und alle Not des Reiches konnten darin beschlossen sein. Aber dem Schläfer würde diese Zeit vorüberwehen wie der Flug der Dohle über dem Dachfirst; er würde warten in Geduld auf die Heimkehr der Seinen und auf den letzten Tag, wo sie alle im Flammenschein des Gerichts einander wieder in die Augen blicken würden. Ob dann das Reich sich endlich wandeln würde in ein himmlisches Reich, nachdem seine vielumkämpfte Krone eines jeden Geschlechtes rechten Mann geziert; nachdem es kraft des Heiligen, das in ihm beschlossen war, in einem jeden Geschlechte diejenigen geschützt, die ernsten Willens sich heiligen wollten? Denn ein heiliges Reich vermochte es nicht zu werden, da es auf Menschen stand, in denen Satan sich ewig aufreckt wider Gott; wie aber vom Domturm das Kreuz niederblitzt auf das Land, so sollte von der Spitze des Reiches die Botschaft niederleuchten, die niemals alle, aber den und jenen unwiderstehlich ergreift und an der alle, die Ergriffenen wie die Kalten und Abtrünnigen, gerichtet werden. Dann müßte es auch offenbar werden, daß das Volk von denen lebte, die sich im verborgenen Dasein und Wandel oder im verborgenen Innern zu heiligen vermochten; daß unter den Gerühmten oder den Vergessenen die Gefolgschaft Christi das Amulett vererbte, das dieses Volkes Leben schützte und diese Gefolgschaft allein ihm zur Rechtfertigung dient vor Gott. Ihrer aller geheimes Erkennungszeichen mußte das Opfer sein; und das Opfer ward auch von dem Kaiser verlangt, der sich erhob vom Gebete an seiner Gruft, in dem unfertigen Dom, um noch einmal über die Alpen zu schreiten und in der Glut des Südens und an der Grenze der ihm zugemessenen Zeit die Ordnung der Welt zu befestigen.

Das gewaltige Heer, an dessen Spitze Kaiser und Kaiserin in der Schar der Fürsten zogen, ergoß sich durch das Tal der Etsch, auf dem schon einmal von Lothar beschrittenen Wege. Angesichts Trients stockte die Vorhut, so daß der Heerzug sich im Flußtal staute. Die Etschbrücke war abgebrochen, und auf dem anderen Ufer höhnten Bewaffnete die Italienfahrer, aber die Reiter suchten am Ufer nach einer Furt, fanden sie, warfen sich in den Strom und trieben die Feinde auseinander, eh diese noch ihre Waffen recht zu gebrauchen wagten. Über die neugebaute Brücke wälzte das Heer sich weiter, dem Strome folgend; Waffen blitzten auf der steilen Felsenhöhe der Veroneser Klause, bald sausten Geschosse nieder, und die Verteidiger des Passes packten die vom Tale beengten deutschen Reiter an, doch auch dieses Mal brach die Wucht der aus dem Gebirge herabströmenden Heereskraft den Widerstand. Verona, das dem Kaiser auf seinem letzten Zuge die Tore verschlossen, konnte sie nun nicht weit genug öffnen, und die Bürger überboten einander mit Ehrenerweisungen; italienische Große beeilten sich, dem Schirmherrn der Christenheit ihre Dienstwilligkeit zu beteuern, auch die Wächter der Burg Garda zeigten ihre Unterwerfung an. Neben Lothar ritt Heinrich der Stolze, in den Augen der meisten der künftige Herr, dessen Herrschaft der greise Kaiser vorbereitete; und um ein klares Zeichen seiner Absicht zu geben, belehnte Lothar seinen Eidam mit der eben gewonnenen Burg.

Die lombardische Ebene lag ausgebreitet vor dem Heere, wohl versehen mit gefüllten Scheuern, beschwert mit reichen wehrhaften Städten und bekränzt mit reifen Trauben; hier hatte der Abt von Clairvaux, den die Unruhe der Welt wieder aus seiner Zelle gerissen, des Kaisers Weg gebahnt, indem er dem Papste Innozenz half, den Anakletischen Erzbischof Anselm von Mailand, den hartnäckigen Widersacher und Verteidiger mailändischer Vorrechte, seines Amtes zu entheben. Der Erzbischof, der einst den Gegenkönig Konrad in Monza gekrönt, hatte sich vor seinen Gegnern schon auf seine Burgen geflüchtet; in Pisa wurden dem Abwesenden seine Würden abgesprochen, dann reiste Bernhard in die einstmals rebellische Stadt. Die Macht seines Namens, seine wachsende Nähe trieb das Volk aus den Toren und dem Gefeierten entgegen; Adlige auf schnellen Pferden überholten die laufenden Bürger und wallenden Geistlichen. Wohl hatten die Vertreter Mailands in Pisa die uralte Würde der ambrosianischen Kirche, die der widersetzliche Erzbischof Anselm im Bunde mit dem Gegenpapst zu behaupten gesucht, zu Füßen des Papstes Innozenz niedergelegt; aber die Bürger schienen in der Freude über ihren hochberühmten Gast die Sonderrechte ihrer Stadt vergessen zu haben. Sie beugten erschüttert die Knie vor dem schmächtigen, abgezehrten Manne, in dessen Augen der Schimmer der unstillbaren, himmlischen Traurigkeit stand; sie suchten seine Füße zu küssen, einen Zipfel seines Gewandes zu berühren oder gar einen Faden des groben Tuches zu erhaschen, um mit diesem die ersehnte ewige Gnade ein wenig fester an ihr sündiges Leben zu knüpfen. Er erhob die segnende, bannende Hand über Besessenen, und sie wurden stumm; Kranke dürsteten nach einem Blick seiner geistesgewaltigen Augen und fühlten sich, sobald er sie getroffen, wunderbar gestärkt und belebt; wie die bösen Geister und selbst die Tiere, fügten sich die Menschen seinem Willen.

Als der Abt von der ewigen Ordnung der Christenheit sprach, die Papst und Kaiser hüteten als Stellvertreter des Herrn, von der notwendigen Einheit der Gläubigen, die sich auf den letzten Konzilien und in der Unterwerfung der Aufrührer schon herrlich bewährt habe, schworen die Mailänder Anaklet ab, bekannten sie sich zu Papst Innozenz und Kaiser Lothar, und bald bekräftigten sie ihren Eid im Dome vor dem Altar, an dem der Heilige das Meßopfer darbrachte zum Dank für die Versöhnung der Stadt mit dem rechtmäßigen Oberherrn. Schwer nur erwehrte der Abt sich der ihm angetragenen Erzbischofswürde der bekehrten Stadt; wie wenig die Welt ihn entbehren wollte, wie wenig er sich dem Rufe der Welt entziehen konnte, so vergaß er doch die verwinkelte Zelle unter dem Dach seines Klosters im lichten Tale nicht: dorthin zog ihn sein Herz in die vollkommene Stille und in die reine Gemeinschaft der Brüder. Und während die Geschäfte der in ihrer Unrast nicht heilbaren Welt ihn wieder forttrieben aus Mailand nach Cremona und Pavia, wo er sich mühen sollte in demselben Dienste, wenn auch nicht, um denselben Lohn zu finden, wurde die Sehnsucht nach jener Stille und Gemeinschaft, nach den demütigen innigen Gesichtern der Novizen schmerzhafter und brennender: die Sehnsucht dessen, den die Welt nicht entläßt aus ihrem Dienst; der mit dem einen Teile seines Lebens berufen ist, in ihr zu wirken, und mit dem anderen Teile, dem Geheimnis seiner Kraft, ihr niemals angehört.

Der Heilige hatte der Kaiserin die Unterwerfung der mächtigsten Stadt Norditaliens gemeldet und sie gebeten, bei ihrem Gemahl ein gutes Wort für die Reumütigen einzulegen; ungehindert flutete das Heer, verstärkt durch die ihm zuströmenden Lombarden, durch die Ebene gegen den Po. Herzog Heinrich führte den Sturm auf die Burg von Guastalla und erhielt dafür die Stadt zum Lohne als Lehen; Gesandte der stolzen Republik Venedig, Reggios und Bolognas erschienen vor dem Kaiser; die Mailänder klagten vor ihm gegen Cremona, das Mailändische Gefangene zurückbehielt, aber die Gesandten der beschuldigten Stadt weigerten sich auch jetzt, die Gefangenen freizulassen. So machte sich der Kaiser zum Kriege bereit; doch wußte er wohl, daß das Schwert stumpf wird, das nicht dem Rechte dient, und es schien ihm angemessen, die Obhut über das Recht in Frauenhände zu legen, die wohl zaghafter sind als die Hände des Mannes, aber auch besser zu hüten und zu erhalten wissen. Er sandte Richenza nach Reggio, damit sie dort die Reichsgeschäfte verwalte, und gab ihr den vielerfahrenen Bischof Anselm von Havelberg als Berater mit. Dann gingen die Heereswogen über die Weinberge und Kastelle der Cremonesen hinweg; auf den Ronkalischen Feldern unter den trotzigen Mauern Piacenzas, wohin die Kaiser die Herren des italienischen Reiches zu laden pflegten, hatte sich die Streitmacht der Mailänder wie in einem Becken gesammelt, als sei der Po aus seinen Ufern getreten, um weithin das Land zu überschwemmen. Lothar pflanzte unter ihnen sein Banner auf und empfing die huldigenden Großen, deren viele ihn um Recht und Urteil angingen. Robert von Capua, den der Normanne aus seinem Fürstentum vertrieben, grüßte den Kaiser als nahenden Befreier Apuliens. Wie seine Vorgänger sprach der Kaiser Recht, er ließ ein Gesetz verkünden, das den kleinen Vasallen verbot, ihre Lehen zu verpfänden; so hoffte er für die Zukunft den Heeresbann zu verstärken. Dann wurden die Zelte abgebrochen, und die Streitmacht wälzte sich das Flußtal hinauf, die feindlichen Burgen und Städte wie Felsen umspülend und endlich niederreißend oder die noch immer widerstehenden Festungen umzingelnd. Konrad der Staufer fiel mit solchem Grimme über die kecken Krieger Pavias her, daß die Geistlichkeit der Stadt aus den Toren schritt und den Kaiser, der niemals lieber Milde übte als jetzt, am siegbeglänzten Abend seines langen Tags, zur Großmut bewegte; über Vercelli verbreitete sich das Heer bis nach Turin, dessen Grafen, der Stadt und Burgen sicher glaubte unter dem Schutze der winterlichen Alpen, eines Besseren belehrend; dann wendete sich der Zug und strömte durch das Flußtal zurück, nun auch die Mauern

Piacenzas erschütternd und willigen Einlaß findend in Parma.

Das Heer verweilte in der Ebene vor dem Apennin, während der Winter hinzog über das Gebirge; und wie auf seinem früheren Zuge feierte der Kaiser auch dieses Mal das Weihnachtsfest in der bescheidenen Kirche eines kleinen Ortes in der Gegend von Piacenza; auf die Bitte der Gattin, die ihn fortan wieder begleitete, versprach er dem Bischof von Reggio seinen Schutz. Dann, gegen Ende Januars, taute der Heerstrom wieder auf und rauschte südostwärts unter dem wild bewegten Gebirge hin durch Modena gegen Bologna, dessen Türme, wie ein Bündel Speere, feindlich gen Himmel starrten; ein tückischer Priester bewachte mit gespanntem Bogen den steilen Aufgang zu einer Burg der Stadt so scharf, daß einige unter des Kaisers Leuten ihr Leben lassen mußten. Doch der Verteidiger erlitt einen grausamen Tod unter Rosseshufen; während die Flammen aus den Dächern schlugen, schleuderten die Deutschen die Burgmannschaft von den Felsen in die Tiefe; nun ergab sich auch Bologna. Der Sieger schlichtete einen Streit zwischen den Städten Bologna und Faenza; bei Imola, hart vor dem Gebirge, teilte sich das Heer wie ein Fluß, der mit zwei Armen einen Felsen umfaßt. Heinrich der Stolze erstieg mit dreitausend Rittern den Apennin, um Toskana endlich zu bezwingen; der Erbe sollte sich durch eigene Kraft Ansehen verschaffen in der ihm zugedachten Markgrafschaft. Der Kaiser wählte die Straße an der Küste der Adria. Erst im Süden Italiens, vor den Burgen Rogers, sollten die Heeresarme sich wieder vereinen, um dessen Thron endgültig zu stürzen und damit auch den Gegenpapst, der allein noch auf des Normannen Macht ruhte; dorthin sollte auch der Welfe den ihn erwartenden Papst Innozenz führen.

Harte Arbeit fand der Kaiser erst vor den Mauern Anconas, wo die Vorhut unter dem Erzbischof Konrad von Magdeburg und dem Markgrafen Konrad von Wettin sich der auf sie einstürmenden Feinde mit zäher Mühe erwehrte, bis Lothar eilig das Hauptheer in den Kampf führte. Über das leichenübersäte Feld flüchteten die Anconer in ihre Stadt zurück, während die verbündeten Flotten Venedigs und Ravennas den Hafen schlossen; den Belagerten blieb keine Wahl, sie ergaben sich und stellten dem Sieger hundert schwer befrachtete Schiffe, die an der Küste das vorrückende Heer begleiteten. So fielen Stadt um Stadt, Burg um Burg, und wenn auch mancher in elender Herberge krank oder verwundet den Weiterziehenden nachblickte wie dem Leben, das in Dunst und Glanz vor den fiebrigen Augen verschwamm, so schwoll doch die Heereskraft an im Weiterströmen: aus jeder Burg und Stadt rann ihr ein Bächlein zu, mochten sich nun italienische Krieger zu den Deutschen und Böhmen gesellen, oder mochte der Schatzmeister den abgeforderten Tribut in der Kriegstruhe bergen. Adlige huldigten dem vorüberkommenden Sieger, Mönche ehrten ihn und baten ihn um seine Schirmherrschaft, und es fehlte auch nicht an solchem Zuzug, als der Kaiser sein Heer über den Tronto geführt und Rogers angemaßtes Königreich betreten hatte. Die herbeieilenden Herren klagten über die Gewaltherrschaft des Normannen, die Bürger über die hartherzigen Vögte, die Roger ihnen auf den Hals geschickt; sie alle schienen bereit, sich zu empören und lieber vor der geheiligten Würde des Kaisers zu beugen als vor dem Machtgebot des Tyrannen, dessen neuerbaute Türme auf Städte und Straßen herrschsüchtig niederblickten. Wo aber der normannische Vogt den ihm erteilten Befehl mißachtete, wie der Vogt des Kastells Pagano, das den Zugang zum hohen Monte Gargano im Sporn des italienischen Stiefels sperren sollte, erwartete ihn eine furchtbare Strafe: Roger ließ den Flüchtling, der auf seine Gnade vertraut hatte, blenden. Indessen schloß der Staufer den Monte Gargano ein, bis der Kaiser heranrückte, der schon mit dem ungewohnten Anblick seiner Heeresmacht die Feinde schreckte; Lothar eroberte den Berg des Erzengels, der ihm vielleicht als Festung nicht so kostbar erschien denn als Ort des Gebets. Vom bezwungenen Kastell schritt der Sieger in das hoch über dem Meere schwebende Kloster des heiligen Michael hinüber, und vor der Erzstatue des viel verehrten Schlachtenengels der Deutschen, vor der einst der junge Otto III. und der fromme letzte Sachsenkaiser Heinrich II. gekniet, verweilte der greise Nachfahre lange im Gebet.

Das Ende des apulischen Normannenreiches schien gekommen. Zwar berichteten die über das Gebirge hin und wider eilenden Boten, daß der Welfe, nachdem er Toskana durchzogen, in Grosseto am Ombrone sich mit dem Papste vereinigt und dann den Weg durch die Küstenstädte, durch Latium im Rücken Roms und das Kampanische Gebirge sich erzwungen, vor dem Kloster Montecassino festgehalten werde; aber des Kaisers Heer wälzte sich über alle Städte und Burghügel an der Küste der Adria hinweg. Die Bewohner eigensinniger kleiner Orte, die sich erkühnten, an günstigen Stellen deutschen Kriegern aufzulauern, wurden gefangengenommen und in furchtbarer Verstümmelung in ihre Häuser zurückgeschickt. Der Sieger glaubte, die entsetzliche, schreckende Sprache entstellter Gesichter unter diesem Volke nicht entbehren zu können. Nach einem vielfach erhärteten Gesetz wurde der Krieg um so grausamer, je heißer die Sonne auf Haupt und Rüstung brannte. Die Bewohner Tranis berannten die verhaßte Normannenburg, sobald des Kaisers Heer sich nahte; und als Rogers Flotte Proviant und Mannschaft in die bedrängte Festung werfen wollte, flügelten die Schiffe adriatischer Seestädte mit kühn gespannten Segeln und fliegenden Ruderpaaren heran, um acht Schiffe in den Grund zu bohren und die übrigen weit in das Meer hinauszuscheuchen und zu verstreuen.

Auf dem Wege nach Bari, wo Papst und Welfe eintreffen sollten, trug das am Meere hinziehende Heer des Siegers einen erlauchten Toten mit; der Erzbischof Bruno von Köln, ein strenger und gelehrter Mann, war in Trani gestorben und sollte im Dome zu Bari bestattet werden. So mischten sich Siegesjubel und Totenklage, als der Kaiser durch das Tor der reichen Seestadt ritt, deren Hafen von fremden bunten Schiffen wimmelte und in deren Gassen dunkelfarbige Seeleute aus allen Hafenstädten des Ostens den kriegsmächtigen Herrn der Christenheit bestaunten. Schon hatten die Bürger die gewaltige Normannenburg umzingelt, die Stadt und Land in Knechtschaft hielt. Boten berichteten vom Nahen des heiligen Vaters und des Welfen, und bald sollten die Freude über die Vereinigung der beiden durch keinen Widerstand zurückgehaltenen Heeresströme, die Weihe des Pfingsttages und die Andacht an der Bahre des Kirchenfürsten vor dem Kriege zu ihrem Rechte kommen. Im Dome des heiligen Nikolaus kniete der Welfe neben dem Kaiser, während Papst Innozenz opferte am Tische des Herrn; die Fürsten- und Kriegerschar, die Bischöfe und das geistliche Geleite des heiligen Vaters füllten die Halle, und auch

Hugo, der Dekan des Kölner Stiftes, der dem Entschlafenen auf den Kölner Erzstuhl folgen sollte nach des Kaisers Willen – und freilich nach eines Höheren Willen jenem rasch nachfolgen sollte ins Grab –, war unter den Betern. Draußen harrte das Volk, das keinen Platz im Dome gefunden. Da senkte sich vor den Augen der dem Gesange lauschenden Menge eine goldene Krone vom Himmel über den Dom herab, ein Weihrauchgefäß begann im wallenden Rauche unter ihr zu schweben, und über ihr hielt sich eine Taube mit stillen Flügeln in der Luft; Kerzen erschienen zu beiden Seiten und hüllten das tiefsinnige Bild in magischen Schein. Und die Andächtigen verstanden es wohl: nun ruhte die Krone wieder inmitten irdischen Seins, gesegnet und geleitet vom heiligen Geiste, umwallt von Frömmigkeit und erleuchtet von Weisheit. Kirche und Reich waren versöhnt und Gottes Wille erfüllt. Als Papst und Kaiser den Dom verließen im Glanze der wunderbaren Stunde, schien das finstre Reich vernichtet, das auf der falschen Hoheit des geldmächtigen Gegenpapstes und des von ihm bestellten Erobererkönigs errichtet ward; die heiligen Zeichen, die oft genug auf den Bannern einander feindlicher Heerscharen geleuchtet, hatten sich in schwebender Ordnung vereinigt. Und nur wenige mochten es mit schmerzhafter Klarheit fühlen, daß ein solches Traumbild sich nur enthüllte über den Trümmern irdischen

Strebens, um dessen verborgenen Sinn ein einziges Mal sichtbar zu machen und sein Scheitern zu verklären mit dem Lichte des unerreichbaren Zieles; denn wer könnte diese Trümmer wert halten, wenn er die Wölbung des Bogens nicht aus ihnen ablesen könnte, zu dem sie dienen sollten? Und wenige auch ahnten es vielleicht, daß diese Stunde sich nur erfüllen konnte, weil der eine unter den Statthaltern der Christenheit nur noch wie ein Gast der Erde angehörte; ein Schimmer der in den Lüften erschienenen jenseitigen Krone umspielte das weiße Haupt des Kaisers.

Bald wuchteten die Belagerungsmaschinen gegen die aufdröhnenden Mauern des Kastells, die so fest widerstanden wie die Besatzung; erst als die Angreifer unter dem Schutze einer Schanze sich in die Erde wühlten, die Mauern unterhöhlten und sie im Bunde mit dem Feuer zu Fall brachten, erlag das stärkste Bollwerk Rogers an der apulischen Küste. Den bezwungenen Turm zierten die Sieger mit den gefangenen Sarazenen, die sie dort, hoch über dem Meere, in vielhundertköpfigem Kranze aufhängten. In Angst und Schrecken hetzten alle Küstenstädte bis hinauf nach Tarent ihre Boten nach Bari, um ihre Unterwerfung anzuzeigen. Rogers Gesandte boten dem Kaiser Geld und ihres Herrn Verzicht auf Apulien zugunsten eines seiner Söhne für den erflehten Frieden. Aber Lothar war nicht ausgezogen um Apuliens willen, sondern um den Thron des Gegenpapstes zu stürzen, der auf der sizilischen Macht stand, und um in der wiedergeordneten Welt das Ansehen des Reiches zu erneuern; so wies er den Vorschlag ab, entschlossen, auch die letzte Stadt des Festlandes zu bezwingen und, wenn es ihm vergönnt wäre, nach Sizilien überzusetzen. Vergeblich beteuerten die Gesandten die Bereitschaft ihres Herrn, einen seiner Söhne als Geisel zu stellen: solange der Normanne und Fürsten seines Blutes noch auf einem Felsen Italiens horsteten, würde dort kein Friede sein; es war ihr Gesetz, umherzuschweifen und das Erbe der Völker, sei es ihnen als Erbe des Geistes oder der Macht verfallen, in ihr Nest zu tragen. Raubvögel, die sie waren von Anfang an, würden sie ihre Flügel wieder spreizen, dienstbar nur dem eigenen ruhelosen Triebe, keiner Würde. Mochten sie für erlaubt halten, was dem Kaiser nicht erlaubt war, und Petri Erbe als Mittel brauchen; es schien dem Sieger nicht kaiserlich, mit dem Feinde der Kirche sich zu vertragen und seine oder seiner Söhne Herrschaft anzuerkennen.

Aber wie jene Krone über dem Dome zu Bari, so schwebt auch der Sieg in der Luft, greifbar nahe einen Augenblick im magischen Schein des Glücks, und dann wieder unsichtbar werdend im Taglicht der wandel- und streitsüchtigen Erde. Kaiser und Papst waren wohl Brüder vor dem Altare, sie konnten es nimmer sein vor den Mauern, auf dem Marktplatz oder den Gassen der Stadt, die ebenso unerbittlich nach dem Gebote des einen Herrn verlangt wie das geistliche Reich nach der unangreifbaren Hoheit des einen Hirten. Und wie die Sage zu allen Zeiten sich am besten darauf verstand, die verborgene Glückswende zu erkennen im Zuge eines Schicksals, so ließ sie auch in diesem Augenblick den Kaiser an die Grenzen des Erreichbaren gelangen: er sei, so dichtete sie, von Bari am Meere hin nach dem Kap Otranto geritten, dort habe er seinen Speer in das Meer geschossen.

Im Innern des kaum getanen Werks keimte schon die Zerstörung. Denn als der Kaiser aufbrach, um sein Heer an der Küste zurück nach Trani und von dort westwärts gegen das Gebirge nach Melfi zu führen, konnten der Papst und der Welfe ihren wechselseitigen Groll nicht verbergen. Waren sie doch schon zu Anfang des gemeinsamen Zuges nach der Eroberung Viterbos miteinander in Streit geraten um das der Stadt abgeforderte Sühnegeld, das ein jeder für sich beanspruchte, der Herzog nach dem Kriegsrecht und Innozenz als Herr des Patrimoniums Petri. Der Welfe hatte dann mit härterem Zugriff die Beute an sich gerissen, und er hatte auch im Weiterziehen so manchen Tribut eingeheimst; zu Füßen des von hohem Berge niederschauenden Klosters Montecassino aber, des ehrwürdigsten und stolzesten

Klosters der Christenheit, entbrannte ein schlimmerer Zwist. Dort hatten in der Abtwahl die Anhänger Anaklets den Sieg davongetragen über die Anhänger Innozenzens. Rainald, der anakletische Abt, hatte sich mit Kriegsleuten wohl versehen und bot den Deutschen Trotz, die vergeblich die Klosterburg belagerten und dazu noch Entbehrung erlitten in dem von Rainald mit Absicht verheerten Lande. Wohl sandte Innozenz aus dem Kloster San Germano am Fuße des steilen Berges Boten hinauf, die des Abtes Unterwerfung forderten; sie kamen bald mit Schmach zurück. Dem ungeduldigen Welfen ging es um die Heerfahrt, nicht um des Papstes Rechte. Er verhandelte mit dem Abt, bis dieser vor dem Herzog erschien, ihm einen goldenen Becher und eine ansehnliche Summe Silbers reichte und Geiseln stellte; so erkannte Heinrich den Ketzer im Namen des Kaisers an, ohne auf des Papstes Einspruch zu achten, und froh, daß die kaiserliche Fahne hinter ihm auf dem Kloster wehte, als er weiterzog nach Capua.

Aber der Streit war nicht vergessen, nicht einmal entschieden. Wem unterstand das Kloster des heiligen Benedikt, dem Kaiser oder dem Papste? Eine ernstere Sorge noch bedrückte Lothar: mit dem Abte Rainald waren auch die apulischen Barone nach Melfi geladen worden, damit ein neuer Herzog über sie erhoben werde. Wer sollte den Herzog belehnen als sein Oberhaupt? Ein jeder, Kaiser und Papst, betrachtete sich als rechtmäßigen Herrn Apuliens, keiner führte die Urkunden mit, die den andern hätten überzeugen können. Der Abt von Clairvaux schien auf des Kaisers Seite zu neigen: es sei dessen Sache, so meinte er, die Ordnung der Welt wiederherzustellen. – Das Heer murrte über den beschwerlichen Marsch im Dienste des Papstes. War Roger nicht besiegt? Warum kämpften sie noch? Bayern und Sachsen belauerten sich mit bösen Blicken; sie mußten einander ferngehalten werden wie blutgierige Jagdhunde. Einig waren sie nur in der Erbitterung über den langen Krieg, den Papst und den Trierer Erzbischof Albero, der nicht von dessen Seite wich und ihm heimtückische Ratschläge zuzuflüstern schien. Vor den Mauern Melfis gab es blutige Arbeit: der Vortrupp war überfallen worden; nun mußten die Anhänger Rogers, die kühn genug waren, den Deutschen entgegenzurücken, für die erschlagenen Ritter hundertfach büßen. Dann führte der Kaiser das Heer auf die Höhen vor der Stadt ins Lager, aber die furchtbare Glut des Sommers lastete mit kaum geringerem Gewichte auf den Männern als auf den Dächern unten, wo Hugo, der eben erhobene Erzbischof von Köln, am Fieber starb. Um der Pfaffen willen, so hieß es, werde der Kaiser noch nach Sizilien übersetzen. Da kochte die Empörung auf; die Krieger vergaßen irdisches und ewiges Heil und stürmten bewaffnet gegen die Stadt, des Papstes Leben und damit der Heerfahrt ein Ende zu machen. Der greise Kriegsherr sprengte mitten in den aufrührerischen Haufen, so daß dessen Wut über dem Anblick der Majestät in Verzweiflung und Reue umschlug; bald brach das Heer wieder auf, im Lager vor Melfi die Leichen gerichteter Aufrührer der gierigen Sonne und den Raubvögeln überlassend.

So entschwand Sizilien den Blicken des Kaisers, der auf der Flucht vor dem apulischen Sommer noch höher in das Gebirge rückte, in die Gegend von Potenza; um den See von Pesole bauten die erschöpften Männer ihre Zelte auf in der Hoffnung, daß das Wasser sie kühle. Hier erschien der Abt Rainald von Montecassino; aber ein böser Argwohn nistete sich im Herzen des Papstes ein, als Lothar dem Gebannten, der Innozenz den verlangten Treueid noch immer verweigerte, gestattete, das Lager zu betreten, ja, sein Zelt neben dem kaiserlichen aufzuschlagen. Vergeblich breiteten in den folgenden Tagen die geistlichen Gelehrten beider Parteien in Gegenwart des Kaisers und der Kaiserin ihre Gründe aus; der Streit um die Hoheit über das Kloster des heiligen Benedikt wurde nicht entschieden, wenn auch endlich Abt Rainald dem Gegenpapst unter feierlichem Fluche entsagte und Innozenz Gehorsam gelobte. Gesandte des griechischen Kaisers erstiegen das Gebirge und legten dem Besieger des Normannen reiche Geschenke zu Füßen; Boten berichteten von den Siegen der vereinigten Seestädte, namentlich der Pisaner, die Neapel und Ischia besetzt hielten, das vor zwei Jahren grausam verwüstete Amalfi zur Heeresfolge zwangen und nun auch die Höhe von Ravello erklommen, um dort in Blut und Flammen ihren Haß auf die Nebenbuhler zu sättigen. Schon war ihre und die genuesische Flotte bereit, den Hafen von Salerno zu sperren, schloß der Fürst Robert von Capua mit den verbündeten Neapolitanern die letzte mächtige Stadt des Normannenkönigs von der Landseite in die würgende Fessel; um den Sieg zu sichern, sandte Lothar den Welfen mit italienischen Herren zur ersten Hilfeleistung voraus. Sie schlugen sich in erbittertem Gefecht mit feindlichen Bogenschützen durch eine enge Paßschlucht zum Meere durch, indessen brach der Kaiser sein Lager ab, um vom Gebirge niederzusteigen. Der Kanzler Robert, der Verteidiger Salernos, wagte es nicht, dem Feinde zu trotzen, dessen Streitmacht auf der Land- und Seeseite sich um die Stadt zusammenzog, während die hölzernen Belagerungstürme der Pisaner schon über die Mauern emporwuchsen; er bot Friede, und der Kaiser schlug ein, ungeachtet des Grimms seiner Verbündeten, die Feuer in ihre Türme warfen und im Zorn ihre beuteschweren Schiffe rüsteten, um Frieden zu schließen mit König Roger und heimzukehren.

So ward Salerno fast ohne Mühe genommen und der Normanne an allen Orten ins Meer gedrängt, doch wem gehörte der Preis? Der Kaiser vertraute auf Ottos des Großen und Heinrichs III. Südreich, deren Nachfolge er angetreten; der Papst sprach von Schenkungen, die Ludwig der Fromme, Otto der Große und Heinrich II. dem Heiligen Stuhl gemacht. Der Streit wurmte in ihnen fort, als sie aufbrachen nach Benevent; vielleicht bewegt von dem ahnungsvollen Verlangen, einem jenseits der Geschichte lebenden Manne zu begegnen, suchte der Kaiser den portugiesischen Mönch Burdinus im Kloster La Cava auf. Er hatte vor zwanzig Jahren, gestützt auf Heinrichs V. Schwert, sich auf den Stuhl Petri geschwungen und die falsche päpstliche Würde und den angemaßten Namen eines Gregor VIII. längst wieder verloren; nun mochte er dem Kaiser, der einst als Herzog gegen ihn und seine Anhänger gekämpft, ein Wort sagen können von dem ewigen Schweigen, in das alle Geschichte mündet. Endlich einigten sich Kaiser und Papst, um wenigstens dem eroberten Land einen Verteidiger zu bestellen. Angesichts des deutschen Heeres und unter dem lauten Zuruf der Italiener ergriff Lothar das Ende des Fahnenschafts, Innozenz dessen Spitze: so reichten sie gemeinsam die umstrittene Herzogsfahne dem Fürsten Rainulf von Alife. Der neue Herzog war zwei Herren pflichtig geworden, er sollte in dem drohenden Kampfe eine Fahne schwingen, an der ein zwiespältiger Anspruch haftete. Mußte der Schaft nicht splittern, den der tapfere Streiter eben empfangen? Die Welt läßt nur Kämpfer bestehen, die in eines einzigen Herren Dienst den Segen eines Höheren tragen; aber Krone und Taube waren längst wieder voneinander geschieden, die Segenshand griff nach dem Schwert, die Schwerteshand sollte ohne Segen sein.

Die Kaiserin betrat unter dem Jubel des Volkes die Stadt Benevent, um in der Kirche des heiligen Bartholomäus zu beten und Opfergaben darzubringen. Bangte sie um die Heimkehr? Dann gab der Papst der Stadt einen ihm ergebenen geistlichen Hirten an Stelle des vertriebenen Erzbischofs Rossemanus, der Anaklets Sache gedient hatte; der Kaiser blieb im Lager vor den Toren. Als darauf der fürstliche Heereszug das weiträumige Tal erreichte, über dem das Kloster des heiligen Benedikt auf gewaltigem Berge thront, schien es, Kaiser und Kaiserin seien auf einer Gnadenfahrt gekommen, nicht um beschwerlicher weltlicher Geschäfte und des fortglimmenden Streites willen. Unten in der kleinen, an den Berg geschmiegten Stadt, die ein Kastell auf halber Höhe überwachte, betrat Lothar am Feste der Kreuzeserhöhung im Kaiserornat die Kirche, während Richenza zu Fuß als demütige Pilgerin in mehrstündiger Wanderung den Berg des Heiligen erstieg. Bald folgte ihr der Kaiser auf der steilen, weitgeschwungenen Straße nach, indessen der Papst unten in San Germano blieb, nicht willens, den Groll über das abtrünnige Kloster und den bittern Hoheitsstreit zu vergessen. Vergeblich sandte er den Abt von Clairvaux, seinen Kanzler und einstigen Thronerheber Aimerich und den Kardinallegaten Gerhard hinauf: der Kaiser war im Vertrauen auf die Hoheit des Reiches über Montecassino entschlossen, die gegen Abt Rainald erhobenen Beschuldigungen zu prüfen und Recht über ihn zu sprechen. Schon schien die Entscheidung in Lothars Hand zu liegen, als der aufgebrachte Papst die dem Kaiser beistehenden Geistlichen mit Amtsenthebung bedrohte. Sollte die letzte Heerfahrt mit Streit und Flüchen enden? Noch einmal beugte sich Lothar; er billigte den Vertretern des Papstes die Untersuchung des Streites zu, der zugleich geistlicher und weltlicher Natur war und darum beide Gewalten betraf. Nun erklärten die geistlichen Richter Rainalds Wahl für ungültig, und in Gegenwart des Kaisers legte der verurteilte Abt Ring, Stab und Klosterregel auf dem Grabe des heiligen Stifters nieder. Aber es war des Kaisers Art nachzugeben, um standzuhalten; und wie er während seiner ganzen Herrschaft dem Gegner wohl Rechte überließ, aber niemals sein Recht, so setzte er auch jetzt, nachdem er zurückgewichen war, seinen festen Willen für das unveräußerliche Erbe des Reiches ein. Er bestand auf der Wahl Wibalds von Stablo, eines jungen Deutschen, der ihm während der Italienfahrt gute Dienste geleistet und gegen dessen Befähigung und Verdienst auch die Gegner bei allem Unwillen über den fremdländischen Abt keine Gründe vorbringen konnten.

So war der Friede erkauft; er mochte ausreichen für die wenigen Tage der Rast auf dem heiligen Berge, für die wenigen letzten Tage des Lebens, dessen Ende Lothar fühlte; der Kaiser, der mit schwindenden Kräften nach bestem Vermögen sein Reich bestellt, durfte sich hier oben, an geweihtem Ort, als Pilger fühlen. Noch war über der Felsenpforte die Zelle erhalten, in der vor mehr als sechshundert Jahren der heilige Benedikt die Regeln seines Ordens niedergeschrieben hatte; in der bittersten Not und Versuchung der Einsamkeit war der Heilige zu der Form der Gemeinschaft, der Nachfolge und des Gottesdienstes gelangt, die den Völkern tausendfältigen Segen spenden sollte, indem sie Bekehrer und Beter prägte und unter sie aussandte. Noch zeigten die Mönche in scheuer Ehrfurcht das Fenster, von dem der Stifter Gottes Welt in einem Sonnenstrahle erblickt und ein anderes Mal, kurz vor seinem Tode, gesehen hatte, wie das Unsterbliche seiner geliebten Schwester Scholastika sich in Gestalt einer Taube aus dem Tale in den Himmel schwang. Jenseits der ungeheuren, von wechselnden Lichtern bestrichenen Taltiefe hoben sich die vielgezackten Gebirgswände hintereinander empor. Von der Klostermauer, an der die Trauben reiften, den Zinnen des Kastells am Berghange, dem schon tiefer unter den Ölbäumen und fruchtschweren Rebenhügeln gelegenen steinernen Halbrund, das die Römer hinterlassen hatten, der engen, bunten Stadt und dem stillen gewundenen Flusse bis zum Schneeschimmer fernster Gipfel umfaßte der Blick den Frieden und die Herrlichkeit des Landes, über dem die Beter in unermüdlichem Dienste wohnten.

Dem auf allen Zügen bewahrten Brauche folgend, begann Lothar den Tag mit dem Gedanken an die Verstorbenen und der Fürbitte für sie; wie hätte er bestehen können auf dem ihm von Gott zugewiesenen Platz, ohne eins zu sein mit den Toten, die um vieles mächtiger als die Lebenden sind? Sie hatten ihm sein Ziel gewiesen, sein Haus bereitet, Krone und Land vererbt; sie herrschten im geheimen zu allen Zeiten auf der Erde, deren enges Becken überfließt in das Meer des Todes. Nachdem der Kaiser die Messe für die Verstorbenen gehört, wohnte er der Messe für sein unten lagerndes Heer bei, dann der Messe des Tages. Witwen und Waisen warteten vor den Toren des Klosters, und der Kaiser bat, sie vorzulassen. Lothar und Richenza wuschen den Armen die Füße, trockneten sie mit ihren Haaren und küßten sie; dann setzten die Gastgeber selbst ihren Gästen die Speisen vor. Ehe der fromme Herrscher die weltlichen Geschäfte seinen Sinn zerstreuen ließ,

KAISER LOTHAR III.

hörte er die Klagen der Kirche an. Hier, im Hause des heiligen Benedikt, durfte er sich der Ähnlichkeit des kaiserlichen Gewandes mit dem priesterlichen Gewande freuen; und war er nicht auch darin den Priestern ähnlich – wenn er ihnen auch niemals gleich werden konnte –, daß der Erzbischof ihn schon bei der Krönung zu Aachen als einen Statthalter Christi bezeichnet hatte? Christus durchstrahlt die Welt von ihren obersten bis in ihre untersten Ordnungen, und es wird keine Seele bestehen, die sein Licht nicht durchläßt, um ihm ähnlich zu werden. So versetzte der Kaiser sich an die Stelle des Abtes in jenem Bedürfnis nach Heiligung, das kein Geschäft der Welt jemals befriedigt; er schritt nachts durch die Zellen, auf die Mönche zu achten, daß sie die Zeiten und die Regeln des Stifters einhielten, er besuchte die Wirtschaftsgebäude des Klosters und pilgerte barfuß zu der Kirche hinüber, wo die Reste des Gründers ruhten. Wenn er Armen begegnete im Hof, freute er sich dieser Begegnung als einer Mahnung an das Gebot der Liebe; wenn er Priester antraf, ehrte er in ihnen ihre Würde und das Sakrament, die Kraft der Heiligung, die den Priester durchläutern muß, sofern er sich ihr nicht verschließt und an ihr verdirbt. Er nutzte die Gnade der stillen Nächte und durchwachte sie im Gebet und unter Tränen. Dasselbe Gebot, das mit dem Schall der Glocke Stunde um Stunde die Mönche zu Gesang und Gebet in die Kirche rief, sollte dereinst auch im Stifte zu Lutter erfüllt werden, über dem Grabe des kaiserlichen Pilgers.

So hatte er unverlierbare Schätze gesammelt, als er Abschied nahm von dem Gnadenorte, um heimwärts zu reisen. Abt Wiblo begleitete den Herrn bis Aquino hinab; dort bestätigte der Kaiser unter der Zeugenschaft vieler Fürsten und Herren noch einmal die Besitzungen und Rechte des Klosters, dessen Abt vor vielen andern berufen war, die begründete Ordnung zu stützen; ausdrücklich gedachte der Schirmherr Montecassinos in der Urkunde des mit dem Papste ausgetragenen, nun glücklich beendeten Streites um die Hoheit über das Kloster. Als dann der greise Fürst mit dem jungen Abte am Tische saß – der eine bereit, aus den Kämpfen dieser Welt zu treten, der andere, in sie zurückzukehren zu schwerster Bewährung –, verbarg der Kaiser seine Ahnung nicht: «Heute wird es das letzte Mal sein, daß ich mit dir esse und trinke.»

Aber auch ein anderer meinte die Nähe des Todes zu fühlen: der Abt von Clairvaux; und doch war dieses Vorgefühl nur der unheilbaren Traurigkeit entsprungen, die den Heiligen befiel inmitten der Geschäfte der verwirrten Welt und ihn fortzog aus diesen der ersehnten Zelle zu, ohne daß er seiner Sehnsucht folgen konnte. Denn unverschlossen klaffte der Riß im Bau der Christenheit, und schon schien er sich zu vertiefen, da der Kaiser, vom

Heimweh nach der irdischen und zugleich der himmlischen Heimat ergriffen, eilig nordwärts ritt. Abt Bernhard würde bleiben, vermitteln und den ewigen Streit derer anhören müssen, die vorgaben, für das Heilige zu eifern, und es nicht im Herzen trugen. Ihn verlangte nur nach dem schmalen, harten Lager unter dem Dach von Clairvaux, dem Kreis geliebter Brüder, die dieses Lager umstehen würden in der letzten, schrecklichen und doch segensvollen Stunde; so schrieb er den Seinen im lichten Wermutstale, sie möchten beten, daß der Herr ihn heimkehren lasse vor seinem nahen Ende und ihn vor dem Tode unter den Fremden bewahre. Denn fremd war dies alles, die geharnischten Städte auf steilen Bergzinnen, die Menschen, die der Zwiespalt zwischen Diesseits und Jenseits zerriß, und selbst die Träger der geistlichen und der weltlichen Krone; ein Schimmer der Heimat fiel nur auf die Welt, wenn die Liebe aufglühte in den Menschen, und wo wäre reinere Liebe gewesen als unter den Brüdern in Clairvaux? Und doch würde er wieder und wieder vor den Fürsten erscheinen müssen, um sie an das vergessene Heilige zu erinnern, um ein einziges niemals beherzigtes Wort zu sprechen: «Friede? Friede»; und er würde es tun müssen bis an seines Lebens täglich geahntes, täglich erlittenes und doch noch fernes Ende, wie ein Verbannter in fremder Sprache von seiner Heimat spricht.

Die Heimat rief den Kaiser mit immer mächtigerer Stimme; er wußte es wohl, daß die Heimat jenseits der Alpen nur das Tor der ewigen Heimat war, und drängte ihr gerade darum entgegen. Schon nahmen die italienischen Fürsten Abschied: Rainulf, der neue Herzog, Robert von Capua und die südlichen Grafen; so mancher Deutsche, der des fremden Landes und des Krieges noch nicht überdrüssig war oder der sich fürchtete vor der Armut engen Lebens im Norden, folgte ihren Fahnen. Kampf und Greuel hemmten auch den letzten Ritt; Räuberburgen mußten gebrochen, widersetzliche Städte niedergeworfen werden; wie der Glutschein eines ausgeträumten Traumes verlosch das Kriegsfeuer hinter dem Reitenden. Die Zeit schien sich im geheimen wenden zu wollen und dabei die Menschen mitzunehmen, die sie gemacht; dem Erzbischof von Köln war fern in Deutschland der mächtige Adalbert von Mainz gefolgt, der einst den Supplinburger auf den Thron geführt; und schon nach der Heimkehr von der ersten Italienfahrt, die seinen von Entsagung geschwächten Körper zerrüttet, war Erzbischof Norbert in Magdeburg gestorben, nachdem er mit letzter Kraft das Meßopfer dargebracht hatte. Die Welt wechselte wieder einmal ihre Krücken aus. Albero von Trier ritt neben dem Papste: sie fühlten wohl beide den Wandel und verbündeten sich darum enger. Grollend und herrisch zog der Welfe seines

Wegs; der Kaiser hatte ihn, um auch in Italien die Nachfolge zu sichern, zum Markgrafen von Toskana erhoben und damit über die Mathildischen Güter gesetzt. Aber der Papst ernannte den listigen Albero zum Legaten als Nachfolger Adalberts; Innozenzens Groll auf den Herzog wollte sich damit einen eifrigen Sachwalter in Deutschland bestellen. Schon waren die Gegnerpaare bereit; wenn der Tod das Zeichen geben würde, mußte die alte Schlacht wieder beginnen. – In Palestrina bog der Kaiser ab von der nach Rom führenden Straße; noch immer gebot Anaklet in der Leostadt und über die Kirche Petri, doch der kaiserliche Schirmherr ritt vorüber, dem Anruf eines Höheren gehorchend. Er hatte kämpfen sollen gegen die finstern Mächte, und er hatte es getan nach seiner besten Kraft, freilich ohne die Gnade des Sieges sich zu erwerben; mochte der Erbe weiterkämpfen, und mochten es dessen Erben wieder tun, bis einmal doch das befleckte Heiligtum wieder gereinigt würde oder aber der Herr die schweißbedeckten Kämpfer vor seinen Toren erlöste! In Tivoli erwartete der Graf Ptolomäus von Tusculum den Kaiser. Er nannte sich als mächtigster Edelmann der Campagna Konsul der Römer, huldigte dem Gebieter und führte diesem seinen Sohn als Geisel zu. War damit Rom gewonnen? Es lag draußen in der Ebene, traumhaft schimmernd und als die Heimat aller Träume, das Heilige bergend unter Trümmern, und die Verhängnisse auch, die vielleicht unvertilgbar wie das Heilige sind. Wer war Roms Herr? Papst und Kaiser, die sich so nannten, zogen auf dem Gebirge vorüber, und der Gebannte, der noch immer seine kraftlosen Flüche in die Welt hinausschickte, sollte sich in den geweihten Mauern noch behaupten für die kurze, nichtige Weile seines Lebens.

Dann, im Kloster Farfa, nahm auch der Papst Abschied, um zurückzukehren nach Rom und aufs neue im Bund mit den Frangipani um die Stadt zu streiten; erbittert erkämpften sich die Deutschen den Rückweg über den Apennin. In Bologna hörte der Heimkehrende vom Zusammenbruch seines Werkes; Roger war von Sizilien nach Salerno gesegelt und nahm entsetzliche Rache an der abtrünnigen Stadt; rasch bemächtigte er sich der vielumkämpften Uferstädte und darauf des Innern. Abt Wibald schrieb klagend von unsäglichen Freveln, mit denen Langobarden, Normannen und Sarazenen einander in Apulien überboten; schon entschloß er sich zur Flucht aus seinem Kloster. Indessen erhob Rainulf todesmutig seine Fahne. Der Kaiser eilte; er brachte sein Heer über den Po; als er an dessen nördlichem Ufer rastete, erschienen vor ihm die Kanoniker von Verona, ihn um eine Urkunde für ihr Kloster zu bitten, doch er wehrte ab: Richenza mochte die Sache entscheiden, er selbst war aller Geschäfte müde. Längst hatte der Herbst das Land kahl gefegt, mußte auf dem Gebirge der Winter lasten; mit letzter, zähester Kraft schlug der Kranke die der Etsch folgende Straße ein, von der Gattin, dem Bayernherzog, dem Staufer und Geistlichen geleitet. Fast nur in den Kirchen gönnte er sich Rast, die Tage des Herrn in Andacht zu feiern; dann stieg der Zug den Paß hinauf, unter Schnee und Wolken, am vereisten Fluß, bis der Nordsturm des ersehnten Landes ihm entgegenbrauste und das Herz des von irdischem und himmlischem Heimweh Verzehrten ein wenig stiller wurde im Niedersteigen. Langsamer folgten sie dem Inn, gestärkt von der Hoffnung auf das Land der Väter, das zu erreichen dem Kranken vielleicht doch vergönnt sein würde. So kam die Christzeit heran, da der Herr geboren wird in den Herzen der Gläubigen. Wurde nicht auch vom Abt von Clairvaux erzählt, daß er als Knabe auf der väterlichen Burg, als er auf seinem Stuhle eingeschlafen war vor dem Weihnachtsgottesdienst, die strahlende Geburt des Herrn erblickt habe? So war der Herr geboren worden in dem Knaben, um fortan in ihm zu leben; der Herr, der die Seinen der Welt entfremdet und sie doch tröstet in ihr und endlich sicher an ihre Grenzen führt. Aber die Kraft des Kranken, der nun den Lech hinabzog, reichte nicht mehr aus. In Breitenwang bei Reutte, einem Dorfe des Welfen, nahm er Herberge; so sollte die Tür des aus Holz gezimmerten Bauernhauses für ihn der Eingang der ewigen Heimat sein, deren Tore an allen Orten der Erde offenstehen. Die Bischöfe beteten neben der Gattin an seinem Lager; er machte den Welfen zum Herrn des väterlichen Sachsenlandes, das er nicht mehr hatte betreten dürfen, und bezeichnete ihn mit der geheimnisvollen Macht des letzten Wortes aus Menschenmunde als künftigen Träger seiner Krone. Darauf ließ er dem Herzog die leuchtenden Heiligtümer reichen, Krone, Zepter und Schwert, an denen der Sterbende einst, in nun wesenlos gewordener Zeit, sich als Empörer vergangen und die er dann unter der Gnade und Barmherzigkeit des Herrn mit Ehren getragen hatte. Das Sakrament schenkte ihm die letzte Bereitschaft; seine Seele schied, begleitet von der demütigen Fürbitte der Frau, die ihm durch das Sakrament verbunden war.

Und als der tote Kaiser in das winterliche Land hinabgetragen ward, gefolgt von der Kaiserin, den trauernden Fürsten und Dienstmannen, und die Menschen niederknieten an der Heerstraße und vor den Häusern der Städte, da mochte die Krone wieder heller aufstrahlen in den Herzen des Volkes. Denn in ihnen war sie beschlossen als das Zeichen, das die Erdenmühe versöhnte mit dem immerwährenden Tagwerk auf dem Acker der Seele, und nimmer hätte sie vom Haupte des Heimgegangenen ihre Strahlen senden können in die Welt, wenn sie nicht geleuchtet hätte in den Herzen aller, die ihm gedient, deren Kraft und Glaube ihn getragen als Haupt des zum Reiche berufenen Volkes. Denn die Erhobenen machen nur sichtbar, was in den Namenlosen lebt; die Quader, Stützen und unterirdischen Räume, auf die der Dom gegründet ist, bleiben verborgen. Freilich leuchtete nicht in allen Herzen die Krone mit demselben Licht, aber unter den Menschen an der Straße mochten auch die unbekannten Gerechten knien und beten, um derentwillen allein der Herr in seiner Gnade die Welt verschont.

AUSGANG

Das Grab

Nur die sächsischen und thüringischen Fürsten waren zu Königslutter mit der Kaiserin, dem Welfen, seiner Gemahlin Gertrud und den Mönchen an der Gruft versammelt, als Bischof Rudolf von Halberstadt, der vor noch nicht zwei Jahren in Gegenwart des Verstorbenen gewählt worden war, diesen noch einmal segnete und die Totengebete für ihn sprach. Das ernste, strenge Langhaus des Domes war seit des Kaisers letztem Besuch emporgewachsen – er hatte wohl im Vorgefühl seines Todes zur Eile angetrieben, um sein Grab umfriedet und bedacht zu wissen –, aber noch war die Apsis nicht gewölbt, das Querhaus nicht geschlossen und keine Säule des Kreuzganges gemeißelt. Der Tod ihres Bauherrn hatte die Werkleute gezwungen, vorzeitig am kalten Wintertag Feierabend zu halten, so wie der Tod auch dem Kaiser das Werkzeug aus den Händen genommen hatte, eh noch der Altar des Reiches vor Wind und Regen geschützt war. So war der goldne Reichsapfel, den Lothar einst in Aachen empfangen, vertauscht worden mit einem bleiernen, den man ihm in den Sarg gegeben; ein Schwert war zur Rechten des Toten gelegt worden, und Bleitafeln sollten seinen Namen und seinen christlichen Ruhm schweigend bewahren in der Tiefe des Grabes. Als dann der Welfe an der Gruft kniete, eh sie geschlossen wurde – er kniete, wo Kaiser Lothar gekniet vor anderthalb Jahren –, da mochte er dem großmütigen Stifter noch einmal inbrünstig danken; nun sollte sich das Welfenhaus erheben unter der Last der Krone, so wie die Säule am herrlichsten emporsteigt, die schwer zu tragen hat. Und wenn jemals die Kaisermacht versprach, das Reich zu einen und seiner großen, gen Osten und Süden gerichteten, der Ordnung der gesamten Christenheit dienenden Bestimmung in seiner vollen Kraft zu unterstellen, so in diesem Augenblick, da Heinrich der Stolze, der Herzog von Bayern und Sachsen, Markgraf von Toskana und Bewahrer der Reichsinsignien, sich aufrichtete am Grabe Lothars in dem noch unvollendeten Dome.

Aber nur die sächsischen und thüringischen Fürsten waren erschienen, um ihn im Glanze dieser Verheißung zu sehen; und bald sollte es scheinen, als habe des verstorbenen Kaisers mächtiger Arm während eines Jahrzehntes den Zeiger nur angehalten auf dem Laufe, den er sich vorgesetzt, oder als sollte mit furchtbarer Wucht das Schicksal hervorbrechen, das durch die stürmische Erhebung des Sachsenherzogs Lothar zu Mainz abgedämmt worden war und inzwischen seine Wogen von Jahr zu Jahr gestaut hatte. Denn wie die Ströme und die Wasseradern der Tiefe lassen sich die Gesetze der Geschichte nicht unterbinden; eigensinnig behält das Wasser sein Gefälle bei, und nichts Geschehenes oder Erstrebtes wird überwunden, es sei denn ausgetragen. Albrecht der Askanier vergaß es nicht, daß Kaiser Heinrich V. einst seinem Vater das Herzogtum Sachsen gegeben, dann wieder genommen und dem Supplinburger übertragen hatte; er vergaß das Billungererbe nicht, das ihm mit Blut und Besitz überkommen war, und mochte es dem verstorbenen, ihm einstmals gnädigen Kaiser nicht verzeihen, daß er auf seinem Totenbette den Welfen vorgezogen, der kein höheres Recht besaß. Als die Kaiserin, die in der Sorge um die Erfüllung des letzten Willens ihres Gatten einen Fürstentag nach Quedlinburg ausgeschrieben hatte, sich der Stadt näherte, fand sie die Tore geschlossen, die Zinnen besetzt: Albrecht hatte sich in die Stadt der Sachsenkaiser geworfen, entschlossen, um das Herzogtum Sachsen auch als Empörer zu streiten, so wie einst Herzog Lothar um die Hoheit im Osten gestritten hatte. Längst war auch Papst Innozenz zur Tat entschlossen: er erinnerte sich wohl der Tage, da der hitzige Welfe neben ihm durch Italien geritten war, sich der Gelder bezwungener Städte rücksichtslos bemächtigte und die kaiserliche Fahne hißte auf Montecassino: ein auf solche Weise nach Macht trachtender Herr würde dem Nachfolger Petri kaum das Seine lassen, noch weniger das Erstrebte. Herzog Konrad der Staufer, der dem Kaiser auf dem letzten Siegeszuge die Fahne vorausgetragen, fühlte einen noch stärkeren Zwang: nun brannte ihm die Stirne wieder vom Reif der Krone, die er einst als Empörer in Monza empfangen und als Besiegter abgelegt hatte. Nichts war vergessen; es war, als sei der Tag von Mainz, da mit Herzog Friedrich, dem Erben Kaiser Heinrichs V., das ganze staufische Haus schmählich hintergangen worden war, erst gestern gewesen.

Alle alten Rechte tauten wieder auf und kehrten ins Leben zurück mit der unerbittlichen Beharrlichkeit, die verdrängtem Rechte eigen ist. Nur die Amtsträger hatten gewechselt, die Ämter dauerten fort; sie riefen die Männer und zwangen sie an ihre Stelle: die Sachwalter der Krone und die Empörer, die Träger und Anhänger der aufrührerischen Kriegsmacht im Osten, die Verteidiger des geheiligten Willens eines Toten und die Verteidiger noch älterer Vermächtnisse, die gleichfalls geheiligt waren. Wider den Brauch war die erste Erhebung Herzog Lothars in Mainz geschehen, wider den Brauch, und vor dem festgesetzten Termin erhoben in Lützelkoblenz eilig versammelte Fürsten, die Erzbischöfe von Trier und

Köln und der Bischof von Worms in Gegenwart des Legaten Dietwin Herzog Konrad von Schwaben zum König. Und als der Welfe und seine Freunde sich auf die Verwandtschaft mit dem verstorbenen Kaiser und dessen letzten Willen, auf die ihnen überantworteten Reichsinsignien beriefen, wußte der Staufer, den der schlaue Albero beriet, auf die rechte Weise zu antworten: wie der Welfe mit Lothar, dem widerrechtlich Gekrönten, so sei er, Konrad von Schwaben, mit dem rechtmäßigen Kaiser Heinrich V. verwandt; gelte das Erbrecht im Reiche, so komme seinem Hause die Krone zu; gelte der letzte Wille eines Kaisers, so seien die Herzöge Schwabens gleichfalls im Recht, und was die Insignien betreffe, so seien diese Kaiser Heinrichs V. Erben vor Lothars Erhebung von dem verstorbenen Erzbischof Adalbert von Mainz mit List entwunden worden. Wider allen Brauch sei es aber, daß derselbe Fürst zwei Herzogsämter innehabe.

Die Bischöfe aus dem Nordwesten des Reiches, von Utrecht, Osnabrück, Lüttich, Paderborn, der zum Erzbischof von Mainz erwählte Graf von Saarbrücken begleiteten den Staufer, der glanzvoll in Bamberg einzog. Schon huldigten ihm der Markgraf von Österreich, der diensteifrige Herzog Konrad von Zähringen, viele oberdeutsche Herren; der greise Sobeslaw von Böhmen beugte vor ihm die Knie, in der Hoffnung, seinem unmündigen Sohne den böhmischen Thron zu sichern. Richenza hatte sich überwunden zu erscheinen und grüßte den Feind in bitterm Stolze. Schweren Herzens lud der Welfe seinen Gesandten die Insignien auf, um damit die doppelte Herzogsgewalt vom Staufer noch einmal zu erkaufen und in deren Besitz ohne Krone der mächtigste Mann im Reiche zu bleiben; als er aber sein gewaltiges Heerlager am Lech aufschlug, unter den Mauern Augsburgs, um mit Konrad zu verhandeln, flüchtete dieser im Argwohn vor der Tücke des Welfen bei Nacht aus dem Schlafgemach und der Stadt. Endlich ächtete der Staufer den Welfen, sprach er ihm das Herzogtum Sachsen ab, das er Albrecht verlieh, und darauf auch Bayern, um es dem Herzog von Österreich zu geben. Bald loderte der Feuerschein von dem schroffen Felsen zu Segeberg, von dessen Zinnen Lothars Wächter verjagt wurden und Heinrichs und Albrechts Gefolgsmänner einander vertrieben, bis zu den weinumkränzten Städten Schwabens; der Wendenfürst wagte sich mit räuberischen Scharen aus den Toren Lübecks; die sächsischen Großen empörten sich gegen den Askanier, in ihrem Stolze durch die rücksichtslose Vergebung ihres Landes verletzt; die Grafen von Stade hofften, den unvergessenen Tod Udos von Freckleben an Albrecht zu rächen. In Kaufmanns- und Pilgerkleidern schlichen der Welfe und seine Freunde sich nach Sachsen, um das entrissene Herzogtum aufzuwiegeln, von Burg zu Burg zu erobern und seine gefürchtete Kriegsmacht ins Feld zu stellen. Bei Kreuzburg an der Werra, wo Staufer und Welf mit geballten Heereskräften aufeinander trafen, beschwichtigte Albero von Trier die Kampfeswut, die er lange genug geschürt und angeblasen; mit Worten und vorsorglich herbeigebrachtem Wein löschte er den Zorn der sächsischen Großen; so wurden die Schlacht, die Entscheidung verzögert, die dennoch unumgänglich waren. Denn schon dachte der Welfe daran, nach Bayern zu eilen und das Erbe der Väter wiederzuerobern, da ward aus allem Fiebern und Planen ein tödliches Fieber; zu Quedlinburg, wo der böse Streit begonnen, siechte der Herzog in wenigen Tagen hin, und noch waren nicht zwei Jahre vergangen, seit er in jugendlicher Vollkraft an Lothars offenem Grabe gekniet, als das Grab aufs neue geöffnet ward, um auch ihn aufzunehmen, dessen leidenschaftlicher Wille ungesättigt blieb. Der Erbe lag neben dem Kaiser, und dessen ganzes Sinnen und Trachten zerfiel in Staub.

So kommt oft das Recht gezogen auf den Straßen des Unrechts, und während die Ordnung der Welt zu zerbersten droht, stellt sich unter neuer Verschuldung der Menschen das Recht wieder her, ohne daß die geblendeten Kämpferpaare dessen gewahr werden. Denn wie die Erde von Schwung und Gewicht nach dem Willen Gottes in ihrer Bahn gehalten wird,

DIE KRÖNUNG HEINRICHS DES LÖWEN
UND SEINER GEMAHLIN MATHILDE

LINKS RICHENZA UND KAISER LOTHAR,
DIE GROSSELTERN HEINRICHS DES LÖWEN

so die Geschichte der Menschen; es ruht eine Kraft in ihr, die unabänderlich nach oben weist. Längst war König Magnus von Dänemark, der Mörder Kanuts, gegen dessen Bruder Erich in der Gegend von Lund gefallen, hatte König Nikolaus auf der Flucht in Schleswig nach dem Thron auch sein Leben verloren. Als Gefangener der in finsterm Starrsinn behaupteten Würde starb Papst Anaklet in der Leostadt, der wohl mächtig war im Fluche und im Haß, aber schwach im Gebet. Indessen kämpfte sein Gegner in Apulien mit dem Normannen, bis an sein Lebensende verdammt, das Schwert zu führen, statt Segen zu spenden; Innozenz II. hatte rein gelebt unter dem Throne und wurde, sobald er ihn bestiegen, des Thrones kriegerischer Knecht. Vergeblich rang Markgraf Albrecht um das sächsische Herzogtum, während im Süden des Reiches, als König Konrad gegen die Welfen zog, der Schlachtruf «Hie Welf – Hie Waiblingen» zum ersten Mal erscholl. Gertrud, Lothars Tochter, wußte im Verein mit Richenza das Erbe ihres Sohnes, des künftigen Löwen, zu wahren; und dann sollten im Osten Löwe und Bär miteinander kämpfen, die Wappentiere des Reiches, die es vergaßen, daß es ihre Bestimmung war, zu beiden Seiten des Thrones zu wachen.

Mag aber auch Unrecht auf einer Seele liegen, so kann diese doch rein werden unter der Last; und wenn auch die guten Werke nicht dauern, weil sie auf schlimmen gegründet sind oder Anteil an ihnen haben, so leuchten sie doch mit eigener Kraft durch die Zeiten. Alle Geschichte strebt in das Schweigen, so wie der Mensch dahin strebt, um zu gesunden, und Schweigen und Frieden geboten in der Bamberger Pfalz. Dort verwachte Bischof Otto, auf seinen Stock gestützt, seine letzte Zeit in Fürsorge für die ihm anvertrauten Seelen, bis er in Frieden starb an dem Tage, der einem Mönche auf dem Michaelsberge vor fünf Jahren im Traume angezeigt worden war. Und während des Kaisers Kriegsruhm verblühte und in dem aufgewühlten Reiche nur die Erinnerung fortlebte, daß einmal Friede war unter Kaiser Lothars Herrschaft und die Felder damals reicheren Segen trugen als je, gedachten die Gläubigen in Pommern und Polen noch immer ihres Bekehrers; ja, fünfzig Jahre noch nach Ottos Tode bestimmte Herzog Bogislaw von Pommern, daß ein jeder Großbauer jährlich einen ganzen Stein Wachs, ein Kleinbauer einen halben Stein an das Kloster Michaelsberg bei Bamberg abgeben solle; denn die Kerzenflamme der Dankbarkeit sollte am Grabe des Gottesboten niemals erlöschen.

Einmal noch ward das Grab zu Königslutter geöffnet, als Richenza neben den Gatten gebettet wurde, dann vollendete der Löwe Dom und Stift vor dem Elmwalde, viel reicher, als sie der Kaiser geplant. Herzog Heinrich ließ die Säulen des Chores wundersames steinernes Blattwerk treiben und gönnte auch an der Außenwand den Masken schlimmer Geister und scherzhaftem Schmuckwerk einen Platz; er ließ grimme Löwen sich neben dem Seitenportal unter gewundenen Säulen ducken und beauftragte fremde Steinmetzen, schlanke, vielfältig gezierte Säulen für den Kreuzgang zu bilden, so daß die ernsten Mönche erheitert würden durch den Reichtum der Zierart und die leichten, schwebenden Kreuzgewölbe über ihren Häuptern. Aber der Welfe baute nicht zu seiner eigenen Ehre, sondern zu Ehren seiner Eltern und des kaiserlichen Ahnen, zu Ehren auch der nicht mehr erlangten Krone Kaiser Lothars, die seinem Hause entrissen ward und die Stirn des verhaßten Gegners schmückte. Und so ward mit den fürstlichen Toten auch ein leidenschaftlicher Wunsch begraben in Königslutter; aller Anspruch, alles Recht und Unrecht und unverwundene Leid des Welfenhauses. Der Wunsch kehrte wieder als Traum, irrte durch die Zeiten und verwirrte die Menschen mit dem gespenstischen Schimmer nie befriedigten Lebens. Endlich stockte der Schritt der Beter im Kreuzgang für immer, wurden die Mönche vertrieben, und Gebet und Gesang verstummten, die nach des Stifters Willen zum Heile seiner Seele hätten dauern sollen bis zum Jüngsten Tag. Um die Zeit, da das Herzblut des Reiches aus seiner furchtbarsten Wunde hervorquoll, um dreißig Jahre lang zu strömen, entweihte ein

KREUZGANG DES DOMES ZU KÖNIGSLUTTER

DETAIL VOM NEUEN GRABMAL LOTHARS III.
AUS DEM JAHR 1708

raublüsterner Landdrost die Gruft. Vergeblich wühlte er nach den goldenen Schätzen der alten, nicht mehr verständlichen Zeit; hielt er doch deren kostbarstes Erbe enttäuscht in den Händen, die bleierne Tafel, die Kaiser Lothars Namen und die Jahre und Tage seiner Herrschaft nannte und den in Staub zerfallenen Kaiser rühmte wegen seines Glaubens und seiner Wahrhaftigkeit, seiner Beständigkeit, Friedensliebe und Unerschrockenheit.

Selten nur noch regte sich das Schlagwerk der Geschichte über dem Grabe; die Decke stürzte ein und zertrümmerte die steinernen Gestalten; ein Meister aus Helmstedt gab sich Mühe, sie nachzubilden. Der Toten geringer Besitz, die Symbole ihres Ranges, der Rest ihrer Gewänder, ihr Staub wurden zerstreut. Das Grab war wieder leer, eine Wohnstatt für den Traum der Macht. Und so mochte es zeugen von der Macht, die in vergängliche Hände gegeben wird, damit die Seele sich bewähre, das Recht sich erweise. Aber das Grab bewahrt auch unverwelktes Leben. Denn wie in dem ausgemauerten Schacht der Popperoder Quelle vor der Kaiserstadt Mühlhausen in Thüringen ein versenkter Kranz lange grünt und blüht, so grünt auch in dem leeren Grab zu Königslutter, am lauteren Quell der Geschichte, der frische Kranz des Reichs.

Nachwort

Diese Darstellung möchte nicht der Forschung dienen, sondern dem Gedächtnis eines Toten deutscher Geschichte. Die Herrschaft Lothars von Supplinburg muß angesehen werden als Mittelglied zwischen der dem Kaiser vererbten geschichtlichen Wirklichkeit und seiner nicht Geschichte gewordenen Absicht, oder auch als Strebepfeiler, dem die Gegenstütze fehlt. Angewiesen auf die notdürftig verkitteten Fundamente der zusammengebrochenen salischen Herrschaft, wollte Lothar von Supplinburg im Geiste Otto des Großen das Welfenreich vorbereiten, das nach des Kaisers Tod an der Gegnerschaft der Staufer, Albrechts des Bären und der Kirche, aber auch am Charakter der Welfen scheitern sollte. Die nicht oft gewürdigte Herrschaft Lothars hat somit zum mindesten den hohen Ausdruckswert des Fragments, das gerade deshalb die höhere Sphäre zum Klingen bringt, weil der emporgeschnellte Pfeil die Erde nicht wieder erreichen soll. Die Geschichtsschreibung beschränkt sich zu oft auf die nachträgliche Rechtfertigung des Erfolgs, wie ja dem Vorbereiter, dem der Nachfolger versagt wurde, meist auch der Ruhm versagt worden ist; denn die Nachwelt pflegt das Unglück schlimmer zu ahnden als das Unrecht. Darum sagt Karl Hampe mit Recht: «Wie würde die Geschichtsschreibung Lothar als vorbereitenden Gründer der Dynastie preisen, wenn statt der Staufer die Welfen sich auf dem Throne behauptet hätten.» Da aber alles, was sich auf dem aufgewühlten Boden deutscher Geschichte abspielte, auch den Keim des Gesamtschicksals in sich trägt und dann in wundersamer Bedeutung aufleuchtet, wenn es in Beziehung zur Mitte dieser Geschichte gebracht wird, so läßt sich vielleicht die Erinnerung an ein Jahrzehnt rechtfertigen, in dem wenig Entscheidungen sich vollendeten, aber viele sich anbahnten; ist doch ein Jahrzehnt – ein Tropfen aus dem Meere Zeit, in dem die Gestirne sich spiegeln – in diesem Betracht von kaum geringerer Bedeutung als ein Jahrhundert. Vertrauend auf die Kraft stillen Wachstums bereitete der Kaiser so manche Wirkung vor, die Kaiserpfalzen und Reich überdauerte.

Der oben gekennzeichneten Absicht folgend, verzichtet diese Darstellung auf die kritische Erörterung politischer Probleme, namentlich der Frage, ob der Kaiser die zwistige Papstwahl und dann die scheinbare Machtlosigkeit des Papstes Innozenz im Sinne der

Vormacht über das Papsttum hätte ausnutzen sollen; das auf Lothar folgende Jahrhundert deutscher Geschichte, ja schon die Erfahrungen Heinrichs V. könnten, auch auf der Ebene reiner Politik, eine bejahende Antwort kaum zulassen. Ein Zerwürfnis mit dem Papste hätte Lothars Sinnesart nicht entsprochen und ebensowenig seiner vorbereitenden Absicht. Da aber die Hoheit des Papstes geistiger Natur war und nicht auf Mitteln ruhte, sondern auf dem Glauben, so müßte diese Erörterung freilich unter höheren Gesichtspunkten vorgenommen werden. Schon die geschichtliche Wirkung Bernhards von Clairvaux wäre sonst nicht verständlich. So darf vielleicht an das Urteil Schillers erinnert werden, der Lothar einen «ebenso wohldenkenden als tapfren und staatsverständigen Fürsten» nannte und dessen Schicksal in diesem einen Satze zusammenfaßte: «Wie sehr aber auch dieser Fürst, da er noch Herzog war, an Verminderung des kaiserlichen Ansehens gearbeitet hatte, so änderte doch der Purpur seine Gesinnungen.» Damit ist unter Berufung auf geheimnisvolle innere Mächte der Geschichte der höhere menschliche und geschichtliche Wert bezeichnet, der dem Supplinburger den Anspruch auf die Verehrung der Nachwelt gesichert hat.

Anhang

Editorische Notiz

Der Text der vorliegenden Ausgabe folgt der 1937 unter dem gleichnamigen Titel im Insel-Verlag zu Leipzig erschienenen Erstausgabe dieses Werkes.

Eingriffe in den Textbestand sind nicht vorgenommen worden; dagegen wurde an manchen Stellen die Schreibweise behutsam modernisiert. Übernommen wurden aus der ersten Ausgabe auch die Literaturhinweise und die Zeittafel, die Schneider seinem Werk beigefügt hat.

Um eines genaueren historischen Verständnisses und einer plastischeren Anschauung der behandelten Epoche willen wurde diese Ausgabe um zahlreiche dokumentarische Bildbeigaben und Quellenstücke ergänzt. Zu den wenigen über Lothar III. berichtenden zeitgenössischen Quellen gehört zunächst das «Einladungsschreiben zur Königswahl in Mainz», dessen lateinischer Wortlaut in Band I der Monumenta Germaniae Historica Constt. Nr. 112, Seite 165f. abgedruckt ist. Ein seltener Glücksfall ist die

Überlieferung der «Narratio de electione Lotharii Saxoniae ducis in regem Romanorum», der einzige überlieferte Augenzeugenbericht über die Wahl Herzog Lothars zum römischen König. Ein Vergleich der Darstellung dieses dramatischen Wahlaktes, wie Reinhold Schneider ihn beschreibt, mit der des anonymen Verfassers der *Narratio* zeigt, wie beeindruckt Schneider von der genauen und ungewöhnlich einfühlsamen Schilderung dieses Augenzeugen gewesen sein muß, daß er sich teilweise sogar wörtlich an dessen Formulierungen anlehnte. Der lateinische Wortlaut findet sich in den MGH Scriptorum XII, Seite 510ff., die deutsche Übersetzung von Gustav Freytag und Johannes Bühler in «Geschichte in Quellen», Band 2, Mittelalter, bearb. von Wolfgang Lautemann, München 1970, Seite 377f.

Zum Kreis der zeitgenössischen Quellen gehört auch die als reichhaltig und zuverlässig geschätzte Überlieferung des sächsischen Annalisten, der zur Zeit der Regierung Kaiser Lothars lebte (MGH Scriptorum VI, Seite 542–777). Der im Anhang wiedergegebene, die Königswahl und den böhmischen Heerzug betreffende Abschnitt korrespondiert mit den abgebildeten Seiten der lateinischen Handschrift (Seite 332, 336 und 337). Die deutsche Übersetzung wurde nach der Übertragung von Eduard Winkelmann in «Die Geschichtsschreiber der deutschen Vorzeit», Band 54, Leipzig 1894, neu bearbeitet.

Den Abschluß bildet ein Abschnitt aus der «Chronik» des Otto von Freising, des wohl bedeutendsten Geschichtsschreibers des 12. Jahrhunderts. Dieser Abschnitt setzt etwa beim Beginn des offenen Ausbruchs der Gegnerschaft zwischen Heinrich V. und seinem Vater Heinrich IV. und der damit sich anbahnenden «jammervollen» Spaltung des Reichs in den Jahren 1103–1105 ein und endet mit der Königswahl Konrads III. Es ist dies der Zeitraum, den auch Reinhold Schneider als Rahmen für seine Darstellung gewählt hat. Die Übersetzung wurde mit freundlicher Genehmigung der Wissenschaftlichen Buchgesellschaft dem Band «Otto von Freising, Chronik oder Die Geschichte der zwei Staaten», übersetzt von Adolf Schmidt, herausgegeben von Walther Lammers (Freiherr-vom-Stein-Gedächtnisausgabe. A. Ausgewählte Quellen zur deutschen Geschichte des Mittelalters, Bd. XVI), Darmstadt 1980, Buch VII, Kap. 8–22, entnommen.

Wolfgang Stammler

Zeitgenössische Quellen

EINLADUNGSSCHREIBEN ZUR KÖNIGSWAHL IN MAINZ, JUNI-AUGUST 1125

Adalbert von Mainz, Friedrich von Köln, Ulrich von Konstanz, Burchard von Worms, Arnulf von Speyer, Erzbischöfe und Bischöfe durch Gottes Barmherzigkeit; Ulrich Abt von Fulda, außerdem Herzog Heinrich, Herzog Friedrich, Pfalzgraf Gottfried, Graf Berengar von Sulzbach sowie die übrigen Fürsten beiderlei Standes, die bei dem Leichenbegängnis des Kaisers anwesend waren, entbieten dem hochwürdigen Bruder Bischof Otto von Bamberg an dieser Stelle brüderliche Gebete in Christo sowie treuesten Gehorsam in demutvollem Dienst.

Nachdem der Herr Kaiser den Weg allen Fleisches gegangen ist und wir sein Begräbnis mit gebührender Demut und Ehrfurcht begangen haben, scheint es eine Forderung der Stunde und verlangt es die Ordnung der Verhältnisse, daß wir uns über den Zustand und den Frieden des Reiches beraten sollten, wenn nicht der bei einer so wichtigen Angelegenheit nützliche und dringend notwendige Rat aus Eurer und anderer Fürsten Gegenwart fehlen würde. Weil es mühsam und unklug wäre, darauf zu warten, war es unser aller Beschluß, daß wir am Festtag des heiligen Bartholomäus in Mainz [24. August 1125] einen Reichstag feierlich abhalten, sofern es Eurem guten

Einvernehmen [mit uns] nicht mißfällt, und dort zusammen mit den eintreffenden Fürsten den Zustand und die Nachfolgerfrage des Reiches sowie die notwendigen Maßnahmen regeln, ganz wie es der Heilige Geist eingibt.
Wir wollen jedoch Eurem Ratschluß und Willen nicht durch eigene Entscheidungen vorgreifen und beanspruchen für uns selbst in dieser Angelegenheit nichts Eigenes und Besonderes. Ja wir wünschen vielmehr, daß Ihr es Eurer Klugheit ganz besonders angelegen sein laßt, eingedenk der Bedrückung, unter der die Kirche zusammen mit dem ganzen Reich all die Zeit über gelitten hat, die Vorsehung göttlichen Waltens anzurufen, daß sie bei der Berufung eines neuen Mannes so für ihre Kirche und das Reich Sorge trägt, daß sie künftig frei ist von dem so schweren Joch der Knechtschaft und wieder nach ihren eigenen Gesetzen leben darf, und daß wir alle fortwährenden Frieden genießen mit dem uns untergebenen Volk.
Auch ersuchen wir Euer Liebden inständig, für das Euch vom Himmel her anvertraute Volk bis zu dem für den Hoftag festgesetzten Zeitpunkt und für vier Wochen danach einen Frieden anzuordenen, damit für alle der Hin- und Rückweg sicherer werde, und so zu erscheinen, wie es sich für den Hoftag schickt, nämlich nach der Sitte der alten Fürsten auf eigene Kosten und ohne den Armen zur Last zu fallen. [Wolfgang Stammler]

BERICHT ÜBER DIE WAHL HERZOG LOTHARS VON SACHSEN ZUM RÖMISCHEN KÖNIG

«Narratio de electione Lotharii Saxoniae ducis in regem Romanorum»

Die denkwürdigen Ereignisse, die neulich auf dem Reichstag zu Mainz geschehen sind, und der Verlauf der Königswahl ist hier in Kürze dem Papier anvertraut.

Von allen Seiten versammelten sich die Fürsten: Legaten des apostolischen Herrn, Erzbischöfe, Bischöfe, Äbte, Pröbste, Kleriker, Mönche, Herzöge, Markgrafen, Grafen und die sonstigen Edlen, und das so zahlreich, wie sich bis zu unserer Zeit noch niemals ein Reichstag versammelt hat. Denn nicht der Befehl des Kaisers hatte sie, wie sonst, herbeigeführt, sondern die gemeinsame Pflicht ihrer höchsten Aufgabe. Und am ersten Tag wurde über die Wahl des Bischofs von Brixen verhandelt, diese Wahl von allen übrigen bestätigt und der Erwählte von einer großen Zahl von Bischöfen für sein Bistum ordiniert.

Die Fürsten der Sachsen hatten am Ufer des Rheinstromes zahllose Zelte aufgeschlagen und lagerten dort stattlich; weiter oben hatten Markgraf Luitpold von Österreich und Herzog Heinrich von Bayern mit einer zahlreichen Ritterschaft ihr Lager. Auf dem anderen Rheinufer lag Herzog Friedrich [von Hohenstaufen] mit dem Bischof von Basel, den übrigen Fürsten von Schwaben und einer Reihe von Edelleuten. Als nun die Fürsten in eigener großer Versammlung zusammentraten, nahm Friedrich nicht an deren Rat teil, denn er sagte, er traue den Mainzern nicht. Denn er hatte seine Gedanken schon auf die Herrschaft eingestellt und beanspruchte sie mit einer Hoffnung, die freilich trügen sollte[1]; er war zwar bereit, zum König gewählt zu werden, aber nicht, selbst zu wählen, und er wollte zuerst erkunden, welchen Mann die Stimmen der Fürsten zu erheben gesonnen seien.

Außer Friedrich und seinen Leuten kamen also alle Reichsfürsten zusammen. Auf die Ermahnung des Herrn Kardinals hin riefen sie die Gnade des Heiligen Geistes an mit der Antiphon «Veni sancte Spiritus!» Dann schlugen sie aus den Landschaften Bayern, Schwaben, Franken und Sachsen je zehn umsichtige Fürsten vor, die eine Vorwahl vornehmen sollten, der beizustimmen alle übrigen versprachen. Diese Wähler bezeichneten in der Versammlung aus der Zahl aller Fürsten drei, welche die anderen an Macht und Tüchtigkeit übertrafen: den Herzog Friedrich, den Markgrafen Luitpold und den Herzog Lothar, und schlugen vor, einen von diesen dreien, der allen recht sei, zum König zu wählen. Herzog Friedrich war abwesend, und die beiden anderen erklärten, demütig unter Tränen niederkniend, sie würden die ihnen angebotene Würde nicht annehmen. So groß und merkwürdig und früher unerhört ist der Einfluß, den der Herr zu unserer Zeit seiner Kirche gewährt: Ungelehrte Laien verzichteten in frommer Demut auf höhere Ehren. Damit aber zeigte der Herr zugleich in aller Deutlichkeit, wie böse und schädlich der Ehrgeiz von Geistlichen und Gelehrten ist, wenn er sich in weniger wichtigen Dingen und nun gar in solchen geistlicher Art breitmacht. Geblendet durch seinen Ehrgeiz, hoffte Herzog Friedrich, ihm sei nun sicher bestimmt und vorbehalten, was jene beiden in ihrer Demut ausge-

[1] Friedrichs Vater war mit Agnes, der Schwester Heinrichs V., vermählt.

schlagen hatten. Ohne Geleit betrat er jetzt dieselbe Stadt, die sogar mit Gefolge zu betreten er sich vorher gescheut hatte, kam in die Fürstenversammlung und stand da, bereit, sich zum König küren zu lassen. Aber da stand der Erzbischof von Mainz auf und richtete an die drei genannten Fürsten die Frage, ob jeder von ihnen bereit sei, ohne Widerspruch, Zögern und Neid dem dritten zu gehorchen, den die Fürsten wählen würden. Daraufhin bat Herzog Lothar demütig wie zuvor, von seiner Wahl abzusehen, und versprach, jedem Gewählten zu gehorchen als seinem Herrn und dem römischen Kaiser. Auch Markgraf Luitpold gab für seine Person dieselbe Erklärung ab und war bereit, durch einen Eid allem Ehrgeiz nach der Königswürde und aller Eifersucht gegen den künftigen König zu entsagen. Nun wurde auch an Herzog Friedrich die Frage gestellt, ob er zur Ehre der Kirche wie des Reiches sowie zu einem Beispiel für spätere freie Wahl wie jene tun wolle. Da erklärte er, er wolle und könne nicht antworten, ohne den Rat seiner Freunde, die er im Lager zurückgelassen habe, eingeholt zu haben. Und weil er überhaupt erkannte, daß die Fürsten keineswegs einmütig ihn zu wählen beabsichtigten, so entzog er von jetzt ab der Versammlung seinen Rat und sein Antlitz.
Die Fürsten erkannten aus seinem Betragen, wie groß der Ehrgeiz und das gewalttätige Machtstreben des Herzogs war, und sie weigerten sich einstimmig, einen Mann zum Herrn zu wählen, der sich schon vor der Erhöhung so stolz und herrschsüchtig zeigte.
Dann am nächsten Tag versammelten sich die Fürsten zu der Wahl, und nur Herzog Friedrich war nicht anwesend, mit ihm der Herzog von Bayern; da fragte der Erzbischof von Mainz, ob jeder von den beiden genannten [Anwär-

tern], die bei der Königswahl zugegen waren, falls er trotz der erfolgten Vorwahl abgelehnt werden sollte, einmütig und gutwillig jeder anderen Person zustimmen wolle, welche durch den Willen der Fürsten erhoben werden würde. Beide zugleich willigten ein, demütig und fromm, und sie setzten sich nebeneinander auf einen Sitz wie Männer, auf die man nicht weiter achten sollte, sondern die mit der Wahl eines anderen beschäftigt wären. Als sie nun gesprochen hatten, wurden die Fürsten aufgefordert, sorgfältig in gemeinsamem Rat den Mann zu suchen, den sie mit Gott und zur Ehre der Kirche an die höchste Stelle des Reiches stellen könnten. Auf einmal riefen viele Laien: «Lothar soll König sein!» Sie ergreifen ihn, setzen ihn auf ihre Schultern und heben ihn hoch, während er sich gegen den Königsruf sträubt und widerspricht.

Viele Fürsten, vor allem die bayerischen Bischöfe, zürnten aber, daß man das große Werk ohne gehörigen Rat und so tumultuarisch tue. In ihrer gerechten Empörung riefen sie, man habe sie von ihren Sitzen verdrängt, und zornig wollten sie schon die anderen verlassen und aus der Versammlung weggehen, ohne das Ende der Wahlhandlung abzuwarten. Aber da gab der Mainzer Erzbischof mit einigen anderen Fürsten den Befehl, wohl auf alle Türen zu achten und niemanden hinaus oder hinein zu lassen. Denn drinnen trugen die einen ihren König unter gewaltigem Lärm herum, andere aber drängten von draußen unter lautem Geschrei heran, um den König, den sie noch gar nicht kannten, zu preisen. Unter den Fürsten verschärfte sich der Zwist bereits so sehr, daß Lothar erbost war über den Angriff auf seine Person und Sühne heischte, während die Bischöfe, erbittert über das Gedränge, in das sie geraten waren, auszubrechen versuchten. Da endlich dämpfte der Kardinal und andere Fürsten, die besserer Einsicht geblieben waren, mit Stimme und Hand den Aufruhr und erreichten, daß alle wieder Platz nahmen und die Beratung fortsetzten. Von Gott erleuchtet, nahm der Herr Kardinal die Bischöfe beiseite, lud in allem Ernst die Schuld an einer Spaltung auf ihre Häupter und machte sie verantwortlich für Raub, Blutvergießen, Brandstiftung und alles Elend, das aus dieser Spaltung entspringen werde, wenn sie nicht selbst Frieden und Eintracht hielten und andere, die weniger Einsicht besäßen als sie selbst, durch ihren Einfluß dazu brächten. Endlich war es wieder möglich zu sprechen. Der Erzbischof von Salzburg und der Bischof von Regensburg ergriffen ehrbar für sich und die Ehre des Reiches das Wort; sie bemühten sich, die Parteien zu einigen, und sie erklärten, daß sie ohne den Herzog von Bayern, der abwesend war, nicht über die Königswürde beschließen konnten. Außerdem forderten sie, daß ihnen selbst wie auch dem Herzog wegen der tätlichen und heftigen Berührung, die eine schwere Verletzung der Hoheit sei, von den Fürsten geziemende Sühne geleistet werde. Und so mußten denn dieselben Männer, die durch ihre Voreiligkeit den Zwischenfall verschuldet hatten, sich zu gebührender Genugtuung demütigen, und dann erhielten sie Verzeihung.

Also wurde der Herzog von Bayern herbeigeholt, und nun einte die Gnade des Heiligen Geistes den Sinn aller Wähler in einem gemeinsamen Geiste, und König Lothar, der Gott so wohlgefällig war, wurde durch allgemeine Übereinstimmung und die Bitten der Fürsten zur Königswürde erhoben.

Da nun alle Fürsten des Reiches bei der Wahl übereingestimmt haben, wird genau festgesetzt, welche Rechte der königlichen Gewalt, welche Freiheiten dem Priestertum des himmlischen Königs, das heißt der Kirche zukommen sollten, und das gefundene Maß beider Ehren wird auf Eingebung des Heiligen Geistes der Wahlurkunde vorangesetzt. Die Kirche soll die Freiheit haben, die sie immer gewünscht hat; das Königtum soll in allem gebührende Macht haben, in Güte und Liebe, ohne Kampf, zu behaupten, was des Kaisers ist. Die Kirche soll in geistlichen Sachen freie Wahl haben, die Wahlen sollen nicht durch Furcht vor dem König erzwungen und nicht wie sonst durch die Gegenwart der Fürsten eingeengt oder durch irgendwelche Bitten beanstandet werden. Der Kaiserwürde soll zustehen, den frei Erwählten, kanonischen Geweihten feierlich durch das Zepter mit den Hoheitszeichen zu bekleiden, aber ohne Kosten, und ihr soll zustehen, ihn fest zu verpflichten zu Gehorsam, Treue und gerechtem Dienst, aber vorbehaltlich der Rechte des geistlichen Vorgesetzten.

Da nun endlich Lothar von allen gewählt und allen angenehm war, saß er am nächsten Tag im Rat der Fürsten nieder und empfing zuerst nach Brauch die gebührende Huldigung von allen anwesenden Bischöfen, vierundzwanzig an der Zahl, und von vielen Äbten, und zwar aus Ehrfurcht vor dem Reich und zur Bestätigung der Eintracht und des ewigen Friedens zwischen Königtum und Priestertum; aber von keinem der Geistlichen empfing oder forderte er den Vasalleneid, wie es früher der Brauch gewesen war. Darauf strömten von allen Seiten die Fürsten des Reiches zusammen, bestätigten ihre Treue dem Herrn König sowohl durch Vasalleneid wie durch Huldigung, und nachdem sie dem König die gebührende Ehre erwiesen hatten, empfingen sie von dem König, was zu geben dem König recht war. Da sah auch Herzog Friedrich, daß Menschenrat und Macht nichts vermochten gegen den Herrn, der den Sinn so vieler und großer Fürsten über alle Hoffnung auf einen versammelt hatte. Und der Herzog wurde durch Rat und Bitten des Bischofs von Regensburg und der übrigen Fürsten bekehrt und erschien endlich am dritten Tag wieder in dem Reichstag. Die zweihundert Mark, deren Spende ihm der König vorher verheißen, lehnte er mit Würde ab, erwies dem König, der jetzt sein Herr war, die gebührende Ehrfurcht und vereinigte sich so mit ihm in Gunst und Freundschaft, die um so fester sein wird, da sie freiwillig war. Endlich war alles erledigt: Da verkündigt der König einen festen Frieden in königlicher Majestät, Schutz durchs ganze Reich bis zum Geburtsfest des Herrn und von da auf ein Jahr für jedermann. Wenn diesen Frieden jemand bricht, soll er nach Gesetz und Recht jeder Landschaft die strengste Strafe erleiden. [nach G. Freytag u. J. Bühler]

AUS DEM SÄCHSISCHEN ANNALISTEN (UM 1150)

[...]

Am Festtag des heiligen Bartholomäus kommen sämtliche Fürsten des Reiches in Mainz zusammen. Dort wählen Bischöfe, Herzöge, Markgrafen und Grafen alle zusammen einmütig Herzog Liuder oder Lothar von Sachsen zum König, einen Mann, der schon von Jugend an in Kriegen sehr erprobt und reich an Siegen war. Denn wohin auch immer sich wandte, stets siegte er und erfreute sich dabei wie Julius Caesar eines besonderen Glückes. Um von den anderen Kämpfen zu schweigen, die er mit Gottes Beistand ruhmreich führte, trat er einmal dem Kaiser Heinrich [V.], als dieser in feindlicher Absicht in Sachsen einfiel, an einem Ort namens Welpesholt mannhaft entgegen, besiegte ihn und schlug ihn in die Flucht [1115]. Desgleichen belagerte er den vorerwähnten Kaiser bei Skulenburg, als dieser seinerseits die Burg belagerte, zwang ihn, die Belagerung aufzugeben, und kehrte als Sieger heim, nachdem er die Burg mit Mannschaften und Lebensmitteln versorgt hatte [1123]. Und weil er ein eifriger Verteidiger der Kirche war, ist er mit Unterstützung der Bischöfe, vor allem des Erzbischofs Adalbert sowie des Erzbischofs Friedrich von Köln, von Männern also, die in kirchlichen Angelegenheiten besonders bewandert waren, schließlich zum König gemacht worden. Denn er war ein überaus kluger Mann, der aufrichtigste Vermittler zwischen Papsttum und Reich, von größter Demut vor Gott, umsichtig im Rat, der tapferste Kämpfer im Krieg und unerschrocken in jedweder Gefahr, so daß er in diesen Zeiten der geeignetste Mann für die Leitung des

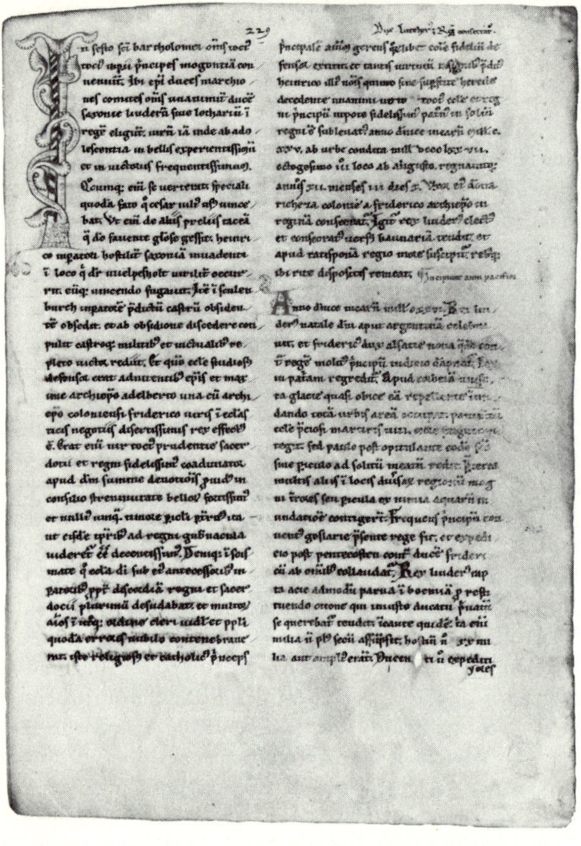

AUS DER HANDSCHRIFT

DES «ANNALISTA SAXO», FOL. 229

Reiches zu sein schien. Im Schisma endlich, durch das die Kirche Gottes unter seinen kaiserlichen Vorgängern infolge der Zwietracht zwischen Papsttum und Reich in größte Bedrängnis geriet und welches viele Gemüter beiderlei Standes, des geistlichen wie des weltlichen, gleichsam durch einen Nebel der Verirrung verfinstert hatte, da bewies er als ein frommer und katholischer Fürst fürstliche Gesinnung, zeigte sich als ein Verteidiger all derer, die der Kirche in Treue anhingen, und wurde, weil er mit so großen ausgezeichneten Tugenden begabt und Kaiser Heinrich, dieses Namens der Fünfte, ohne Erben gestorben war, auf einmütigen Wunsch der ganzen Kirche und der Reichsfürsten als zuverlässigster Schutzherr auf den Thron des Reiches erhoben, im 1125ten Jahr der Fleischwerdung des Herrn, dem 1877ten seit Gründung der Stadt Rom, als der Dreiundachtzigste seit Augustus, und hat zwölf Jahre, drei Monate und zehn Tage regiert. Seine Gattin Frau Richenza wurde in Köln von Erbischof Friedrich zur Königin geweiht. Dann, nachdem er gewählt und geweiht worden war, zog König Liuder nach Bayern, wurde in Regensburg nach Königssitte empfangen und kehrte, nachdem er alle Angelegenheiten glücklich geordnet hatte, wieder zurück.

Hier beginnen die Friedensjahre

Im Jahre der Fleischwerdung des Herrn 1126. König Liuder feierte die Geburt des Herrn in Straßburg, und Herzog Friedrich von Alsatien [d. i. Schwaben] wird aufgrund eines Urteils der Fürsten verdammt, weil er Unruhen gegen den König angestiftet hatte. Der König kehrt in die Heimat zurück. Bei Corvey trat die Weser über das Ufer, weil sie durch das Eis wie von einem Damm zurückge-

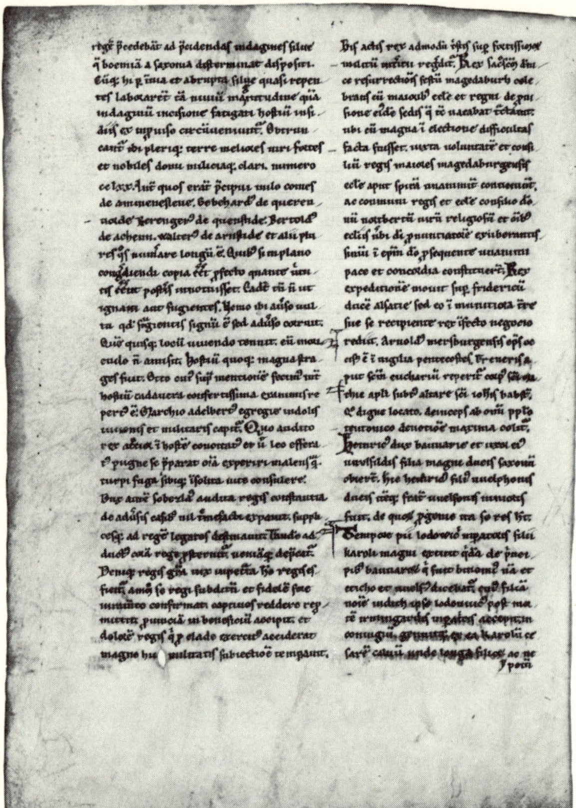

AUS DER HANDSCHRIFT
DES «ANNALISTA SAXO»,
FOL. 229v UND 230

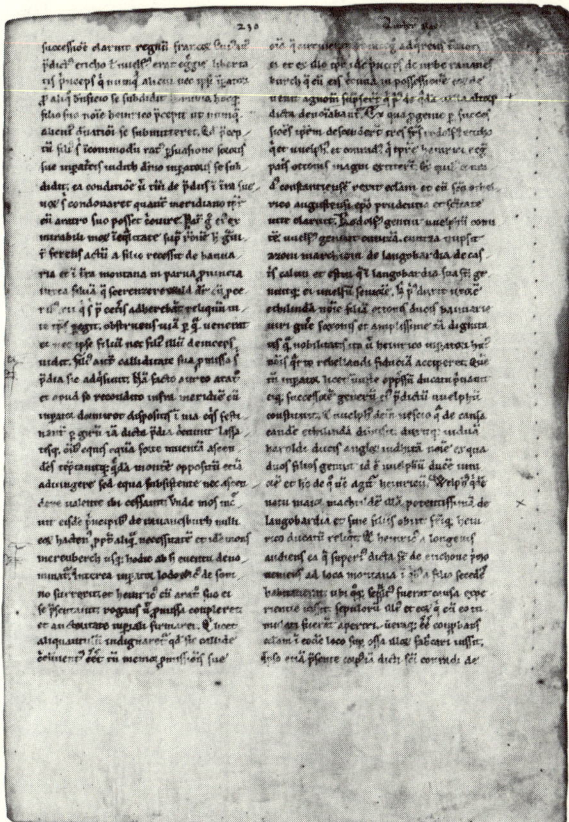

230

successione clarum regnum Francorum. Sed idem
predictus Eticho de Welfis erat egregie liberta
tis princeps, qui numquam alicui nec ipsi imperatori
per aliquam ditionem se subdidit ... hocque
filio suo nomine Heinrico precepit ut numquam
alicui dominationi se submitteret. Sed precep
tum filius sui incommodum ratus persuasione sororis
sue imperatricis Iudith domino imperatori se sub
didit, ea conditione ut IIII mansos de prediis in terra sue
... condonaret quantum meridiano tempore
cum aratro suo posset circuire. Pater autem eius ex
mirabili more ... super ...
... ferens actum a filio recessit de Bawa
ria et in terra montana in parva provincia
... silvam que Scerenzerewald dicitur cum perc
... qui se pro ceteris adherebant reliquum vi
te tempus peregit, obstruens viam per quam veniret
et nec ipse filium nec filius illum deinceps
videret. Filius autem calliditate sua promissa
predia sic adquisivit: ... facto aureo aratro
et apud se recondito infra meridiem cum
imperatore dormiret, dispositis in via equis festi
nanter per girum terram dicta predia deinceps lassa
tisque omnibus equis equam forte inventam ascen
dens ... quendam montem oppositum etiam
adiungere, sed equa subsistente nec ascen
dere valente ibi cessavit. Unde mos inolevit
eisdem principibus de Ravensburch nullum
eorum habere ... propter aliquam necessitatem et idem mons
Merenberch usque hodie ab hoc eventu deno
minatur. Interea imperator Ludowicus de som
no surrexit et Heinricus cum aratro suo ei
se presentavit rogans ut promissa compleret
et auctoritate imperiali firmaret. Qui licet
aliquantulum indignaretur quod sic ...
... esset, tamen memor promissionis sue

omnia que ... adquirere ...
... de urbe Ravenes
burch que ... in possessione ...
... dicta denominabant. Ex qua progenie per succes
siones tempore descenderunt tres fratres Rodolfus, Eticho,
qui et Welphus, et Conradus, qui tempore Heinrici regis
patris Ottonis Magni exstiterunt. Sed quidam Conra
dus Constantiensis rexit ecclesiam et cum sancto Udal
rico Augustensi episcopo prudentia et sanctitate
vite claruit. Rodolfus genuit Welphum comi
tem. Welphus genuit comitissam Cunizam uxorem
Azonis marchionis de Langobardia de cas
tris Calvin et Este, que in Langobardia sunt, ge
nuitque et Welphum seniorem. Hic postea duxit uxorem
Ethilindam nomine filiam Ottonis ducis Bawarie
... Saxonis et amplissime cum dignita
tis quam nobilitatis ... Heinrico imperatori ...
... rebellandi fiduciam acciperet ...
... imperator licet invite oppressum ducatum ...
eique successorem generum eius predictum Welphum
constituit. Welphus deinde nescio qua de causa
eandem Ethilindam dimisit, duxitque viduam
Haroldi ducis Anglorum Iuditham nomine, ex qua
duos filios genuit, id est Welphum ducem iuni
orem et hunc de quo nunc agitur Heinricum. Welphus qui est
natu maior Machtildem illam potentissimam de
Langobardia et sine filiis obiit, fratrique Hein
rico ducatum reliquit. Heinricus a longeviis
audiens ea que superius dicta sunt de Ethichone primo
venientis ad loca montana ... a filio secedere
habuerat, ubi ... fuerat causa expe
riendi ... sepulchrum illius et eorum qui cum eo ...
... fuerant aperiri ... corporaque
ecclesiam in eodem loco super ossa illorum fabricari iussit,
ipso etiam presente corpus dicti sancti Conradi de

staut wurde, und überschwemmte die ganze Stadt, bedeckte wie ein See den Fußboden der Kirche des teuren Märtyrers Vitus, zog sich dann aber wenig später mit Beistand ebendieses Heiligen in ihr gewohntes Flußbett zurück. Auch viele andere Orte in verschiedenen Gegenden wurden durch die heftigen Überschwemmungen in Schrecken und Gefahr gestürzt.

In Goslar fand in Anwesenheit des Königs eine zahlreich besuchte Fürstenversammlung statt und wurde von allen eine Heerfahrt gegen Herzog Friedrich mit Beifall aufgenommen.

König Liuder zog mit einem ganz kleinen Heer, das er zusammengezogen hatte, nach Böhmen, um Otto wieder einzusetzen, der sich beklagt hatte, daß er zu Unrecht seines Herzogtums beraubt worden sei; das war allerdings recht unvorsichtig, denn er nahm nur dreitausend Mann mit sich, während die Feinde zwanzigtausend oder mehr waren. Der König schickte zweihundert von den leichteren Truppen voran, um einen Weg durch die Wildnis des Waldes, der Böhmen und Sachsen voneinander trennte, zu bahnen. Als diese sich nun durch den unwegsamen und abschüssigen Wald gleichsam kriechend hindurchmühten und durch den tiefen Schnee und das Niederhauen des Walddickichts schon ganz erschöpft waren, wurden sie plötzlich durch einen Hinterhalt der Feinde eingeschlossen. Dabei wurden die Meisten erschlagen, die Besten des Landes, tapfere und edle, in Krieg und Frieden berühmte Männer, 270 an der Zahl. Unter ihnen befand sich Graf Milo von Ammensleben, Gebhard von Querfurt, Berengar von Quenstedt, Bertold von Achem, Walter von Arnstedt und andere mehr, die aufzuzählen zu lange wäre. Hätten sie auf ebenem Boden die Möglichkeit gehabt zu kämpfen, wahrhaftig, ihre Nachkommen hätten erfahren, wie groß ihre Tapferkeit war. Dennoch sind sie nicht als Feige oder Flüchtlinge gefallen. Niemand ist dort gefallen, dessen Gesicht dem Feind abgekehrt gewesen wäre, woran man den Fliehenden erkennt, sondern alle mit gegen den Feind gewandtem Gesicht. Keiner hat den Platz, den er lebend behauptet hatte, mit Sterben aufgegeben. Auch die Feinde erlitten große Verluste. Otto, den wir oben erwähnt haben, ist mitten unter den dichtgedrängtesten Leichen der Feinde entseelt aufgefunden worden. Markgraf Adalbert, ein ritterlicher Jüngling mit hervorragenden Gaben, wurde gefangengenommen. Durch diese Nachricht wurde der König noch heftiger gegen den Feind erbittert und wollte sich schon wie ein wildgewordener Löwe in den Kampf werfen, lieber alles erdulden wollend als durch schimpfliche Flucht sich und sein Leben retten, als Herzog Sobeslaw, der von der trotz des Unglücks ungebrochenen Standhaftigkeit des Königs hörte, erschrak und flehende Boten zum König schickte. Endlich selbst vor den König geführt, warf er sich nieder und bat um Vergebung. Kaum hatte er schließlich die Gnade des Königs erlangt, machte er sich zu dessen Vasallen, schwor ihm mit einem Eid Unterwerfung und Treue, versprach die Freilassung der Gefangenen, empfing sein Land zu Lehen und besänftigte den Schmerz des Königs über den Untergang seines Heeres durch seine demutvolle Unterwürfigkeit. Nach diesen Ereignissen kehrte der König zurück, tiefbetrübt über den Untergang seiner tapfersten Ritter.

Der Herzog feierte das hochheilige Fest der Auferstehung in Magdeburg [11. April 1126] und verhandelte mit den Großen der Kirche und des Reiches über die Besetzung dieses Bistums, das damals frei war; als aber dort bei der Wahl große Schwierigkeiten auftauchten, kamen die Magdeburger Kirchenoberen gemäß dem Rat und Wunsch des Königs einmütig in Speyer zusammen und setzten nach dem übereinstimmenden Rat des Königs und der Kirche Herrn Norbert, einen frommen Mann, der in allen Kirchen das Wort Gottes in überströmender Weise gepredigt hatte, mit Gottes Segen in einmütigem Frieden und Eintracht als Bischof ein.

Der König zog gegen Herzog Friedrich von Alsatien zu Felde, kehrte aber, da dieser sich in die Festungen seines Landes zurückzog, unverrichteter Dinge wieder heim.

Bischof Arnold von Merseburg wurde am Pfingstabend erschlagen [29. Mai 1126].

In Trier wurde bei Sankt Eucharius unter dem Altar des heiligen Johannes des Täufers der Leib des heiligen Apostels Mathias gefunden. Er wurde feierlich aufgebahrt und wird seitdem von dem ganzen deutschen Volk mit größter Andacht verehrt.

Herzog Heinrich von Bayern und seine Gemahlin Wulfhild, die Tochter des Sachsenherzogs Magnus, starben. Dieser Heinrich war der Sohn des Herzogs Welf und ein Bruder Welfs des Jüngeren, mit deren Abkunft es sich folgendermaßen verhält. Zur Zeit Kaiser Ludwigs des Frommen, des Sohnes Karls des Großen, gab es unter den Fürsten Bayerns einen, der einen Doppelnamen trug, denn er wurde sowohl Eticho als auch Welf genannt; dieses Mannes Tochter namens Judith nahm Ludwig nach dem Tod der Kaiserin Irmingard zur Frau und zeugte mit ihr den Kaiser Karl den Kahlen, unter dessen Kindern und Enkeln in langer Folge das Reich der Franken blühte.

[...] [Nach Eduard Winkelmann]

AUS DER «CHRONIK ODER DIE GESCHICHTE DER ZWEI STAATEN» VON OTTO VON FREISING (1111–1158)

VII. Buch

[...]

8. Im Jahre 1103 nach der Fleischwerdung des Herrn feierte Kaiser Heinrich[1] den Geburtstag des Herrn in Mainz, und nachdem er dort seinen Sohn Heinrich als seinen Nachfolger zum König erhoben hatte[2], verkündete er öffentlich, daß er das Grab des Herrn besuchen wolle, und begeisterte dazu auch viel andere aus verschiedenen Teilen des Reiches. Als er dann im Jahr darauf Weihnachten in Regensburg feierte, brach ein Aufstand aus, und dabei wurde Graf Sigihard[3] von den Dienstleuten der Fürsten, die man Ministerialen nennt, getötet, weil er angeblich deren Rechte schmälern wollte. Als im nächsten Jahr der Kaiser Weihnachten wieder in Mainz feierte, machte sein Sohn Heinrich, angestiftet von dem Markgrafen Dietbold und dem Grafen Berengar[4], angeblich aus religiösen Gründen, weil sein Vater von Päpsten exkommuniziert war, in Bayern einen Aufstand gegen ihn, und im Bunde mit einigen Fürsten aus Ostfranken, Alemannien und Bayern zog er nach Sachsen, wo Land und Leute leicht gegen das Königtum aufgereizt werden können. Dort wurde er mit allen Ehren aufgenommen; Ostern hielt er sich in Quedlinburg auf und brachte alle Großen dieses Stammes auf seine Seite. Dann wurde auf dem königlichen Hofgut Nordhausen eine Bischofssynode unter Vorsitz des Mainzer Erzbischofs Rothard abgehalten[5], der schon vor längerer Zeit vom Kaiser von seinem Bischofsstuhl vertrieben worden war; hier verdammte er

die Simonie und andere Verstöße gegen die Vorschriften der römischen Kirche, und als er dann Pfingsten in Merseburg feierte, ließ er den zum Erzbischof von Magdeburg gewählten, aber von den Anhängern seines Vaters vertriebenen Heinrich weihen. Dann zog er ein Heer zusammen und marschierte auf Mainz, um den Erzbischof wieder einzusetzen, aber er konnte dieses Vorhaben nicht ausführen, denn sein Vater erwartete in der Stadt mit einer starken bewaffneten Mannschaft seinen Anmarsch. Er ging nun nach Würzburg, vertrieb Erlung und setzte Robert[6] zum Bischof der dortigen Kirche ein. Danach entließ er die Sachsen; mit den Bayern schloß er Nürnberg ein und belagerte es über zwei Monate; darauf ging er nach Regensburg, der Hauptstadt des Herzogtums Bayern. Der Vater folgte ihm auf den Fersen, vertrieb Robert und setzte Erlung wieder ein. Dann zog er weiter und verjagte den Sohn mit Hilfe der Regensburger aus der Stadt; er setzte dort einen gewissen Ulrich zum Bischof ein und ließ die Mark Dietbolds durch die Böhmen verwüsten.

9. So war also das Reich jammervoll in sich gespalten: Aus allen seinen Teilen zog man Streitkräfte zusammen, mit Feuer und Schwert wurde das Land grausam verwüstet, und nun standen sich die beiden, Vater und Sohn, am Ufer des Regen gegenüber[7]. Schon wurden Lager errichtet, schon wurden die Truppen zur Schlacht geordnet, schon wurde von seinen Leuten der Vater gegen den Sohn, der Sohn gegen den Vater zum Sohnes- und Vatermord angespornt, aber durch das Flußbett wurden die ruchlosen Absichten verhindert. Da konnte man beweinenswerte, beklagungswürdige Vorbereitungen zum Kampf beobachten, konnte sehen, wie die Welt durch ihr Tun nur

sonnenklar die Verachtung ihrer selbst erzeugt, denn gegen das Naturgesetz erhob sich hier der Sohn gegen den Vater, gegen das Gebot des Rechts war der Mann bereit, gegen den König, der Knecht gegen den Herrn zu kämpfen, stand Bruder gegen Bruder, Verwandter gegen Verwandten und war willens, das Blut des eignen Blutsverwandten zu vergießen.

Sollte uns nicht ein so unerhörtes, so unmenschliches Beginnen der Welt allein schon zur Verachtung der Welt aufrufen? Täuscht nicht die Welt – oder besser mit Augustin die Unwelt – die sie Liebenden, indem sie sie durch trügerische Genüsse an sich lockt, verstrickt sie nicht die ihr Anhangenden in derartige Händel und reißt sie sie nicht schließlich mit in ihren eigenen Untergang? Das sind nach Paulus[8] die letzten und deshalb schlimmen Zeiten, da «die Menschen das Ihre suchen, nicht was Jesu Christi ist» und deshalb «voll Eigenliebe, lasterhaft, lieblos, den Eltern ungehorsam» werden und, sich in allen Lastern ihrer Lüste suhlend, zu ruchlosen Unternehmungen und den verabscheuungswürdigsten Taten sich hinreißen lassen. Und beachte, daß in unserer jetzigen Zeit, die ja als die letzte gilt, die dazu bestimmt ist, den früheren Verbrechen ein Ziel zu setzen, die durch die Scheußlichkeit der Laster das Ende der Welt und durch das Gegenteil davon das Herannahen des Reiches Christi ankündigt, – daß in dieser Zeit also, wie gesagt, einerseits die schlimmsten Frevler und lüsternsten Liebhaber der Welt leben, andererseits aber auch Menschen voll des glühendsten Eifers für Gott und voll Sehnsucht nach dem Himmelreich; während nun der Geist der Verderbtheit, der «nur noch wenig Zeit hat»[9] und desto hitziger entbrennt, jene immer hitziger zur Lasterhaftigkeit entflammt, lockt diese die Wonne des

Himmelreichs, die schon vor der Türe steht, immer stärker zur Sehnsucht nach ihr. So ziehen in dieser Zeit, da das römische Reich nicht nur durch Bürgerkrieg, sondern auch durch Zwist zwischen Vater und Sohn infolge der Herrschsucht gespalten ist, die einen nach Jerusalem, das Ihre um Christi willen nicht achtend und überzeugt davon, daß sie den Gürtel der Ritterschaft nicht zwecklos tragen, und führen dort, eine neue Art von Ritterschaft begründend, die Waffen gegen die Feinde des Kreuzes Christi so, daß sie immerfort das Zeichen des Kreuzestodes Christi an ihrem Leibe tragen und in Lebensführung und Wandel nicht Ritter, sondern Mönche zu sein scheinen. Auch begann seitdem im Mönchs- und im Klerikerstand die Strenge bis auf den heutigen Tag zuzunehmen, so daß nach gerechtem Ratschluß Gottes, während die Bürger der Welt immer tiefer im Schmutz versinken, seine Bürger durch seine Gnade immer höher zum Gipfel der Tugenden aufsteigen. Doch nun zurück zur Geschichte.

Nachdem sich also beide Heere am Ufer des oben genannten Flusses gelagert hatten und einige getötet worden waren, die im Flusse selbst aufeinandergestoßen waren, erkannte der jüngere Heinrich, daß die Hauptmacht seines Vaters aus den Truppen des Herzogs Boriwoi von Böhmen und des Markgrafen Leopold[10] bestand, dessen Schwester [Gerberga] die Gattin jenes Herzogs war, und nun suchte er sie durch alle möglichen Mittel zu gewinnen; unter anderem versprach er dem Markgrafen, ihm seine Schwester [Agnes][11], die Witwe des vor kurzem verstorbenen Herzogs Friedrich von Schwaben, zur Frau zu geben, und so überredete er die beiden dazu, seinen Vater zu verlassen. Als diese nun abzogen, mußte der Kaiser weichen, und von da an begann seine Macht zu sinken und die des Jüngeren zu steigen. Damals wurde Erzbischof Rothard von Mainz acht Jahre nach seiner Verbannung von dem jüngeren Heinrich wieder in sein Bischofsamt eingesetzt[12].

10. Nicht lange danach forderte der Sohn den Vater bei einer Aussprache in Bingen am Rhein auf, dem römischen Stuhl hinsichtlich des Bannfluchs Gehorsam zu leisten. Der Vater aber verlangte, daß man zu diesem Zweck eine Fürstenversammlung einberufe, und so wurde auf sein Verlangen allen Großen des Reiches zum nächsten Weihnachtsfest ein Reichstag zu Mainz angesagt.

Um dieselbe Zeit machte König Balduin Askalon, das er belagert hatte, tributpflichtig. Auch den Sarazenen lieferte er eine Schlacht und schlug mit schwachen Kräften, nämlich nur 4000 Mann, mehr durch göttliche als menschliche Kraft 50000; einer ihrer Fürsten wurde dabei gefangengenommen, ein anderer getötet[13]. Doch der perfide Kaiser Alexius konnte nun seine schon längst im Herzen gehegte Hinterhältigkeit nicht länger verbergen: er verbündete sich schändlicherweise mit den Türken, die schon fast verzweifelt waren, und übergab ihnen völlig gewissenlos Nicäa[14], das mit viel Blut unserer Glaubensgenossen erobert worden war. Welch schlimme Zeiten, da beide Kaiser, der des Orients und der des Okzidents, Gott feindlich sind!

11. Im Jahre 1106 nach der Fleischwerdung des Herrn fand zu Weihnachten[15] die große Fürstenversammlung in Mainz statt; dort verkündeten die dort erschienenen Legaten des apostolischen Stuhls öffentlich vor allen Anwesenden den von den Päpsten über den Kaiser verhängten Kirchenbann. Als man diesen nun auf einer Burg[16] gefangensetzte und in Haft hielt, bat er um Gehör; daher kamen

die Fürsten, die einen Volksaufstand[17] befürchteten, in Ingelheim mit ihm zusammen; dort brachten sie ihn durch eindringliches Zureden, nach anderen vielmehr durch List und Zwang dazu, auf die Reichsinsignien zu verzichten und sie seinem Sohn zu übersenden; dies geschah im 43.[18] Jahr seiner Regierung seit seines Vaters Tode, im ... [22.] seines Kaisertums, zu dem er jedoch mehr durch Machtspruch als regulär nach der Eroberung Roms von Wibert erhoben worden war. Ob dies alles in erlaubter Weise geschehen ist oder nicht, das wollen wir nicht entscheiden. Manche jedoch glauben, diese Heimsuchung sei ihm gegen das Ende seines Lebens zur Prüfung, nicht zur Verdammung auferlegt worden, und sie sind der Überzeugung, er habe durch Almosen und viele Werke der Barmherzigkeit es sich vom Herrn verdient, für seine Sünden und sein zügelloses Verhalten auf der Höhe des Königthrones auf diese Weise im Diesseits gestraft zu werden. Danach kehrten die Fürsten zum Sohn zurück und überbrachten ihm die Reichsinsignien; dann erhoben sie ihn, der ja bereits früher vom Vater dazu ausersehen worden war, durch Handauflegen des päpstlichen Legaten und durch allgemeine Wahl, wie ich schon sagte, im Jahre 1106 nach der Fleischwerdung des Herrn zum 92. Herrscher von Augustus an.

Bis hierher haben wir aus den Werken des Orosius, des Eusebius und derer, die nach ihnen bis heute geschrieben haben, geschöpft. Das Folgende aber, das ja die jüngste Zeit behandelt, wollen wir erzählen, wie es uns von zuverlässigen Gewährsmännern berichtet worden ist oder wie wir es selber gesehen oder gehört haben.

12. Nachdem der Kaiser abgedankt hatte, war er, der einst reiche und mächtige König – ein erbarmungswürdi-

ges Beispiel für die Sterblichen! – zum Bettler geworden; er begab sich nun an den Unterrhein nach Lothringen und wurde dort von den Kölnern nicht wie ein Verbannter, sondern wie ein König mit königlichem Prunk empfangen. Diese im belgischen Gallien am Rhein gelegene Stadt übertrifft bekanntlich seit dem Niedergang Triers alle Städte Frankreichs und Deutschlands an Reichtum und Bauwerken, an Größe und Pracht. Von dort ging er nach Lüttich und wurde auch dort mit königlichen Ehren aufgenommen; hier richtete er an alle in seinem Reich und in anderen Ländern, die er erreichen konnte, die Erklärung, er sei überlistet und mit Gewalt zur Auslieferung der Insignien gezwungen worden. Unter anderen seiner Briefe dieses Inhalts ist einer noch vorhanden, den er an den König des keltischen Galliens, der König der Franken heißt, und an den Herzog von Aquitanien[19] gerichtet hat; er enthüllt die Tragödie seines Mißgeschicks und könnte selbst Herzen von Stein erweichen, den Jammer der Schicksalswandlungen zu bedenken und zu beklagen; er beginnt mit folgenden Worten: «Teuerster Fürst und treuester von allen unseren Freunden, auf die wir nächst Gott unsere Hoffnung setzen, als ersten und vorzüglichsten unter allen habe ich Euch ausersehen, vor Euch, wie ich es für nötig gehalten habe, über mein Unglück und all mein Elend bewegliche Klage zu führen, und selbst zu Füßen würde ich mich euch werfen, wenn es ohne Verletzung der Majestät des Kaisertums möglich wäre.»

Der Sohn, nunmehr König, hatte inzwischen ein Heer zusammengezogen und rückte nun dem Vater nach; an der Maas bezog er ein Lager. Dort wurde er von Herzog Heinrich von Lothringen und anderen Getreuen seines Vaters an der Maasbrücke bei einem Ort mit Namen

Guegesaz[20] angegriffen und zur Flucht gezwungen. Kurz danach aber, als er in das oberrheinische Gebiet zurückgewichen war und wieder ein Heer ausrüstete, starb der Vater in Lüttich[21]. So endete dieser innere Krieg, und man widmete sich nun wieder den Geschäften des Friedens.

13. Heinrich V., der nun nach des Vaters Tode unbehindert regierte, belagerte Köln; er zwang es schließlich, sich ihm unter Zahlung einer hohen Summe Geldes zu ergeben; nachdem er überall in Frankreich und Deutschland die gesetzliche Ordnung wiederhergestellt hatte, setzte er auch die während der Spaltung von ihren Sitzen vertriebenen Bischöfe wieder ein. Unter anderen wurde der ehrwürdige Erzbischof Konrad von Salzburg, der bekanntlich noch heute in der Kirche Gottes in segensreicher Tätigkeit wirkt[22], auf seinen Stuhl zurückgeführt, dessen sich nach dem Tode des Märtyrers Thiemo seligen Angedenkens auf Grund einer Verleihung durch den älteren Heinrich ein gewisser Berthold bemächtigt hatte.

Zu dieser Zeit stellte der ungarische König Koloman seinem Bruder Almus nach, weil er ihn in Verdacht hatte, er strebe nach der Mitregentschaft. Der kam als Flüchtling zu König Heinrich, beklagte sich über die ungerechte Behandlung und erhielt seinen Beistand. Daher sagte der König einen Feldzug gegen die Ungarn an und eröffnete den Krieg[23]; er ließ sich aber unüberlegt auf eine Belagerung der Festung Preßburg ein und konnte infolgedessen nichts ausrichten; so kehrte er ohne Erfolg in die Heimat zurück.

14. Zwei Jahre danach zog er aus allen Teilen des Reichs ein riesiges Heer zusammen, um nach Rom zu ziehen; er überschritt die Alpen am Großen St. Bernhard und bezog in der italienischen Ebene ein Lager am Po; dort hielt er

eine Musterung des Heeres ab. In seiner Begleitung befand sich ein auserlesenes Ritterheer von 30000 Mann außer denen, die ihm in Italien zuströmten, und Teilnehmer, die noch am Leben sind, berichten, das Lager habe einen so großen Umfang gehabt, daß man es kaum ganz habe überschauen können. Als sie nun dort in der italienischen Ebene lagerten, entzündete jeder Ritter des Nachts vor seinem Zelt eine Fackel. Das geschah zur Schaustellung weltlichen Ruhmes, und es braucht nicht erst gesagt zu werden, welch überwältigenden Anblick das bei dem gewaltigen Umfang den Landesbewohnern bot. Von dort marschierte er dann ab und überschritt den Apennin; eine Festung namens Pontremoli, die durch ihre natürliche Lage und durch sehr hohe Türme stark gesichert war und ihm den Durchmarsch verwehrte, nahm er im Sturm. Als er dann durch Toskana zog, machte er Arezzo, das auf die Stärke seiner Mauern und die Höhe seiner Türme vertraute, dem Erdboden gleich, weil die Bürger dieser Stadt die Kirche des heiligen Donatus außerhalb der Mauern zerstört hatten, um keinen Bischofssitz dort zu haben. Die ligurische Stadt Novara aber hatte er schon auf dem Marsch durch die Lombardei genommen und eingeäschert. So zog er nach vielen tapferen Taten im jenseitigen wie im dieseitigen Italien, jetzt Lombardei und Toskana genannt, bis nach Rom. Hier hatten sich Papst Paschalis mit Klerus und Volk von Rom in der Leostadt vor der Kirche des seligen Petrus mit Kreuzen, Weihrauchgefäßen und anderen kirchlichen und weltlichen Schaustücken, seine Ankunft erwartend, aufgestellt und empfingen ihn mit lautem Jubel. Er nahm jedoch auf den Rat einiger Schurken den Papst, allerdings mit aller Ehrerbietung, gefangen und übergab ihn dem Patriarchen Ulrich von

Aquileja in Gewahrsam. Darauf brach ein Tumult aus, dabei wurden alle zum Schmuck und zum königlichen Gepränge aufgestellten Kostbarkeiten rücksichtslos zertrümmert, und so wandelte sich die Freude in Trauer.

Den Anlaß zu diesem Frevel gab, so wird berichtet, die auf dem Marsch des Königs nach Rom zwischen ihm und dem Papst geschlossene und durch Geiseln bekräftigte Vereinbarung, daß der König auf die Investitur der Bischöfe verzichte und der Papst ihm dafür deren Regalien überlasse. Als er dann nach Rom kam und vom Papst die Erfüllung der Absprache verlangte, konnte der Papst wegen des Einspruchs der Bischöfe diese Forderung nicht erfüllen und wurde deshalb wie ein Schuldiger, obwohl er völlig unschuldig war, in Haft genommen.[24] Als der ehrwürdige Erzbischof Konrad von Salzburg, der den König begleitete, das mit ansehen mußte, trug er Leid um Gottes willen und mißbilligte in seinem Eifer für die Gerechtigkeit dieses Verfahren. Als ihn nun einer der Dienstmannen des Königs, Heinrich mit dem Beinamen «Caput», mit gezücktem Schwert niederzustrecken drohte, bot er ihm die Kehle dar, denn er wünschte, für das Recht zu sterben, und wollte, wenn jener seiner Drohung wahrgemacht hätte, lieber das zeitliche Leben beenden, als ein so sündhaftes Verbrechen stillschweigend hinnehmen. Auch die Römer erhoben sich nun in unabsehbarer Menge, zogen über den Tiber und griffen den König fast unvermutet vor den Stufen der Kirche des heiligen Petrus an, während viele seiner Soldaten sich in der Stadt oder auf dem Lande aufhielten. Da stürzte sich der König, äußerst waffengeübt, wie er war, mit den wenigen Leuten, die er um sich hatte, auf den Feind; er kämpfte, während seine Soldaten allmählich herankamen, lange aufs hitzigste, und nachdem viele Feinde niedergehauen worden waren, schlug er die übrigen in die Flucht. Als sich die Römer auf der Flucht an der Brücke bei der Burg des Crescentius[25] dicht zusammendrängten, stürzten sie sich in den Tiber, und so sollen mehr im Wasser als im Kampf umgekommen sein. Nach diesem blutigen Geschehen kamen dem König Bedenken wegen der Enge der Tore; er ließ deshalb eine Bresche schlagen und verließ dann die Stadt; den Papst nahm er als Gefangenen mit. Der Anstifter dieses schweren Verbrechens soll der Lothringer Adalbert, der nachmalige Erzbischof von Mainz, gewesen sein; damals war er Kanzler des Königs und unter den Ersten sein erster und vertrautester Ratgeber[26]. Nach seiner Rückkehr ließ ihn jedoch der König verhaften und gefangensetzen; dann verhängte er über ihn mannigfache Marterungen und ließ ihn mit unglaublicher Härte hungern; er mußte dann aber nach Gottes Ratschluß bis an sein Lebensende spüren, daß jener aus dem vertrautesten Freund sein schlimmster Feind und ein gefährlicher Gegner seiner Regierung geworden war. Doch damit genug hiervon.

Nachdem nun der Papst frevelhafterweise eine Zeitlang gefangengehalten worden war, kam eine Vereinbarung zustande; der König wurde von den Bürgern zurückgerufen, und er erpreßte vom Papst durch Gewalt das Privileg der Investitur der Bischöfe; daraufhin ließ er ihn frei und zog in die Stadt ein. Nun versöhnte er, scheinbar von Reue ergriffen, die Bürger und den Papst durch Geschenke, er wurde von diesem gekrönt und erhielt unter allgemeinem Beifall den Titel «Kaiser und Augustus», und zwar im Jahre 1111 nach der Fleischwerdung des Herrn, im fünften Jahre seiner Regierung als König nach der Abdankung seines Vaters. Das durch Drohungen vom römischen Pontifex erpreßte Vorrecht ist auf einer Synode[27] durch Entscheidung der Bischöfe als ein Unrecht für ungültig erklärt worden.

15. Der Kaiser verließ nun Rom und kehrte in die transalpinischen Lande zurück. Während nicht nur die benachbarten, sondern auch die ferner wohnenden Völker aus Furcht vor ihm in Angst lebten und alle sich seinem Befehl und seinem Willen beugten, marschierte er in Lothringen ein und begann einen Krieg mit dem Grafen Reginald, den er für seinen Feind erklärte. Er schloß ihn in der Burg Bar [le Duc] im Grenzgebiet des Reiches ein und eroberte schließlich die Festung; Reginald ergab sich und wurde gefangen abgeführt. Danach heiratete der Kaiser Mathilde, die Tochter König Heinrichs [I.] von England, und feierte in Mainz mit königlichem Gepränge und großartiger Prachtenfaltung das Beilager[28]. Noch während der Hochzeitsfeier warf sich ihm Herzog Lothar von Sachsen barfuß, mit einem groben Mantel bekleidet, vor aller Augen zu Füßen und ergab sich ihm. Denn bis zu dieser Zeit beherrschte alle Fürsten des Reichs solche Furcht vor ihm, daß keiner sich zu empören wagte, und wer es doch tat, wurde nur unter schwerer Einbuße wieder zu Gnaden angenommen oder verlor gar sein Leben.

Auf diesem Reichstag aber, auf dem sich fast alle Fürsten des Reiches versammelt hatten, wurden Verschwörungen angezettelt, und seitdem wurden nicht nur heimliche Pläne geschmiedet, sondern auch offene Anschläge gegen ihn unternommen. So wurde das unglückliche Reich, das kaum einige wenige Jahre Ruhe gehabt hatte, von neuem gespalten und jenseits wie diesseits der Alpen in sich selbst entzweit. Es kam wieder zu offenen Kämpfen mit viel Blutvergießen, teils in Anwesenheit des Kaisers, teils bei seinem Aufenthalt in Italien, während dessen er die Regentschaft seinen Schwestersöhnen Konrad und Friedrich[29] übertrug. Auch der Kirchenbann wurde von Kalixt [II.], dem Nachfolger des Paschalis und des Gelasius, auf den Rat Adalberts von Mainz, Friedrichs von Köln und Konrads von Salzburg über ihn verhängt; so wurde die Spaltung erneuert und das ganze Reich in Wirren gestürzt. Der Kaiser aber unternahm einen Feldzug gegen Rom und setzte durch Machtgebot den spanischen Bischof Burdinus[30] ein. Der aber wurde bald darauf, als der Kaiser abgezogen war, von den Römern in Sutri gefangengenommen und in La Cava in Haft gesetzt.

Um dieselbe Zeit zertrümmerte ein schreckliches Erdbeben viele Städte, Kirchen, Dörfer und Berge, wie man heute noch im Tridentiner Tal sehen kann. Damals fiel auch der ungarische König Stephan [II.], Kolomans Sohn, mit einem gewaltigen Heer überraschend ins Reichgebiet ein, verheerte die Grenzlande und zog mit reicher Beute ab. Ihm setzte der erlauchte Markgraf Leopold im Bunde mit dem Herzog von Böhmen nach und drang bis zu den befestigten Plätzen des Landes vor; nachdem er die Festung Eisenstadt genommen und eingeäschert und die ganze Umgebung mit Feuer und Schwert verwüstet hatte, kehrte er ohne Verluste in sein Land zurück.

16. So war also das römische Reich im Innern schwer zerrüttet, und als der Kaiser nun sah, daß sein Land wegen des Bannes von ihm abfiel, veranstaltete er aus Furcht vor dem Schicksal seines Vaters einen großen Fürstentag in der Nähe von Worms; hier erklärte er gegenüber dem apostolischen Legaten Lambert, dem nachmaligen Papst Honorius, seinen Verzicht auf die Investitur der Bischöfe und wurde darauf von diesem vom Bann losgesprochen.

Hierüber wurde der Kirche ein schriftliches Privileg ausgestellt, und andererseits wurde dem König urkundlich verbrieft, daß die gewählten Bischöfe diesseits wie jenseits der Alpen nicht geweiht werden sollten, bevor sie von seiner Hand durch das Szepter mit den Regalien belehnt worden seien[31]. Die Römer behaupten, dies sei um des lieben Friedens willen nur ihm persönlich, nicht seinen Nachfolgern zugestanden worden. Seitdem so der Kirche die volle Freiheit zurückgegeben und der Friede wiederhergestellt war, wuchs sie unter Papst Kalixt [II.] zu einem gewaltigen Berge empor. Daher steht in Rom von ihm geschrieben:

«Siehe, Kalixt, des Vaterlands Ruhm, des Kaiserreichs Zierde,
Burdin, den Schurken, hat er verdammt und den Frieden erneuert.»

In der Absicht, mit seinem Heer ins keltische Gebiet zu ziehen, rückte der Kaiser nun bis Metz vor[32]. Als er aber dort erfuhr, daß die Wormser von ihm abgefallen seien und seine außerhalb der Stadt gelegene Pfalz zerstört hätten, kehrte er um und schloß die Stadt ein. Eines Tages machten die Bürger unvorsichtigerweise einen Ausfall, um einen Kampf mit dem Kaiser zu beginnen; da wurden sie mit schlauer List von den Mauern weggelockt, die meisten fielen, nur wenige entkamen durch die Flucht, die übrigen wurden gefangengenommen. Um den Übermut der anderen zu dämpfen, entließ man sie, teils mit verstümmelten Nasen, teils geblendet, und nun endlich ergaben sie sich dem Kaiser unter Zahlung einer unermeßlichen Geldsumme. Nachdem so alles wohl geordnet war, wollte er auf den Rat seines Schwiegersohnes[33], des Königs von England, eine allgemeine Reichssteuer einführen, zog sich aber dadurch schweren Haß der Fürsten zu. Als er sich deswegen anschickte, durch die niederrheinischen Lande zu ziehen, erkrankte er in der friesischen Stadt Utrecht und starb[34] im 19. Jahre seiner Regierung als König, im 14. nach seiner Kaiserkrönung; von dort wurde er über Köln nach der gallischen Stadt Speyer gebracht und mit königlichem Gepränge neben den früheren Kaisern, seinem Vater, seinem Großvater und seinem Urgroßvater, beigesetzt.

17. Nachdem im Jahre 1125 nach der Fleischwerdung des Herrn Heinrich V. ohne Erben gestorben war, traten die Fürsten in Mainz zusammen und hielten Rat über den Nachfolger; zur Wahl standen vier Reichsfürsten: Herzog Lothar von Sachsen, Herzog Friedrich von Schwaben, Markgraf Leopold von Österreich und Graf Karl von Flandern. Schließlich wurde in Gegenwart des apostolischen Legaten der Sachse Lothar, der Sohn Gebhards, trotz seines heftigen Widerstrebens und Protestes einstimmig zum König gewählt und übernahm nun als 92. Herrscher von Augustus an die Regierung. Er unterdrückte auf jede Weise das Geschlecht Kaiser Heinrichs[35], und so konnte man deutlich sehen, daß, wie es im Buch der Könige heißt[36], wegen der Sünden und der Gesetzlosigkeit der Väter ihr Same nach Gottes gerechtem Ratschluß gedemütigt wurde. Daraus entwickelte sich ein langjähriger schwerer Streit im Reich, der viele in seelische und leibliche Gefahren stürzte. Denn als die beiden oben genannten jungen Fürsten, die Schwestersöhne Kaiser Heinrichs, Friedrich und Konrad, sahen, daß man sie unterdrücken wollte, suchten sie sich mit aller Kraft dagegen zu wehren. Deshalb wurden sie von Papst Honorius, Kalixts Nachfolger, exkommuniziert. Nun wurde Konrad von

seinem Bruder und einigen anderen zum König erhoben[37] und zog am Septimerpaß, wo Rhein und Inn entspringen, über die Alpen. Er wurde von den Mailändern mit allen Ehren aufgenommen; diese hatten gerade einen Krieg mit Como, der sich zum Verderben beider Städte unheilvoll schon zehn Jahre hingezogen hatte, mit der Einnahme und Zerstörung der Stadt glücklich beendet; von ihrem Erzbischof Anselm wurde er in Monza, der Hauptstadt des Königreichs Italien, zum König gesalbt. Mit aus diesem Grunde wurde der Erzbischof vom Papst abgesetzt und ein anderer an seiner Stelle ernannt.

18. Als Honorius [II.] kurz danach starb, entstand in der Kirche Gottes ein schlimmes Schisma: Innozenz [II.] wurde kanonisch gewählt, aber Peter[38], Pierleonis Sohn, wurde durch einen Gewaltakt seiner Freunde, die in der Stadt sehr mächtig waren und die Unterstützung Rogers von Sizilien fanden, eingesetzt[39]. Da Innozenz ihm keinen Widerstand zu leisten vermochte, verließ er die Stadt und ging über die Alpen nach Gallien. Dort, im Lande der französischen Könige, hielt er in Clermont in der Auvergne ein Konzil ab und traf dort mit den Abgesandten König Lothars, den Bischöfen Konrad von Salzburg und Ekbert von Münster, zusammen. Dann reiste er ab und berief eine Bischofssynode nach der lothringischen Stadt Lüttich; hier forderte er König Lothar auf, die römische Kirche zu schützen. Dieser versprach ihr ohne Zögern seine Hilfe, zuvor aber legte er in aller Bescheidenheit dar, wie sehr das Reich durch seine Liebe zu den Kirchen geschwächt worden sei und welch schweren Verlust ihm der Verzicht auf deren Investitur gebracht habe[40]. Der Papst kehrte nunmehr nach Italien zurück; im folgenden Jahr rüstete der König ein Heer aus, das allerdings wegen

des Zwiespalts im Reich nur klein war, und führte es durch das Tridenter Tal nach Italien; vielerorts wurde er dort von den Landesbewohnern aus Zuneigung zu Konrad und wegen der Schwäche seiner Truppen verhöhnt und verspottet. Kurz vorher aber war Konrad, der von den Mailändern zum König erhoben worden war, infolge des Verlusts fast aller seiner Anhänger unter Gefahren in seine Heimat zurückgekehrt. Der König aber rückte, mehr auf seine Klugheit als auf sein Heer vertrauend, bis Rom vor; dort trat er energisch auf, soweit es bei der geringen Zahl seiner Truppen möglich war; er wurde von Papst Innozenz in der Kirche des heiligen Erlösers, welche die Konstantinische[41] heißt, gekrönt und empfing den Titel «Kaiser und Augustus». Die Kirche des seligen Petrus, in der sonst die Krönung der Kaiser stattzufinden pflegt, hatte nämlich damals Peter im Besitz.

19. Von Rom kehrte der Kaiser nach Deutschland zurück. Bald darauf hielt er um die Mitte der Fastenzeit in Bamberg[42] einen allgemeinen Reichstag ab; hier versöhnte er sich durch Vermittlung des Abtes Bernhard von Clairvaux mit den beiden Herzögen Friedrich und Konrad; nachdem so der Friede wiederhergestellt und in Frankreich und Deutschland überall Ordnung geschaffen war, sagte er erneut einen Zug nach Italien an. Dann ging er nach Sachsen, und dort traf der Herzog von Polen [Boleslav III.] mit reichen Geschenken ein[43]. Der Kaiser aber ließ sich nicht eher zu einer Audienz herbei, als bis er den Tribut für zwölf Jahre, für jedes Jahr 500 Pfund, gezahlt, ihm den Lehnseid für Pommern und Rügen geleistet und seine dauernde Unterwerfung eidlich zugesichert hatte. Auch von dem dänischen König [Magnus] ließ er zum Zeichen seiner Unterwerfung und zur Erhöhung der kai-

serlichen Majestät sich das Schwert unter der Krone voraustragen[44], und von dem eingeschüchterten ungarischen König [Bela II.] erhielt er viele kostbare Geschenke.

Dann zog er, diesmal nicht mit einem kleinen, sondern mit einem stattlichen, auserlesenen Heer, zum zweiten Mal durch das Tridenter Tal nach Italien[45]; ihn begleitete Konrad, der, wie oben gesagt, von einigen zum König gemacht worden war, dann aber verzichtet hatte; nachdem der Kaiser in den engen Schluchten mehrere sehr starke Befestigungen samt einem Lehnsherrn, der ihm den Durchzug verwehren wollte, überwältigt hatte, bezog er in der italienischen Ebene bei Garda ein Lager. Diese Stadt ergab sich ihm; er rückte dann bis an den Po vor und nahm Guastalla. Dort erschienen vor ihm Gesandte von Mailand und Cremona, die schon lange Krieg miteinander führten; nach einer Untersuchung des Streitfalles der beiden Städte wurden die Cremonenser von den Fürsten Italiens für Feinde erklärt und zogen geächtet von dannen. Der Kaiser setzte ihnen nach, verwüstete ihr Land und zerstörte ihre Dörfer und Burgen. Dann zog er vor Pavia und nahm dessen Unterwerfung gegen eine Geldzahlung an. Auch die Einwohner von Bologna und der Emilia, die ihn beim vorigen Zug verächtlich behandelt hatten, erschienen jetzt freiwillig als Bittsteller vor ihm und boten völlige Unterwerfung an. Dann zog er bis Turin und unterwarf sich ganz Oberitalien. Darauf ging er über den Apennin, durchzog Mittelitalien und nahm die Unterwerfung Anconas[46], Spoletos und anderer Städte und Burgen entgegen. Hierauf unternahm er einen Feldzug gegen Roger und marschierte durch Kampanien und Apulien. Herzog Heinrich [der Stolze] von Bayern aber, des Königs Schwiegersohn, führte sein Heer durch Toskana und geleitete den Papst zum Kaiser. Dieser aber vollbrachte in Apulien und Kampanien so tapfere Taten, daß man unter den fränkischen Königen von Karl dem Großen bis zu seiner Zeit keinen findet, der dort so große Erfolge erzielt hat. Kurz, er nahm nicht nur Städte wie Capua, Troja[47], Salerno, Barletta und Bari, sondern eroberte auch starke Festungen und unzugängliche Burgen. Herzog Heinrich aber nahm mit den bayerischen Truppen Benevent und gab es dem Papst zurück. Die Vororte der Stadt, die ihm bei Alba Widerstand zu leisten versuchten, hatte er schon vorher erobert und zerstört.

20. Während sich der Kaiser in Apulien aufhielt[48], versuchte Roger, ihn durch Zahlung einer großen Summe Gold und Silber für sich zu gewinnen; da er ihn aber nicht umstimmen konnte, zog er ein weit zahlreicheres Heer zusammen und kündigte ihm offenen Kampf an. Der Kaiser, äußerst tüchtig im Waffenhandwerk und unerschrocken wie er war, machte seine Truppen bereit, ordnete ihre Reihen und ermutigte sie zum Kampf, indem er ihnen vor Augen stellte, daß sie sich bei ihrer von den Vätern ererbten Tapferkeit und der angeborenen Feigheit der Gegner durch keine noch so große Menge Feinde entmutigen lassen dürften, zumal diese ja in einem fremden, entlegenen Lande stünden und nicht in ihre Heimat fliehen könnten; sie dagegen hätten mit gutem Recht zu den Waffen gegriffen gegen einen Tyrannen, einen Feind nicht nur des Reichs, sondern auch der Kirche, einen Exkommunizierten. Als er nun zum Kampf gegen ihn vorging rückte, verlor Roger den Mut: er floh und zog sich in die Berge zurück. Der Kaiser aber traf sich nun mit Papst Innozenz und marschierte nach Bari. Hier wurde er von den Bürgern mit großem Jubel empfangen; eine dort

gelegene Burg, in der eine Besatzung Rogers lag, erstürmte er nach allen Regeln der Kunst[49] und ließ die Soldaten, die man dort vorfand, vor allem die Sarazenen, hängen. Nachdem der Kaiser so Roger aus Kampanien und Apulien vertrieben hatte, wollte er ihn nun noch in Kalabrien und Sizilien bekämpfen, aber davon wurde er von seinen Leuten abgehalten, die schon so lange fern der Heimat weilten und Frauen, Kinder und Freunde wiedersehen wollten. Nachdem er Roger für einen Reichsfeind erklärt hatte, belehnte er den tapferen, edlen Reginald[50] mit dem Herzogtum Apulien und beließ ihm einen Teil der Ritter; dann traf der siegreiche Kaiser Anstalten zum Rückmarsch. Wir wollen aber nicht verschweigen, daß es bei der Verleihung des Herzogtums beinahe zu einem Streit zwischen ihm und dem römischen Pontifex gekommen wäre, da beide behaupteten, das Herzogtum Apulien unterstehe ihrer Gewalt. Dieser Zwist wurde schließlich, so wird berichtet, in der Weise gütlich beigelegt, daß bei der Übergabe der Fahne an den Herzog beide die Hand darauf legten.

Auf dem Rückmarsch aus Italien erkrankte Lothar in Trient, und noch im Gebirge starb der mächtige Kaiser hoch betagt in einer ärmlichen Hütte[51] im 13. Jahr seiner Regierung als König, im siebenten nach seiner Kaiserkrönung, ein Memento an die Erbärmlichkeit des Menschengeschicks hinterlassend; hätte ihn nicht der Tod vorzeitig abberufen, er wäre dazu geschaffen gewesen, durch seine Tüchtigkeit und Beharrlichkeit der Krone des Reichs das frühere Ansehen wiederzugeben. Die Reichsinsignien erhielt sein Schwiegersohn Herzog Heinrich, in dessen Land er gestorben war; er selbst wurde über Augsburg durch Ostfranken nach Sachsen in das von ihm selbst gestiftete

Kloster Lutter gebracht und dort mit allen Ehren bestattet; seine Taten wurden, damit sie niemals der Vergessenheit anheimfallen könnten, auf Bleitafeln aufgezeichnet, neben ihn in den Sarg gelegt[52].

21. In dieser Zeit gingen viele erlauchte Fürsten ihrem Kaiser im Tode voran oder folgten ihm. Der ehrwürdige, hochgebildete Erzbischof Bruno von Köln verschied in Apulien und wurde in der Kirche des heiligen Nikolaus zu Bari mit allen Ehren beigesetzt; sein Nachfolger Hugo beendete kaum zwei Monate später Leben und Priestertum und ging ebenfalls in Apulien in Melfi zum Frieden ein. Von denen aber, die in der Heimat geblieben waren, starben der in weltlichen Dingen kluge, mächtige und sehr begüterte Erzbischof Adalbert von Mainz, der Bischof Heinrich von Freising[53], der Abt [Konrad] von Fulda, Markgraf Leopold von Österreich[54], ein überaus christlich gesinnter Mann, ein Vater der Kleriker und der Armen, und viele andere edle und erlauchte Herren. Auch der französische König Ludwig, König Heinrich von England, Erzbischof Rainald von Reims und der Graf Gaufried von Poitou[55] starben in dieser Zeit. Seitdem begann England, das bisher in höchstem Wohlstand gelebt hatte, von so schlimmem Unheil heimgesucht zu werden, daß nach den Berichten dort viele, durch Hunger und Entbehrungen entkräftet, sogar elendiglich ums Leben gekommen sind. Nach König Heinrichs Tod riefen nämlich die Fürsten seiner Schwester Sohn Stephan [von Blois] aus Frankreich zur Übernahme der Königskrone herbei[56]. Aber Mathilde, die Gattin des Grafen von Anjou, vorher Kaiser Heinrichs V. Gemahlin[57] und Tochter des englischen Königs Heinrich, erhob auf Grund des Erbrechts Anspruch auf den Thron des Vaters; sie hat seitdem bis

heute das Land unaufhörlich schwer bedrängt, und es kam so weit, daß der neue König vor einigen Jahren dieser Frau in die Hände fiel und gefangengesetzt wurde. Auch Westfranken hat nach dem Tode seines Königs[58] unter dessen noch jetzt lebendem Sohn Ludwig [VII.] infolge des Krieges zwischen ihm und Graf Theobald von Blois durch Plünderungen und Brandschatzungen so schwere Schäden erlitten, daß man glauben muß, es wäre völlig ruiniert worden, wenn nicht durch das Verdienst dortiger Mönche, durch ihre Gebete und ihren Rat vor kurzem ein Friede zustandegekommen wäre.

Nachdem nicht lange vor dieser Zeit der ungarische König Stephan, Kolomans Sohn, gestorben war, der zu seinen Lebzeiten ebenfalls einen langjährigen Streit mit dem griechischen Kaiser gehabt hatte, ist auch Ungarn von vielen Mißgeschicken betroffen worden. Als nämlich Bela, des Almus Sohn, den einst Koloman ebenso wie seinen Vater Almus hatte blenden lassen, König geworden war[59], beanspruchte Boris, ebenfalls ein Sohn Kolomans, aber von einer anderen Mutter als Stephan, nämlich einer Tochter des Königs der Ruthenen von Kiew, den väterlichen Thron. Er ging nach Griechenland und vermählte sich mit einer Verwandten des Kaisers Kalojohannes; darauf zog er nach Polen und gewann den Herzog des Landes [Boleslav II.] für sich; mit dessen Hilfstruppen überschritt er dann auf die Einladung einiger ungarischer Grafen das Grenzgebirge zwischen Polen und Ungarn und rückte in Ungarn ein. Bela aber verband sich mit Adalbert, dem Sohn Markgraf Leopolds, dem Gatten seiner Schwester, und einigen Edlen unseres Landes und zog Boris entgegen. Als dieser aber das Getöse und die Stimmen der ihre Truppen zum Kampf Anspornenden hörte, erkannte er an der Sprache, daß eine große Menge Deutsche am Kampf teilnehmen würde, und mehr aus Angst vor diesen als vor den Ungarn wandte er sich samt dem Herzog von Polen zur Flucht, auf der er noch schwere Verluste erlitt. In der ersten Schlacht aber zwischen Ungarn und Polen vor der Ankunft der Deutschen [1132] waren auf beiden Seiten viele gefallen, und einige von denen, die auf Belas Seite standen, ihre Leute aber treulos den Feinden ausgeliefert hatten, büßten nach gerechtem Ratschluß ihre Tücke mit dem Tode.

Solches Unheil wuchert, wie wir sehen, in unsern Tagen in den Nachbarländern; was wir aber täglich aus entfernten überseeischen Ländern hören, das wollen wir für jetzt verschweigen, um nicht Ekel zu erregen. Denn es ist so ungeheuerlich, daß wir fürchten müßten, die Welt ginge in Kürze völlig zugrunde, wenn sie nicht durch das Verdienst und die Fürbitte der Mönche erhalten bliebe, deren es ja jetzt durch Gottes Gnade eine große Menge gibt.

22. Im Jahre 1138 nach der Fleischwerdung des Herrn, nachdem im Herbst Kaiser Lothar söhnelos gestorben war, wurde ein allgemeiner Fürstentag auf kommende Pfingsten [22. v.] nach Mainz einberufen. Einige Fürsten jedoch, die fürchteten, es könnte auf dem Reichstag Herzog Heinrich [der Stolze], der damals im Reich einen bedeutenden Namen und hohes Ansehen hatte, durch seine Macht obsiegen, hielten um die Mitte der Fastenzeit nach einer Vorbesprechung in der gallischen Stadt Koblenz eine Versammlung ab. Hier wählten sie den oben erwähnten Konrad, Kaiser Heinrichs Schwestersohn, in Anwesenheit des Kardinalbischofs und Legaten der heiligen römischen Kirche Theodewin, der die Zustimmung des Papstes, des gesamten römischen Volkes und der Städte Italiens verhieß,

als 93. Herrscher von Augustus an zum König. Dieser zog alsbald nach der Pfalz Aachen und wurde von dem eben genannten Kardinal – denn der Kölner Erzbischof, der dies dem Recht nach hätte tun müssen, war erst vor kurzem eingesetzt worden und noch nicht im Besitz des Palliums – unter Assistenz der Erzbischöfe von Köln und Trier und anderer Bischöfe zum König gesalbt[60]. Das nächste Osterfest feierte er in Köln, dann ging er nach Mainz, das damals gerade keinen Oberhirten hatte, und setzte Adalbert, den Brudersohn Adalberts I., durch Wahl von Klerus und Volk zum Erzbischof ein. Die Sachsen indes sowie Herzog Heinrich und andere, die bei der Wahl nicht anwesend waren, streuten die Behauptung aus, die Wahl des Königs sei nicht gesetzmäßig erfolgt, sondern durch betrügerische Manipulationen. Für sie alle wurde auf nächste Pfingsten ein allgemeiner Reichstag in Bamberg angesagt. – Nach dem Abzug Kaiser Lothars trachtete Roger danach, Apulien zurückzugewinnen, er wurde aber in einer Schlacht von Herzog Reginald in die Flucht geschlagen. Der Tod Pierleonis beendete das verhängnisvolle Schisma [1138].
[...] [Adolf Schmidt]

Anmerkungen

1 Kaiser Heinrich IV.

2 Heinrich V., der Sohn Heinrichs IV., wurde bereits 1098 zum König gewählt und ein Jahr später gekrönt. Der lateinische Text ist an dieser Stelle ungenau.

3 Graf Sigihard von Burghausen

4 Markgraf Dietbold vom Nordgau und Graf Berengar von Sulzbach

5 Mai 1105

6 Robert war bis dahin Domprobst in Würzburg.

7 Oktober 1105

8 2. Tim. 3,1ff.; Philipp. 2,21

9 Offenb. 12,12

10 Vater Ottos von Freising

11 Mutter Ottos von Freising, Tochter Heinrichs IV.

12 November 1105

13 Bei Rama, 31. August 1105

14 Das ist unrichtig; Nicäa wurde erst 1330 von den Türken erobert.

15 Gemeint ist Weihnachten 1105.

16 Böckelheim bei Bingen

17 Die Bürgerschaft von Mainz war kaiserlich gesinnt.

18 Nicht im 43., sondern im 50. Jahr seiner Regierung. Heinrich IV. wurde 1056 zum deutschen König gewählt.

19 Philipp I. und Herzog Wilhelm IX. von Aquitanien

20 Visé bei Lüttich, 22. März 1106

21 Heinrich IV. starb am 7. August 1106

22 1106–1147

23 1108

24 Es handelt sich um den Geheimvertrag von S. Maria del Turri vom 4. Februar 1111. Der Vertrag hatte etwas an sich Unmögliches in Aussicht gestellt. Der Bruch erfolgte in der Peterskirche am 12. Februar 1111.

25 Engelsburg

26 Adalbert von Mainz wurde später das Haupt der Fürstenopposition und der «Königsmacher» Lothars III.

27 Lateransynode 1112; auf dieser Synode wurde das besagte «erpreßte Vorrecht», die Investitur der Bischöfe durch den König, für ungültig erklärt.

28 Am 7. Januar 1114

29 Der spätere König Konrad III. und Friedrich II. von Schwaben, Stiefbrüder Ottos von Freising

30 Burdinus (burdo = Maultier) ist nur der Beiname des Mauritius von Braga, der sich nach seiner Papstwahl 1118 Gregor VIII. nannte.

31 Das Wormser Konkordat von 1122. Die Bedingungen sind nur ungenau wiedergegeben: In Reichsitalien und Burgund sollte die Investitur mit den Regalien der Weihe *folgen*. Im deutschen Reichsteil dagegen behielt der König mit der von Otto von Freising erwähnten Zusicherung der Weihe *nach* der Verleihung mit den Regalien wichtige Einwirkungsmöglichkeiten auf die Besetzung der Bischöfsstühle. Hinzu kam die von Otto von Freising nicht aufgeführte Anwesenheitspflicht des Königs (*praesentia regis*) bei der Wahl.

32 1124

33 seines Schwiegervaters (Heinrich I.)

34 Am 23. Mai 1125

35 Er hatte die Herausgabe des Reichsgutes gefordert, die Herzog Friedrich verweigerte.

36 1. Kön. 11,39

37 In Nürnberg am 18. Dezember 1127

38 als Anaklet II.

39 Vielmehr wurde Innozenz in überstürztem Wahlverfahren als Papst eingesetzt. Aber Männer wie Bernhard von Clairvaux und Konrad von Salzburg erkannten Innozenz als den rechtmäßigen Papst an.

40 Lüttich, 21. März 1131. Lothar leistete dem Papst den Marschalldienst, verlangte aber als Gegenforderung die Revidierung des Wormser Konkordats.

41 Das war ein Manko, denn der rechte Krönungsort war St. Peter. – Die Krönung fand am 4. Juni 1133 statt.

42 17. März 1135
43 In Merseburg am 15. September 1135
44 Ostern 1134 in Halberstadt
45 Ende August 1136
46 April 1137
47 Im Fürstentum Benevent; von Heinrich dem Stolzen erobert, ebenso Capua
48 Mai 1137
49 Ende Juni 1137
50 Rainulf von Alife, Ende August 1137
51 Am 4. Dezember 1137 in Breitenwang bei Reutte in Tirol im Alter von 62 Jahren
52 Am 31. Dezember 1137. Bei Öffnung des Grabes 1620 wurde nur ein kleines beschriftetes Bleitäfelchen gefunden.
53 Der Vorgänger Ottos von Freising
54 Markgraf Leopold, Ottos Vater, starb am 15. November 1136.
55 Graf Gaufried von Poitou ist Wilhelm X., Herzog von Aquitanien.
56 Ende 1135
57 Vgl. Kapitel 15; Mathildes zweiter Mann, der Graf von Anjou, begründete das Haus Plantagenet.
58 Ludwig VI. starb 1137.
59 Bela II., der Blinde, 1131–1141
60 Die Wahl Konrads III. fand am 7. März 1138, die Salbung am 13. März 1138 statt.

Bilderläuterungen

Die Abbildung auf dem Umschlag zeigt die beiden ersten Zeilen einer Urkunde Kaiser Lothars für das Kloster St. Michael zu Lüneburg, ausgestellt am 23. September 1135, worin er dem Kloster gestattet, alle Lehen von Freien künftig nur noch an Ministerialen der Kirche zu vergeben, diese den Reichsministerialen gleichstellt und die Rechte und Bezüge des Vogtes ordnet. Die in der damals üblichen Kanzleischrift abgefaßten Zeilen lauten: «In nomine sancte et individue trinitatis. Lottharius divina favente clementia tertius Romanorum imperator augustus./ Cum omnibus ex concessa divinitus nobis gratia debitores simus, precipue tamen ecclesiis et necessitatibus pauperum Christi communicare /(debemus)...» (Im Namen der heiligen und unteilbaren Dreieinigkeit. Lothar der Dritte, durch göttliche Gnade begünstigt, erhabener Kaiser der Römer. / Wir sind aufgrund der uns vom Himmel her verliehenen Gnade mit allem Schuldner, besonders aber schulden wir der Kirche und der Not der Armen Christi unsere Anteilnahme / ...) Bildquelle: Niedersächsisches Hauptstaatsarchiv, Hannover.

Vorderes und hinteres Vorsatz:
Die Abbildungen zeigen die Handschrift eines zeitgenössischen Berichts über die Königswahl in Mainz, die «Narratio de electione Lotharii Saxoniae ducis in regem Romanorum» aus dem Jahr 1125 (Göttweig Cod. 106, fol. 335–339), deren erste Seite (fol. 335) auf Seite 61 abgebildet ist. Ihr Verfasser ist unbekannt, man vermutet jedoch, daß er ein österreichischer Kleriker gewesen sei. Es handelt sich hierbei um die einzige, aus unmittelbarer Anschauung überlieferte Nachricht über dieses Ereignis. Der vollständige Wortlaut wurde in deutscher Übersetzung auf Seite 324–330 wiedergegeben. Bildquelle: Benediktinerstift Göttweig, Niederösterreich.

Seite 2:
Das Frontispiz zeigt das Kaisersiegel Lothars III. aus einer Urkunde an die Kirche von Bamberg vom 6. Juni 1134, worin er ihr das von Herzog Heinrich von Bayern und dem Markgrafen Diebald aufgelassene Kloster Schwaig mit der gleichnamigen Pfarre verleiht. Die Umschrift lautet: LOTHARIVS DEI GRATIA III ROMANOR(VM) IMP(ERATO)R AVG(VSTVS). Bildquelle: Bayerisches Hauptstaatsarchiv, München.

Seite 32:
Bildnis Kaiser Lothars III. aus dem Traditionsbuch des Klosters Vornbach am Inn. Diese Handschrift enthält das älteste, im 12. Jahrhundert angelegte Traditionsbuch. Die Darstellung Kaiser Lothars, der für das Kloster zwei Urkunden ausgestellt hat, wird auf das Jahr 1139 datiert. Bildquelle: Bayerisches Hauptstaatsarchiv, München.

Seite 39:
Dom zu Königslutter. Bildquelle: Fotoarchiv Marburg.

Seite 40:
Das Löwentor am Dom zu Königslutter. Bildquelle: Fotoarchiv Marburg.

Seite 49:
Thronbild Heinrich V., um 1106. Die Darstellung ist einer alten Handschrift, dem Evangelarium Heinrichs V. aus Regensburg, 1106-1111, entnommen. Bildquelle: Krakau, Bibliothek des Domkapitels.

Seite 61:
Abbildung der ersten Seite (fol. 335) der «Narratio de electione Lotharii Saxoniae in regem Romanorum» (Göttweig Cod. 106). Siehe dazu die Bilderläuterung zum vorderen und hinteren Vorsatz oben.

Seite 67:
Siegel König Lothars III. Es stammt von einer Urkunde, ausgestellt am 6. Februar 1130 in Basel, worin Lothar der Probstei St. Felix und Regula in Zürich die alten Rechte und Satzungen über die Wahl des Probstes, die Rechte des Vogtes etc. bestätigt. Die Umschrift lautet: LOTHARIVS DEI GRATIA TERCIVS ROMANORUM REX. Bildquelle: Forschungsinstitut Lichtbildarchiv, Marburg.

Seite 73:
Kaiser Heinrich IV. mit seinen Söhnen, den Königen Heinrich V. und Konrad, um 1106. Darunter stehen drei Regensburger Äbte: Abt Eberhard I., Abt Ramwold und Abt Ruotpert. Die Darstellung befindet sich im Evangeliar Heinrichs V. Bildquelle: Krakau, Bibliothek des Domkapitels.

Seite 86:
Heinrich V. und seine Gemahlin Mathilda beim Hochzeitsmahl in Mainz am 7. Januar 1114. Die Abbildung stammt aus der Weltchronik des Ekkehard von Aura, vermutlich 1113-14 im Kloster Urach verfaßt. Bildquelle: Corpus Christi College, Cambridge.

Seite 102:
Siegel König Konrads III. Das Siegel stammt von einer Urkunde aus dem Jahr 1144, da aus der Zeit seines Gegenkönigtums nur ein völlig unkennbarer Abdruck erhalten ist. Die Umschrift lautet: CVONRADVS D(E)I GR(ATINA ROMANORU(M) REX II. Es ist auffallend, daß Konrad III. sich auf seinem Siegel als Konrad II. bezeichnet. Bildquelle: Landeshauptarchiv Koblenz.

Seite 123:
Otto von Bamberg. Wandgemälde im Chor der Kirche von Kloster Prüfening bei Regensburg, das Bischof Otto von Bamberg 1109 gestiftet hat. Das Gemälde stammt aus dem 2. Viertel des 12. Jahrhunderts. Bildquelle: Die christliche Kunst II,7 (April 1905), Seite 167.

Seite 148/149:
Kaiser Lothar III. und Kaiserin Richenza. Zwei vollplastische Köpfe an der Nordseite des Langschiffes der Klosterkirche von Hecklingen aus dem Ende des 12. Jahrhunderts. Bildquelle: Institut für Denkmalspflege, Halle.

Seite 181:
Bernhard von Clairvaux. Holztafelbild aus dem 16. Jahrhundert im Kapitelsaal der Kathedrale von Troyes. Bildquelle: Daniel-Rops, Bernhard von Clairvaux und seine Söhne, Heidelberg 1964, Seite 16.

Seite 182:
Abtei Clairvaux. Anonymer Stich. Bildquelle: Daniel-Rops, a.a.O. Seite 32.

Seite 213:
Papst Innozenz II. Dieses Bild zeigt Innozenz in Verhandlungen mit dem römischen Senat und ist der *Chronik oder Die Geschichte der zwei Staaten* von Otto von Freising (1111–1158) entnommen. Bildquelle: Historia-Photo, Hamburg.

Seite 225:
Empfang Lothars III. durch Papst Innozenz II. Eine freie Wiedergabe des im 17. Jahrhundert kaum noch sichtbaren Gemäldes vom Empfang Lothars durch den Papst, die in einer vatikanischen Handschrift aufgefunden wurde (Codex Vat. Barb. lat. 4423, fol. 25r). Ihre Bedeutung liegt vor allem in der auch von Reinhold Schneider zitierten Unterschrift:

Rex stetit ante fores, iurans prius Urbis honores,
Post homo fit papae, sumit quo dante coronam.

(Der König steht vor dem Tor und beschwört die Rechte Roms,
So wird er des Papstes Vasall und erhält von diesem die Krone.)

Diese von Rahewin in den *Gesta Friderici Imperatoris* überlieferten Verse befanden sich nach dessen Auskunft ursprünglich als Umschrift über einem von Papst Innozenz in Auftrag gegebenen Wandgemälde (siehe Abbildung Seite 226/227), dessen Entfernung von Friedrich I. aufgrund des darin enthaltenen lehensrechtlichen Anspruches seitens des Papstes gegenüber dem Kaiser zuerst anläßlich seiner Kaiserkrönung 1155 durch Papst Hadrian IV., und danach noch einmal 1157 aufgrund eines päpstlichen Schreibens, in dem von *beneficia* (Wohltaten oder Lehen) die Rede war, verlangt wurde. Die Umschrift wurde dann zwar später wahrscheinlich getilgt, das Bild selbst aber blieb wohl bis zum Ende des 16. Jahrhunderts erhalten. Siehe dazu auch die Erläuterungen zu Abbildung Seite 226/227 sowie die Ausführungen im Vorwort Seite 30. Bildquelle: Biblioteca vaticana Archivio Fotografico, Rom.

Seite 226/227:
Nachzeichnung eines Ende des 16. Jahrhunders getilgten Wandgemäldes im Lateranpalast in einer Handschrift des 16. Jahrhunderts (Barb. lat. 2738), die als authentisch gelten darf; siehe auch die Erläuterungen zu Abbildung Seite 225. In diesem Bild sind in der im Mittelalter oft gebrauchten kontinuierenden Darstellungsweise drei Szenen ohne Absatz aneinandergereiht. In der ersten Szene leistet Lothar den «Römereid» (Rex stetit ante fores, iurans prius Urbis honores). In der zweiten Szene streckt Innozenz Lothar, der wie auf seinen sonstigen Bildern bärtig dargestellt ist, die Hände zur Begrüßung entgegen, während dieser ihm mit der gleichen Geste entgegenkommt. In dieser Szene kommt also nicht zum Ausdruck, was die erläuternde Umschrift unterstellt (Post homo fit papae), denn dazu hätte Lothar seine gefaltenen Hände in die des Papstes legen müssen. Insofern erscheint das Löschen der Umschrift, die ein Lehensverhältnis gegenüber dem Papst behauptet, bedeutsamer als die erst viel später erfolgte Tilgung des Gemäldes. Allerdings ließe sich eine Verbindung zu der Unterschrift dann herstellen, wenn man diese Handlung als Übergabe der Mathildischen Gü-

ter mittels eines Rings erklärt. Die dritte Szene des Bildes stellt die eigentliche Krönung dar, die bekanntlich in den Verlauf einer Messe eingefügt war. Bildquelle: Biblioteca Vaticana Archivio Fotografico, Rom.

Seite 233:
Huldigung Lothars durch Herzog Boleslaw von Polen. Holzschnitt von Kirchbach, 19. Jahrhundert. Bildquelle: Historia-Photo, Hamburg.

Seite 262/63:
Reliefskulpturen Kaiser Lothars und seiner Gemahlin Richenza am Chorfries des Domes zu Königslutter. Bildquelle: Fotoarchiv Marburg.

Seite 289:
Kaiser Lothar III. Wandgemälde im Chor der Klosterkirche von Prüfening, entstanden im 2. Viertel des 12. Jahrhunderts (siehe auch Abbildung Seite 123). Bildquelle: Die christliche Kunst II, 7 (April 1905), Seite 169.

Seite 306/307:
Die Krönung Heinrichs des Löwen und seiner Gemahlin Mathilde. Aus dem Evangeliar Heinrichs des Löwen. Helmarshausen, gegen 1188. Das Bild zeigt das herzogliche Paar inmitten seiner Eltern und Großeltern, links Kaiser Lothar III. und seine Gemahlin Richenza, neben ihnen ihre Tochter Gertrud, Heinrichs Mutter, mit ihrem Gemahl Herzog Heinrich dem Stolzen von Bayern; rechts Mathilda, Witwe Heinrichs V. Hinter Mathilda eine weibliche nicht identifizierbare Gestalt, ohne Krone, die daher nicht die fehlende Mutter Mathildas, Eleonore von Poitiers, darstellen kann, was wohl auf politische Gründe zurückzuführen ist. Bildquelle: Historia-Photo, Hamburg.

Seite 311:
Kreuzgang des Domes zu Königslutter. Bildquelle: Fotoarchiv Marburg.

Seite 312:
Detail vom neuen Grabmal Lothars III. mit dessen Büste aus dem Jahre 1708. Bildquelle: Rheinisches Bildarchiv, Düsseldorf.

Seite 332:
Wiedergabe einer Seite (fol. 229) aus der lateinischen Handschrift des «Annalista Saxo» (Cod. Lat. 11851). Als Verfasser gilt Abt Arnold vom niedersächsischen Kloster Berge. Die Seite beginnt mit der Schilderung der Königswahl Herzog Lothars: «In festo s(anct)i bartholomei om(ne)s toci(us) inp(er)ii p(ri)ncipes mogontia(m) conveniu(n)t. Ibi ep(iscop)i duces marchiones comites om(ne)s unanumit(er) duce(m) saxonie liuderu(m) sive lothariu(m) i(n) rege(m) eligu(n)t...» Die Handschrift weist den damals üblichen Gebrauch einer lateinischen Abkürzungsschrift auf, die es ermöglichte, größere Texte auf dem damals kostbaren und seltenen Pergament unterzubringen.
Die der deutschen Übersetzung ebenfalls zugrundeliegenden folgenden Seiten (fol. 229v–230) sind auf den Seiten 334 und 335 abgebildet. Bildquelle: Phot. Bibliothèque Nationale, Paris.

Literaturhinweis

Von Reinhold Schneider benutzte Literatur:

WILHELM BERNHARDI: Lothar von Supplinburg, Leipzig 1879.

W. v. GIESEBRECHT: Geschichte der deutschen Kaiserzeit, Leipzig 1877.

JOHANNES HALLER: Das altdeutsche Kaisertum, Stuttgart 1926.

FERDINAND GREGOROVIUS: Geschichte der Stadt Rom im Mittelalter, Stuttgart 1859–72.

K. HAMPE: Deutsche Kaisergeschichte im Zeitalter der Salier und Staufer, 1929.

O. v. HEINEMANN: Albrecht der Bär, Darmstadt 1864.

– Lothar der Sachse und Konrad III., Halle 1869.

PHILIPP JAFFE: Geschichte des Deutschen Reiches unter Lothar von Sachsen, 1843.

ARNO JASTER: Geschichte der askanischen Kolonisation, Breslau 1934.

GEORG JURITSCH: Geschichte des Bischofs Otto von Bamberg, Gotha 1889.

WERNER KÜMMEL: Die Missionsreisen des Bischofs Otto von Bamberg, 1926.

KARL LAMPRECHT: Deutsche Geschichte, Berlin 1912.
ADOLF LÜDERS: Geschichte von Königslutter, 1909.
– Der Kaiserdom zu Königslutter, 1904.
K. MASKUS: Bischof Otto I. von Bamberg, Breslau 1889.
E. MÜHLBACHER: Die streitige Papstwahl 1130, Innsbruck 1876.
FRIEDRICH V. RAUMER: Geschichte der Hohenstaufen und ihrer Zeit, Reutlingen 1828.
E. VACANDARD: Bernhard von Clairvaux, 1897/98.
GEORG WAITZ: Deutsche Verfassungsgeschichte, Kiel 1875.
RICHARD ZOEPFFEL: Die Papstwahlen, Göttingen 1871.

Neuere Literatur zu Lothar III.:

ROBERT L. BENSON, The Bishop-elect. A study in medieval ecclesiastical office. Princeton 1968.
HELMUT BEUMANN, Das päpstliche Schisma von 1130, Lothar III. und die Metropolitanrechte von Magdeburg und Hamburg in Polen und Dänemark, in: Helmut Beumann, Wissenschaft vom Mittelalter, Köln-Wien 1972, S. 479–500
PETER CLASSEN, Das Wormser Konkordat in der deutschen Verfassungsgeschichte, in: Investiturstreit und Reichsverfassung (Vorträge und Forschungen 17). Sigmaringen 1973, S. 411–460
MARIE-LUISE CRONE, Untersuchungen zur Reichskirchenpolitik Lothars III. (1125–1137) zwischen reichskirchlicher Tradition und Reformkurie, Frankfurt-Bern 1982.
KARL JORDAN, Sachsen und das deutsche Königtum im hohen Mittelalter, Historische Zeitschrift 210 (1970) S. 529–559

Wolfgang Petke, Lothar von Süpplingenburg (1125–1137), in: Helmut Beumann (Hrsg.), Kaisergestalten des Mittelalters, München 1985, S. 155–176

Wolfgang Petke, Kanzlei, Kapelle und königliche Kurie unter Lothar III., 1125–1137, Köln–Wien 1985.

Franz Josef Schmale, Lothar III. und Friedrich I. als Könige und Kaiser, in: Probleme des 12. Jahrhunderts (Vorträge und Forschungen 12). Sigmaringen 1968, S. 33–52

Herbert W. Vogt, Das Herzogtum Lothars von Süpplingenburg (Quellen und Darstellungen zur Geschichte Niedersachsens 57). Hildesheim 1959.

Elmar Wadle, Reichsgut und Königsherrschaft unter Lothar III. (Schriften zur Verfassungsgeschichte 12). Berlin 1969.

Zeittafel

1056–1106: Kaiser Heinrich IV.
1075: Schlacht bei Homburg an der Unstrut.
1088: Überfall bei Gleichen.
1090–1153: Bernhard von Clairvaux.
1099–1118: Papst Paschalis II.
Um 1100: Lothar heiratet Richenza von Nordheim.
1106: Tod des Magnus Billung. Lothar von Heinrich V. zum Herzog von Sachsen erhoben.
1106–1125: Kaiser Heinrich V.
1110: Lothar ruft Adolf von Schauenburg nach Holstein und Stormarn.
1111: Heinrich V. nimmt Papst Paschalis II. gefangen.
1112: Heinrich V. überträgt das Herzogtum Sachsen dem Grafen Otto von Ballenstedt.
1114: Hochzeit Heinrichs V. mit Mathilde von England zu Mainz. Lothar unterwirft sich dem Kaiser und versöhnt sich mit ihm.
1115: Schlacht am Welfesholze.
1117: Tod Gertruds, der Mutter Richenzas. Lothar erbt die Güter um Braunschweig und Wolfenbüttel.
1118–1119: Papst Gelasius II.
1118–1121: Gegenpapst Gregor VIII.

1119–1124: Papst Kalixt II.

1122, 23. September: Wormser Konkordat.

1124/25: Erste Missionsreise Ottos von Bamberg.

1124–1130: Papst Honorius II.

1125, 30. August: Lothar zu Mainz zum deutschen König gewählt.
13. September: Krönung zu Aachen.

1126, Februar: Schlacht bei Kulm.

1126–1134: Norbert, Erzbischof von Magdeburg.

1127: Hochzeit Heinrichs des Stolzen mit Lothars Tochter Gertrud.
Konrad von Zähringen mit Burgund belehnt.

1128: Zweite Missionsreise Ottos von Bamberg.
Juni: Konrad der Staufer in Monza zum König von Italien gekrönt.

1129, Dezember: Lothar erobert Speyer.

1130, Februar: Zwistige Papstwahl.
(Innozenz II.: 1130–1143; Anaklet II.: 1130–1138.)
Mai: Hoftag zu Quedlinburg. Konrad von Plötzkau mit der Nordmark belehnt.
Lothar erobert Nürnberg. Konzil zu Étampes.
Roger II. zum König von Sizilien gekrönt.

1131: Papst und König in Lüttich. Zug gegen die Dänen.

1132/33: Erster Italienzug.

1133, 4. Juni: Krönung im Lateran.

1134, April: Hoftag zu Altenburg. Gesandtschaft Belas von Ungarn vor Lothar.
Reichstag zu Halberstadt: Albrecht der Bär erhält die Nordmark. Magnus von Dänemark als Lehnsmann des Kaisers.
Friedrich von Schwaben unterwirft sich dem Kaiser zu Fulda, im folgenden Jahre zu Bamberg.

1135, Juli: Stiftung von Königslutter.
Hoftag zu Merseburg. Sobeslaw von Böhmen, Boteslaw von Polen, Gesandte Belas von Ungarn und des griechischen Kaisers vor Lothar.
Konrad von Schwaben unterwirft sich zu Mühlhausen.
1136: Konrad von Wettin in Merseburg mit der Niederlausitz belehnt.
1136/37: Zweiter Italienzug.
1137, Pfingsten: Lothar in Bari.
August: Rainulf von Alife zum Herzog von Apulien erhoben.
September: Lothar in Montecassino.
4. Dezember: Tod des Kaisers.
1138, Januar: Tod Anaklets II.
März: Konrad der Staufer zum König gewählt.
1139, Oktober: Heinrich der Stolze stirbt in Quedlinburg.
1141: Tod Richenzas.

Inhalt

CIP-Kurztitelaufnahme der Deutschen Bibliothek

Schneider, Reinhold:
Kaiser Lothars Krone: Leben u. Herrschaft
Lothars von Supplinburg / Reinhold Schneider.
Mit e. einleitenden Essay von Wilfried Hartmann. –
Zürich: Manesse Verlag, 1986.
(Manesse Bibliothek der Weltgeschichte)
ISBN 3-7175-8084-1 Gewebe
ISBN 3-7175-8085-X Ldr.

Umschlag und typographisches Konzept:
Hans Peter Willberg, Eppstein

Mit freundlicher Genehmigung des
Insel-Verlages, Frankfurt am Main

335

interesse laborabant. Et sic duce Bawarico qui aberat nichil de
rege sic diffinire dicebant. Preterea de inconsulta rapta urbe inima-
ta sibi quam rapto per maiestatis honore non indebite gravissima
debitam a primatibus iusticiam exigebant. Unde factum est ut premissa
debite satisfactionis humilitate redirent in gratiam qui precipita-
tionis sue culpa excitaverat discordiam. Accito quoque duce Bawarico ad sancti spiritus adiunum idemque studium animos omnium unire cu-
rabatur et unanimi consensu ac peticione principum tandem primum Lothe-
rius deo placitus sublimatur in regnum. Concordantibus itaque in
electione regis universis regni principibus quid iuris re-
gie dignitatis imperium, quid libertatis regnum celestis, id
est ecclesie sacerdotium habere deberet, stabili ratione pre-
scribitur, et certus utriusque honoris modus spiritu sancto dictan-
te prefigitur. Habeat ecclesia libertatem quam semper optaverat, habeat et regnum iusti in omnibus potentiam, quam sibi per karita-
tem cuncta que sunt cesaris sine cede subiciat. Habeat ecclesia
liberam in spiritualibus electionem, nec regio metu extortam,
nec presentia principis ut ante coartatam, vel ulla peticione
restrictam. Habeat imperatoria dignitas electum libere
consecratum canonice regalibus per sceptrum sine precio tamen
investire sollempniter, et in fidei sue ac iusti favoris
obsequium, salvo quidem ordinis sui proposito, sacramentis ob-
ligare stabiliter. Denique rex L. electus ab omnibus et ex-
petitus ab omnibus sequenti die in principum contione consedit,
et primo ab episcopis universis scilicet XXIIII qui tunc ade-
rant et abbatibus quam plurimis, pro imperii reverentia,
pro confirmanda regni ac sacerdotii unanimi concor-
dia et pace perpetua fidelitatem non indebitam de more

suscepit.